Transport und Verkehr

Berufskraftfahrer/in

Voraussetzungen sind:

- körperliche Leistungsfähigkeit,
- Gewissenhaftigkeit,
- gute Leistungen in Physik und AWT,
- mindestens Hauptschulabschluss,
- Führerschein.

Was?

Berufskraftfahrer/innen führen Fahrten zur Beförderung von Personen oder Gütern im Reise-, Fern- oder Nahverkehr durch. Sie beachten dabei die Vorschriften im Straßenverkehr und zur Personen- und Güterbeförderung im In- oder Ausland. Die Kontrolle des Fahrzeugs und die Vorbereitung der Transporte einschließlich der Transportpapiere gehört vor jedem Fahrtantritt zu ihren Aufgaben.

Kraftfahrzeugmechatroniker/in

Voraussetzungen sind:

- logisches Denken,
- Hand- und Fingergeschick,
- Gewissenhaftigkeit,
- Kontaktfähigkeit,
- gute Leistungen in Mathe, Physik und AWT,
- mindestens Hauptschulabschluss.

Was?

Kraftfahrzeugmechatroniker/innen analysieren den Zustand von Straßenfahrzeugen, setzen sie instand, prüfen die eingebauten technischen Systeme oder rüsten zusätzlich Sonderausstattungen nach. Sie führen eine Funktionsprüfung durch, übergeben dem Kunden nach ausgeführten Arbeiten das Fahrzeug und weisen ihn in den Umgang mit neuen Bauteilen ein.

Auf den **Berufsseiten** werden bekannte und weniger bekannte Berufe, die in enger Verbindung zu den Inhalten der Kapitel stehen, kurz vorgestellt.

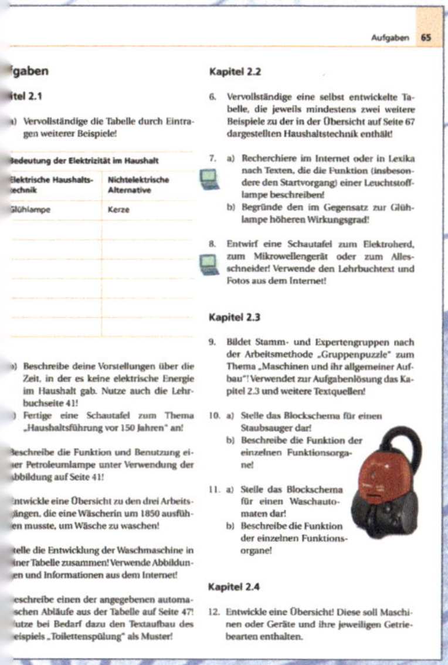

Aufgaben 65

Aufgaben

Kapitel 2.1

1. a) Vervollständige die Tabelle durch Eintragen weiterer Beispiele!

Bedeutung der Elektrizität im Haushalt

Elektrische Haushaltstechnik	Nichtelektrische Alternative
Glühlampe	Kerze

b) Beschreibe deine Vorstellungen über die Zeit, in der es keine elektrische Energie im Haushalt gab. Nutze auch die Lehrbuchseite 41!
c) Fertige eine Schautafel zum Thema „Haushaltsführung vor 150 Jahren" an!

Beschreibe die Funktion und Benutzung einer Petroleumlampe unter Verwendung der Abbildung auf Seite 41!

Entwickle eine Übersicht zu den drei Arbeitsgängen, die eine Wäscherin um 1850 ausführen musste, um Wäsche zu waschen!

Stelle die Entwicklung der Waschmaschine in einer Tabelle zusammen! Verwende Abbildungen und Informationen aus dem Internet!

Beschreibe einen der angegebenen automatischen Abläufe aus der Tabelle auf Seite 47! Nutze bei Bedarf dazu den Textaufbau des Beispiels „Toilettenspülung" als Muster!

Kapitel 2.2

6. Vervollständige eine selbst entwickelte Tabelle, die jeweils mindestens zwei weitere Beispiele zu der in der Übersicht auf Seite 67 dargestellten Haushaltstechnik enthält!
7. a) Recherchiere im Internet oder in Lexika nach Texten, die die Funktion (insbesondere den Startvorgang) einer Leuchtstofflampe beschreiben!
   b) Begründe den im Gegensatz zur Glühlampe höheren Wirkungsgrad!
8. Entwirf eine Schautafel zum Elektroherd, zum Mikrowellengerät oder zum Allesschneider! Verwende den Lehrbuchtext und Fotos aus dem Internet!

Kapitel 2.3

9. Bildet Stamm- und Expertengruppen nach der Arbeitsmethode „Gruppenpuzzle" zum Thema „Maschinen und ihr allgemeiner Aufbau"! Verwendet zur Aufgabenlösung das Kapitel 2.3 und weitere Textquellen!
10. a) Stelle das Blockschema für einen Staubsauger dar!
    b) Beschreibe die Funktion der einzelnen Funktionsorgane!
11. a) Stelle das Blockschema für einen Waschautomaten dar!
    b) Beschreibe die Funktion der einzelnen Funktionsorgane!

Kapitel 2.4

12. Entwickle eine Übersicht! Diese soll Maschinen oder Geräte und ihre jeweiligen Getriebearten enthalten.

Die **Aufgaben** bieten verschiedene Möglichkeiten sich mit Sachverhalten aus Arbeit, Wirtschaft und Technik auseinander zu setzen und diese im Alltag anzuwenden. Besonders gekennzeichnete Aufgaben sollten mithilfe des Computers gelöst werden.

Überblick

Transport und Verkehr

Das Wichtigste im Überblick

Straßen — Brücken — Häfen

Bestandteile der Verkehrsnetze

Flugplätze — Schleusen — Pipeline

Schaltgetriebe ermöglichen ...

Drehzahländerung		Drehrichtungsänderung
Erhöhung der Fahrgeschwindigkeit bei sinkendem Drehmoment	Verringerung der Fahrgeschwindigkeit bei steigendem Drehmoment	und damit Rückwärtsfahren durch zusätzliches Zwischenrad

Antriebsmöglichkeiten für Kraftfahrzeuge

Verbrennungsmotor
- Abgasreduzierung
- Verbrauchsreduzierung
- lange Laufzeiten

Elektroantrieb
- Akkumulatoren treiben Elektromotoren an.

Auf den **Überblicksseiten** am Ende eines Kapitels sind die wichtigsten Inhalte und Erkenntnisse zusammengefasst.

des Buches dienen zur weiteren Orientierung.

Inhaltsverzeichnis

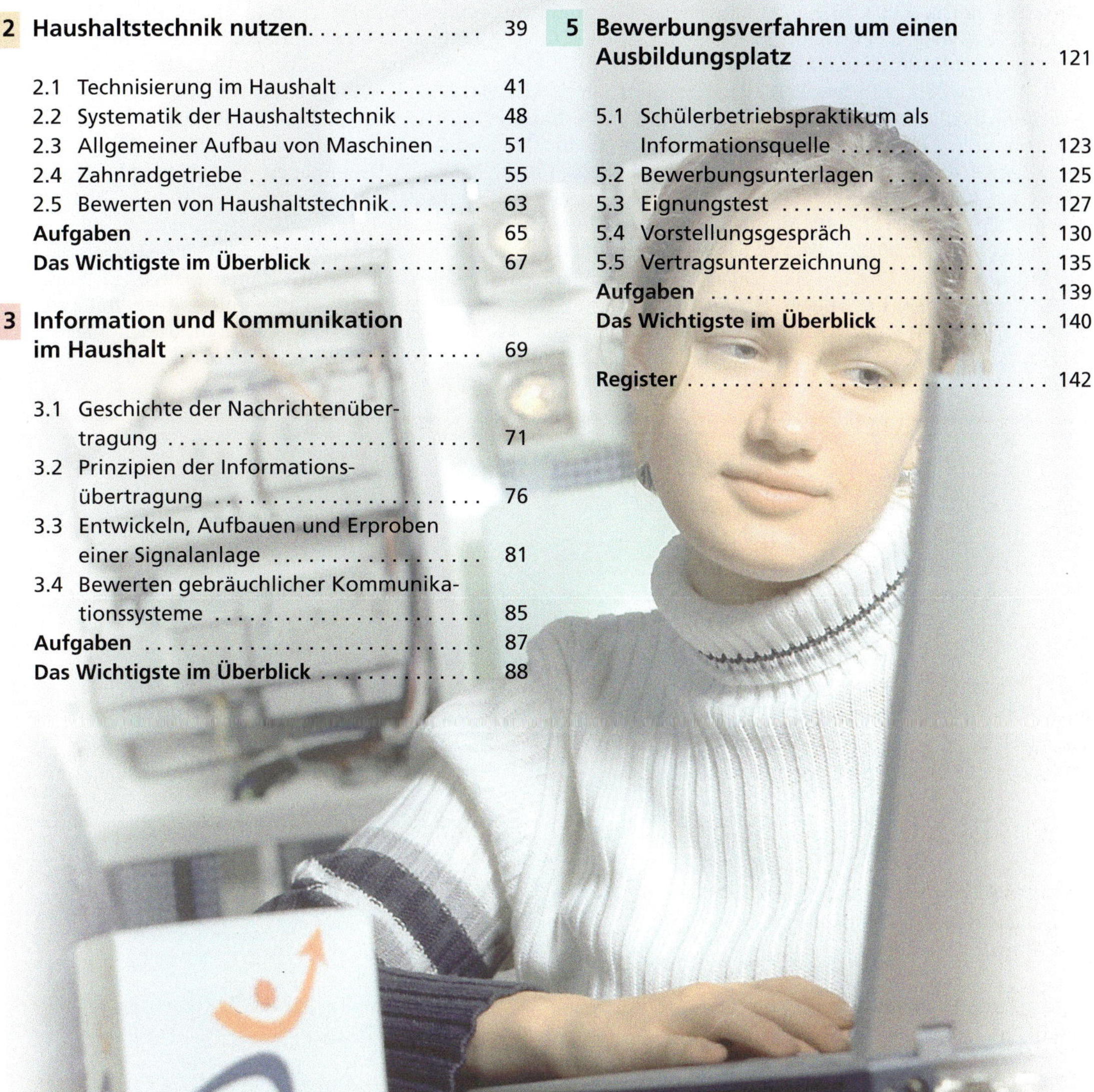

Bildquellenverzeichnis

AEG Hausgeräte GmbH: 37/r., 39, 46/r.u., 67/o.l. (2); AKG Berlin: 72/1, 73/1, 77/1, 98/1, 98/u.; ALBA AG & Co., Berlin: 116/l.; Apple, Feldkirchen: 78/2; Audi AG: 120/u.l.u.; BackArts GmbH: 5; Bahro, K., Berlin: 17/r. (4), 52/o.r., 56/l. (2); Behne, J., Waren: 122/u., 123/1, 138; BilderBox.com: 6/r.; BMW Rolls-Royce GmbH: 100/1; BPK: 91/3; Canon Deutschland GmbH: 85/m.u.; Carl Braun Camerawerk GmbH: 101/u.r.; Corel Photos Inc.: 122/o.; Daimler Chrysler Konzernarchiv, Stuttgart: 120/u.m., 93/2; Daimlerchrysler Classic: 94/1; Deutsche Gesellschaft für Kunststoff-Recycling mbH, Köln: 34/l.; Deutscher Teeverband e.V.: 13/1 u., 13/2; Deutsches Zweirad- und NSU-Museum, Neckarsulm: 92/l.; dpa: 111/1; Felsing, M., Wackerow: 40/r., 43/l., 45/1, 46/1, 46/r. o., 47/3, 50/2., 51/l. (1), 51/l. (2), 51/l. (4), 52/m., 52/u., 53/o., 53/m., 53/u., 55/l., 56/l. (1), 56/r. m., 56/r. u., 62/l. l., 62/l. r.; 66/r.o., Felten & Guilleaume GmbH, Nordenham: 120/u.r.o.; Fischer, R., Berlin: 85/m.m., 101/u.l.; Fotoagentur AURA: Titel; Haarmann & Reimer GmbH, Holzminden: 124/l.; Mahler, H., Berlin: 7/r.; Henkel-Werksarchiv: 44/l., Historisches Archiv Hansgrohe: 42/1; HVBG/Danetzki: 40/l., 135/2; Jenetzki, F., Zarchlin: 18/1, 22/l., 24/r., 38/l.; John Foxx Images: 56/l. (4), 61/1, 89; Kaldewei GmbH & Co. KG, Ahlen: 10/l.; Konrad, M., Falkenrehde: 23/2, 30/l.; Langenhan, R., Berlin: 86/1; Liesenberg, G., Berlin: 21/r., 27/2, 67/o.r., 81/r., 85/l. (1), 85/l. (3), 85/l. (4), 116/r., 120/o.m.u., 120/o.l.o., 128/r., 133/r.u., 139/r.; Linde AG: 80/3; mauritius images/SuperStock: 6/l.; mauritius images: 14/1, 15/2, 130/r.; Meyer, L., Potsdam: 56/l. (3), 92/1; Miele & Co. KG, Gütersloh: 45/r.; Moneymuseum, Zürich: 17/r. (1), 17/r. (2), 36/r.; NASA: 100/2; Osram GmbH: 48/1., 49/l., 81/1; Paetec Arciv: 85/m.o., 88/l., 93/1, 101/u.l., 117/l., 119/l., 124/r., 128/l., 133/r.o.; Pehl, B., Warenshof: 90/u., 92/2, 94/2, 96/1, 102/1, 105/1, 109/2, 115/1; Pehl, S., Rostock: 103/u., 106/1, 107/3, 109/1, 112/2; Photo Disc Inc.: 25/r., 74/l., 120/o.m.o., 121; PHOTO DISC ROYALTY FREE: 69, 101/o.; Photosphere: 120/o.r.u.; picture-alliance/akg-images: 95/2, 97/2; picture-alliance/dpa: 7/1; picture-alliance/ZB: 17/r. (3); plainpicture/Foto, P. Usbeck: 132/u.; Raum, B., Neuenhagen: 97/1, 97/u., 111/2; Rohloff AG: 62/r.; Ruhmke, D., Berlin: 54/l.; SCHOTT, Mainz: 64/1; Siemens AG/München: 3, 32/l., 67/u.r., 70/r., 75/1, 85/r. (3), 85/r. (4), 131/1, 140; Siemens-Elektrogeräte GmbH, München: 15/3, 63/2, 64/r.o., 64/r.u., 65/r.; Sotheby's/akg-images: 95/2; Tetra Pak GmbH & Co.: 26/1; Otte, U., Düsseldorf Marketing: 120/o.r.o.; Unger, M., Königs Wusterhausen: 17/r. (5), 70/l., 90/o.; üstra Hannoversche Verkehrsbetriebe AG, Hannover: 120/u.r.u.; Volkswagen Presse: 120/u.l.o.; Volster, H., Wismar: 132/1; VW Nutzfahrzeuge: 114/u.; Wäschepflegemuseum Rainbach i. M: 43/1, 44/1, 44/2, 45/2; Krüger, W., Deutsche Lufthansa AG: 112/1, 120/o.l.u.; Wöhlbrandt, B., Schönlage: 9/1, 13/1 o., 23/1, 27/l., 33/1, 34/1, 41/1, 41/2, 67/m.l., 67/m.r., 67/u.l., 67/u.r., 67/o.m., 77/2, 78/1, 127/1, 130/1, 133/1, 134/1.

1 Private Haushaltsführung

Hauswirtschafter/in

Voraussetzungen sind:

- gesundheitliche Leistungsfähigkeit,
- Sprachbeherrschung,
- Gewissenhaftigkeit,
- Kontakt- und Teamfähigkeit,
- gute Leistungen in Deutsch, Biologie, AWT und Sozialkunde.

Was?

Schwerpunkt der auszuführenden Arbeiten bilden alle hauswirtschaftlichen Tätigkeiten, das Instandhalten von Wäsche und Kleidung, der Einkauf von Lebensmitteln, die Vorratshaltung und Zubereitung der Nahrung sowie die im Bedarfsfall erforderliche Betreuung von Kindern, Senioren und Kranken.

Womit?

Zur Erledigung der anfallenden Hausarbeiten müssen die entsprechende Haushaltstechnik (Elektroherd, Mikrowelle, Waschautomat, Bügeleisen u. a.), aber auch notwendige manuelle Tätigkeiten beherrscht werden. In diesem Beruf muss man viel Feingefühl besitzen, gut auf Menschen eingehen und mit ihnen umgehen können.

Wo?

Hauswirtschafter/innen arbeiten in städtischen oder landwirtschaftlichen Haushalten, zu denen u. a. Kinderheime, Jugendwohnheime, Familienhaushalte, Altenheime, Erholungsheime und Sanatorien gehören.

Bankkaufmann/-frau

Voraussetzungen sind:

- mathematisches und logisches Denken,
- Sprachbeherrschung,
- Kontakt- und Teamfähigkeit,
- gute Leistungen in Mathematik, Deutsch, Englisch, AWT und Geografie.

Was?

Bankkaufmänner und -frauen bedienen und beraten Privat- und Geschäftsleute in finanziellen Angelegenheiten, wie im Bereich Kreditgeschäft, Geldanlagen, Zahlungsverkehr oder Baufinanzierung. Im bankinternen Bereich stehen planende und verwaltende Tätigkeiten im Mittelpunkt.

Womit?

In diesem Beruf muss man sprachlich gewandt sein und auf die Wünsche der Kunden umfassend eingehen können.

Der sichere Umgang mit Computern, Druckern, Kopierern und die Bedienung unterschiedlicher Sicherheitstechnik ist eine wesentliche Voraussetzung für die Berufsausübung.

Wo?

Bankkaufmänner und -frauen sind in Geldinstituten tätig. Hier können sie im kundennahen oder bankinternen Bereich eingesetzt werden.

1.1 Haushalte als Wohn- und Wirtschaftsbereich

Der Mensch konnte im Laufe seiner bisherigen Geschichte nahezu den gesamten Erdball besiedeln. Dies war ihm auch deshalb möglich, weil er es verstand, die Natur zu seinen Gunsten zu verändern und zu nutzen. Dadurch verbesserte er seine Lebensbedingungen ständig.

Haushalte

Eine Grundvoraussetzung dafür war die Schaffung von Unterkünften. Während sie zu Beginn der Menschheitsgeschichte als Unterschlupf dienten, sind es heute modern eingerichtete Wohn-, Schlaf-, Arbeits- und Sanitärräume mit einem gesunden, gleich bleibenden Wohnklima. Das Leben in einer Wohnung ist vom Verbrauch unterschiedlicher Güter, wie Trinkwasser, Elektroenergie und Nahrungsmittel, gekennzeichnet. Daraus können sich weit reichende Konsequenzen ergeben.

1 Körperhygiene ist ein wichtiger Bestandteil des täglichen Lebens.

Um ein Bad nehmen zu können, braucht man eine Badewanne, die dazu nötigen Installationen und ungefähr 200 Liter warmes Wasser. Unterschiedliche Tätigkeiten, wie das Einlassen des Wassers oder das Reinigen der Badewanne, begleiten die Handlung des Badens. Nach dem Bad ist die Zuleitung über die Kanalisation zur umweltgerechten Reinigung des Abwassers im Klärwerk zu gewährleisten. Infolge des Bades muss man aber auch die Kosten für die Wärme, das Wasser und die Aufbereitung des Abwassers bezahlen.

Das Beispiel verdeutlicht, dass Wohnen von zahlreichen Tätigkeiten des Menschen, vom Verbrauch (Konsum) und daraus resultierendem wirtschaftlichem Handeln begleitet ist. Um dies zu ermöglichen, sind heute in unserer modernen Zeit finanzielle Einnahmen und Ausgaben notwendig. Wirtschaftsteilnehmer mit diesen Merkmalen werden als Haushalt bezeichnet.

M Ein Haushalt ist eine wirtschaftliche Einheit einer oder mehrerer Personen, die durch zielgerichtete Tätigkeiten über Einnahmen verfügen, Ausgaben tätigen und dabei vorrangig Güter verbrauchen.

Haushaltsformen

Die beschriebenen allgemeinen Merkmale eines Haushalts treffen auf viele Wirtschaftseinheiten in der Volkswirtschaft zu. Dennoch gibt es hierbei Unterschiede in deren Ausprägung. Diese betreffen vor allem die Anzahl der Haushaltsmitglieder, deren soziale Stellung zueinander und den Grad einer Privatsphäre, insbesondere in finanziellen Angelegenheiten. Deshalb können Haushalte in verschiedene Haushaltsformen eingeteilt werden.

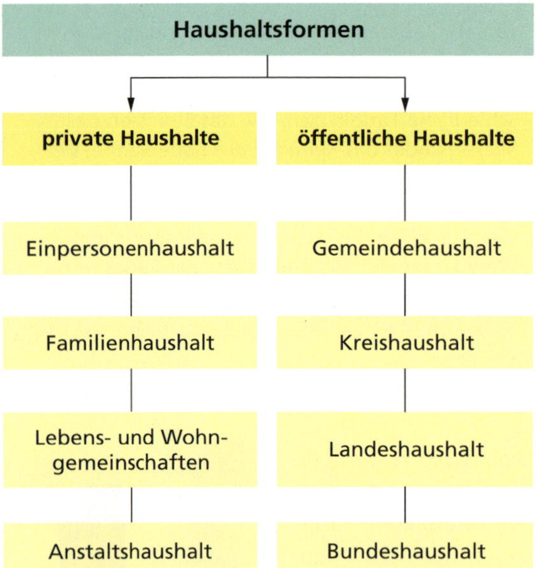

In privaten Haushalten können eine oder mehrere Personen wohnen, die in verschiedenen sozialen Beziehungen zueinander stehen: Verwandtschaft (z. B. eine Familie), Bekanntschaft (z. B. eine Wohngemeinschaft), aber auch Insassen von Anstaltshaushalten (z. B. in Kurhäusern oder Internaten) gehören dazu. Diese Haushalte müssen ihre wirtschaftlichen Aktivitäten (Einnahmen und Ausgaben) nicht veröffentlichen, diese sind Privatangelegenheit.

> M **Private Haushalte** sind nicht öffentliche, wirtschaftliche Einheiten zu Wohnzwecken, die vorrangig verbrauchen und von einer oder mehreren zusammenlebenden Personen gebildet werden.

Demgegenüber gibt es wirtschaftliche Einheiten, die ihre Einnahmen- und Ausgaben öffentlich bekannt machen müssen, damit für die Bevölkerung ersichtlich wird, was mit den ihnen anvertrauten Geldern (z. B. Steuern) geschieht. Sie bilden die Gruppe der öffentlichen Haushalte.

> M **Öffentliche Haushalte** sind wirtschaftliche Einheiten, die ihre Einnahmen- und Ausgabenrechnung der Bevölkerung mitteilen müssen.

Familienhaushalte als private Haushalte

Historische Entwicklung

Die Art und Weise des Wirtschaftens in einem Familienhaushalt wird durch die Beschaffung von Nahrungsmitteln und Gütern sowie durch die Erledigung in der Wohnung anfallender Arbeiten bestimmt.
Ein Haushalt kann:
- alle benötigten Güter selbst herstellen und verbrauchen,
- alle benötigten Nahrungsmittel selbst erzeugen und verbrauchen,
- alle benötigten Güter durch Tausch oder Kauf erwerben,
- alle im Haushalt anfallenden Arbeiten an andere, haushaltsfremde Personen gegen Bezahlung vergeben.

Bis zum Mittelalter hinein war die **geschlossene Hauswirtschaft** die vorherrschende Art und Weise des Wirtschaftens in einem Familienhaushalt. Hier wurde fast alles selbst angebaut, geerntet, zubereitet und verbraucht. Gegenstände des täglichen Lebens, wie Stoffe, Schuhe oder auch einfache Werkzeuge, wurden selbst hergestellt. Eventuelle Überproduktionen tauschte man gegen benötigte Güter ein.

> M Die geschlossene Hauswirtschaft ist ein in sich geschlossenes, produzierendes und verbrauchendes wirtschaftliches System.

Mit der Zunahme der Bevölkerung, der vielfachen Gründung von Städten und dem steigenden Handel erhielt das Geld eine größere Verbreitung. Der **Selbstversorgerhaushalt** stellte alle benötigten Nahrungsmittel selbst her. So wurden z. B. Kühe gehalten, um aus deren Milch auch Butter und Käse zu gewinnen. Überschüsse wurden verkauft, das erhaltene Geld wurde für die Beschaffung von benötigten Gütern verwendet.

Mit der Entstehung von Fabriken zogen viele Menschen vom Land in die Stadt, um Geld zu verdienen. Allerdings besaßen sie damit mehrheitlich nicht mehr die Möglichkeit, die benötigten Nahrungsmittel selbst zu erzeugen. Lebensmittel und die sonstigen notwendigen Güter werden im **Dienstleistungshaushalt** käuflich erworben. Die teilweise Selbstversorgung mit Nahrungsmitteln spielt nur noch eine geringe Rolle.

Aufgrund des gestiegenen Lebensstandards beträgt das Familieneinkommen heute oftmals ein Vielfaches im Vergleich zur Mitte des vorigen Jahrhunderts. Deshalb werden im **Vergabehaushalt** nicht nur alle benötigten Güter käuflich erworben, sondern auch die zu erledigenden Hausarbeiten gegen Bezahlung an haushaltsfremde Personen vergeben.

Funktionen und Aufgaben

Familienhaushalte besitzen innerhalb der Volkswirtschaft eine herausragende Bedeutung. Durch den ständigen Verbrauch von Gütern tragen sie entscheidend dazu bei, dass die Unternehmen als produzierende Wirtschaftseinheiten ihre Aufgaben auch weiterhin wahrnehmen können. In diesem Sinne besitzen Familienhaushalte die Funktion einer verbrauchenden **Wirtschaftseinheit.**

Familien können über lange Zeiträume stabile Beziehungen aufbauen. Langfristige Planungen der eigenen Lebenswege sind dadurch besser möglich. Damit kann der Kinderwunsch steigen, so dass ein oder mehrere Kinder geboren werden. In diesem Sinne besitzt der Familienhaushalt die Funktion der **Regeneration** der Menschheit.

1 Ein Kind ersetzt in der Generationenfolge noch nicht beide Elternteile.

Durch die besonders engen Beziehungen der Mitglieder eines Familienhaushaltes ist es möglich, dass junge, alte und kranke Verwandte individuell betreut und gepflegt werden. Sie können dabei viel Zuneigung und Hilfe erfahren. In diesem Sinne besitzt der Familienhaushalt die Funktion der Herausbildung **sozialer Bindungen.**

Aus den beschriebenen Funktionen können wichtige Aufgaben abgeleitet werden.

Aufgaben des Familienhaushaltes	
Aufgabe	**Beispiele**
Bedürfnisbefriedigung	Beschaffung von Gütern
	Entfaltung der Persönlichkeit
	Besuch einer Theateraufführung
Regeneration der Leistungsfähigkeit	ausreichende Nahrung
	gute Wohnbedingungen
	Erholung und Urlaub
	Freizeitgestaltung
Sozialisation	Verantwortung übernehmen
	Erziehung von Familienmitgliedern
	Familienfeiern
Traditionsbewahrung	Ablauf von Feiertagen
	Kleidung und Mahlzeiten
	Besuch bestimmter Veranstaltungen
	Methoden der Erziehung

Moderne Haushaltsführung

Ein Familienhaushalt muss täglich viele unterschiedliche Arbeiten ausführen, damit sich alle Haushaltsmitglieder wohl fühlen, u. a.:

- das Ausüben einer Erwerbstätigkeit, um finanzielle Mittel zu erwirtschaften,
- den sinnvollen Umgang mit Geld,
- bewusst einkaufen,
- die Zubereitung von Speisen,
- den umweltbewussten Umgang mit Abfällen,
- die gerechte Verteilung von Hausarbeiten,
- die Erziehung und Pflege der Kinder,
- die Umsetzung hygienischer Grundregeln,
- Ordnung halten und
- die Vermeidung von Unfällen.

Die Erledigung dieser Arbeiten kann nicht dem Zufall überlassen werden. Sie müssen so organisiert werden, dass jedes Haushaltsmitglied entsprechend seiner Möglichkeiten einen Beitrag zur Bewältigung der Aufgaben leistet. Hinzu kommt, dass die aufzuwendende Arbeitszeit, benötigtes Geld und notwendige Arbeitsmittel und Materialien nicht unendlich zur Verfügung stehen.

M **Haushaltsführung** bedeutet, dass die zur Verfügung stehenden Mittel für alle anfallenden Aufgaben zielgerichtet eingesetzt werden.

Das wichtigste Ziel der Haushaltsführung besteht darin, für alle Haushaltsmitglieder optimale Bedingungen für deren Entwicklung zu schaffen. Dies ist eine Voraussetzung dafür, dass sich alle wohl fühlen. Die Erfüllung ihrer Bedürfnisse spielt dabei eine besondere Rolle.

Peter liegt am Strand und sonnt sich. Eine frische Meeresbrise umstreicht seinen Körper. Von Ferne nimmt er ein leises Meeresrauschen wahr. In unmittelbarer Nähe bietet ein Verkäufer leckere Eissorten an. Plötzlich spürt Peter das Verlangen, ein Eis schlecken zu wollen. Er erlebt in diesem Augenblick einen Mangelzustand.

M **Bedürfnisse** sind das erlebte Mangelempfinden nach einer Sache oder einem Erlebnis.

Bedürfnisse können in verschiedene Kategorien eingeteilt werden. Zu den **Grundbedürfnissen** gehören u. a. die Bedürfnisse nach einer Unterkunft, nach Nahrung, Kleidung, Schlaf und Erholung und das Bedürfnis zu arbeiten.
Kulturbedürfnisse sind u. a. das Bedürfnis nach Bildung, dem Besuch von kulturellen Veranstaltungen oder auch das Bedürfnis nach der Ausübung einer Freizeitbeschäftigung oder dem Verschönern der Wohnumgebung.
Zu den **Luxusbedürfnissen** zählen u. a. das Bedürfnis zum Erwerb von Luxusgütern, wie der Kauf einer Yacht oder eines sehr teuren Autos.

Vereinfachte Bedürfnisstruktur des Menschen

1.2 Haushaltsplanung

Ziel und Inhalte

Oft hört man im Verwandten- und Bekanntenkreis, dass jemand ständig keine Zeit hat oder das Geld wieder nicht bis zum Monatsende reicht. Selbstverständlich kann es für diese Erscheinungen unterschiedliche Ursachen geben. Nicht selten ist in solchen Fällen die Rede davon, dass der- oder diejenige nicht wirtschaften kann.

Was kann man unternehmen, um richtiges Wirtschaften zu lernen?

M **Wirtschaften** bedeutet, dass man mit möglichst geringem Aufwand einen möglichst großen Nutzen erzielt.

Um damit möglichst viele Bedürfnisse der Haushaltsmitglieder zu befriedigen, erfordert das Wirtschaften im privaten Haushalt eine genaue Einteilung der zur Verfügung stehenden Ressourcen. Diese können in die folgenden drei Hauptgruppen eingeteilt werden:
- Arbeit,
- Geld,
- Sachgüter.

Da sie auch für Unternehmen Gültigkeit besitzen, werden sie Betriebsmittel genannt.

M Die **Betriebsmittel** eines privaten Haushaltes sind Arbeit, Geld und Sachgüter.

Die **Arbeit** kann in geistige Arbeit (z. B. Planungsarbeit oder Kalkulationen) und körperliche Arbeit (z. B. Einkaufen, Renovieren oder Reinigen) eingeteilt werden. Die menschliche Arbeit eines privaten Haushaltes muss einerseits Unternehmen oder Institutionen zur Verfügung gestellt werden, um finanzielle Mittel zu erwirtschaften. Andererseits werden mit ihrer Hilfe anfallende Hausarbeiten erledigt. Die Summe aller Arbeiten sollte gerecht auf alle Haushaltsmitglieder aufgeteilt werden. Dies bedeutet, dass jeder entsprechend seinen körperlichen und geistigen Möglichkeiten Aufgaben übernimmt.

Arbeit als Betriebsmittel

körperliche Arbeit	geistige Arbeit

- Sicherung des Haushaltseinkommens
- Erledigung anfallender Hausarbeiten

Geld besitzt als allgemein anerkanntes Wert- und Tauschmittel eine große Bedeutung für die Befriedigung zahlreicher Bedürfnisse, da mit ihm Sachgüter und Dienstleistungen erworben werden, die man selbst nicht herstellen (z. B. Computer) bzw. ausführen (z. B. Trinkwasser bereitstellen) kann. Eine kluge Haushaltsführung verwendet einen Teil des zur Verfügung stehenden Geldes zur Vorsorge.

Geld als Betriebsmittel

Erwerb von	Vorsorgemaßnahmen
• Sachgütern • Dienstleistungen	• Geldreserve • Versicherungen

Sachgüter können anfallende Arbeiten beschleunigen, indem z. B. Maschinen oder Werkzeuge eingesetzt werden. Sachgüter werden in Verbrauchs- und Gebrauchsgüter unterteilt.
Zu den Verbrauchsgütern zählen z. B. Nahrungsmittel, elektrische Energie und Seife. Gebrauchsgüter sind z. B. Kühlschrank, Bett und Geschirr.

Sachgüter als Betriebsmittel

Verbrauchsgüter	Gebrauchsgüter
• zum einmaligen Verbrauch bestimmt • verlieren ihre Eigenschaften durch stoffliche Wandlung	• zum mehrmaligen Verbrauch bestimmt • verlieren ihre Eigenschaften durch Abnutzung

Betriebsmittel stehen dem Haushalt nicht in unbegrenzter Menge zur Verfügung. Ihr Einsatz sollte geplant werden, Schwerpunkte sind dabei die Finanz-, Sachgüter-, Zeit- und Arbeitsplanung (s. S. 13ff.).

Arbeitsmethode „Kurzvortrag“

Formulieren des Themas

↓

Recherchieren nach Informationen

↓

Filtern der gewonnenen Informationen

↓

Gliedern der Informationen

↓

Festlegen von Einleitung, Haupt- und Schlussteil

↓

Erstellen eines Stichwortzettels

↓

Auswählen passender Präsentationselemente

↓

Üben des Vortrages

↓

Ausführen von Feinkorrekturen

Formulieren des Themas
Es sollte ein aussagekräftiges und interessantes Thema formuliert werden, wenn keine genauen Vorgaben in der Aufgabenstellung enthalten sind.

Recherchieren nach Informationen
Passende Informationen erhält man u. a. aus Lehrbüchern, Lexika und Veröffentlichungen im Internet. Diese werden gesammelt und gesichert.

Filtern der gewonnenen Informationen
Lesen aller gefundenen Texte. Wichtige Aussagen sollten gekennzeichnet oder zusammengestellt werden.

Gliedern der Informationen
Erstellen einer Gliederung. Wesentliche Fachbegriffe des Vortrages sollten erläutert werden.

Festlegen von Einleitung, Haupt- und Schlussteil
Die eigenen Gliederungspunkte den drei Teilen des Kurzvortrages zuordnen.

Erstellen eines Stichwortzettels
Notieren der einzelnen Gliederungspunkte und gleichzeitiges Zuordnen wichtiger Begriffe und Aussagen in Kurzform.

Auswählen passender Präsentationselemente
Welche Anschauungsmittel könnten Inhalte meines Vortrages visualisieren?
Entscheidungen fällen über die Verwendung von Fotos, Schaubildern, Plakaten oder einer Multimediapräsentation.

Üben des Vortrages
Man hält den Vortrag so, als wenn man vor der Klasse stehen würde. Stichpunktzettel und Präsentationselemente sind die einzigen Hilfsmittel.

Ausführen von Feinkorrekturen
- Was kann auf dem Stichpunktzettel gestrichen werden?
- Sind die Präsentationselemente ausreichend?
- Gibt es inhaltliche Schwachstellen?

Fallbeispiel zum Kurzvortrag

Auftrag: Erarbeite einen Kurzvortrag zum Themenbereich „Güter“!

Formulieren des Themas
„Bedeutung und Einteilung der Güter“

Recherchieren nach Informationen
Texte und Abbildungen aus dem Lehrbuch „Haushalt und Technik“ und der Internetadresse http://www.schuelerlexikon.de

Filtern der gewonnenen Informationen
Während des Lesens alle wichtigen Textstellen unterstreichen oder am Computer in einer Datei zusammenstellen.

Gliedern der Informationen
1. Definition „Güter“
2. Freie Güter
3. Wirtschaftliche Güter
   3.1 Sachgüter
   3.2 Dienstleistungen
   3.3 Rechte
4. Zusammenfassung

Festlegen von Einleitung, Haupt- und Schlussteil
Einleitung: 1.
Hauptteil: 2. und 3.
Schlussteil: 4.

Erstellen eines Stichwortzettels
1. Definition Güter
   - Mittel zur Bedürfnisbefriedigung
   - Bedeutung der Güter usw.

Auswählen passender Präsentationselemente
- Erstellen eines Schaubildes, das die Einteilung der Güter darstellt.

Einteilung der Güter

freie Güter	wirtschaftliche Güter
• Quellwasser	• Sachgüter
• Luft	• Dienstleistungen
• Regentropfen	• Rechte

- Auswählen von Fotos, die Beispiele wirtschaftlicher Güter darstellen.

1 Kerzen und Tee sind Verbrauchsgüter.

2 Teekannen und Tassen sind Gebrauchsgüter.

Üben des Vortrages
Der Vortrag wird vor einem Spiegel oder vor Geschwistern, Eltern bzw. Freunden gehalten.

Ausführen von Feinkorrekturen
Diese ergeben sich aus den geübten Vorträgen meist von allein. Zu korrigieren sind z. B. fehlende Zusammenhänge, schlechte Einleitungen oder Übergänge und unpassende Beispiele, die lange erläutert werden müssen.

Ausführliche Hinweise, wie man einen Vortrag wirkungsvoll hält, findest du auf Seite 101 dieses Lehrbuches.

Finanzplanung

Die Finanzplanung bildet das Kernstück der Haushaltsplanung, da die zur Verfügung stehenden Finanzen weitgehend über die Möglichkeiten der Bedürfnisbefriedigung entscheiden. Die wichtigsten Kenngrößen sind die Summen aller Einnahmen und Ausgaben eines Haushaltes.

M **Einnahmen** sind die Gesamtheit aller dem Haushalt zufließenden finanziellen Beträge innerhalb einer Rechnungsperiode.

Die Einnahmen resultieren überwiegend aus dem Einkommen durch Erwerbsarbeit. Weitere Einnahmequellen (z. B. Kindergeld) sind möglich.

M **Ausgaben** sind die Gesamtheit aller abfließenden finanziellen Beträge innerhalb einer Rechnungsperiode.

Die Ausgaben setzen sich aus **fixen** und **variablen Kosten** zusammen. Damit ein ständiger Überblick über die finanzielle Situation des Haushaltes gewährleistet wird, sollte ein Haushaltsbuch geführt werden.

M Ein **Haushaltsbuch** erfasst die finanzielle Entwicklung eines privaten Haushaltes.

Eine Familie führt gewissenhaft ein Haushaltsbuch. Über viele Monate werden alle Rechnungen bezahlt. Von den am Monatsende anfallenden Überschüssen können verschiedene Extrawünsche von Haushaltsmitgliedern erfüllt werden. Alle sind mit dieser Situation sehr zufrieden. Dennoch wird die schöne Finanzplanung plötzlich durcheinander gebracht. Durch einen Autounfall des Vaters ist dieser mehrere Monate arbeitsunfähig. Das Auto hat Totalschaden. Die in den Unfall verwickelten Personen fordern von ihm als Unfallverursacher Schadenersatz.

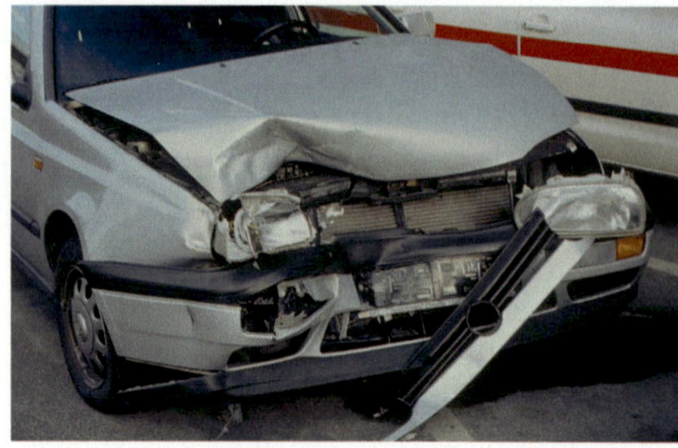

1 Vor plötzlichen Schäden muss man sich finanziell absichern.

Eine vorausschauende Finanzplanung sieht stets Reserven in einer Rechnungsperiode vor. Um unerwartete Rechnungen (z. B. Reparaturkosten) bezahlen zu können, sollte eine Summe von ca. zwei Monatseinkommen gespart werden. Hohe Folgekosten, die z. B. aus Unfällen oder Sachschäden entstehen, können durch den Abschluss entsprechender Versicherungen aufgefangen werden.

M Die **Finanzplanung** kann die Zahlungsfähigkeit eines Haushaltes sicherstellen.

Auszug aus einem Haushaltsbuch

	Einnahmen		Ausgaben									
Datum	Bezeichnung	Betrag in €	feste Ausgaben		Ernährung	Getränke	Kleidung	Hygiene	Sonstiges	davon unwichtig	Summe der Ausgaben in €	Kassenbestand in €
			Zweck	€								
	Übertrag											50,-
1.11.	Lohn	2.500,-	Miete	500,-	23,-			5,80				
			Sparbuch	200,-							728,80	1821,20
3.11.			Telefon	57,50	130,-		35,-		3,-		225,50	1505,70
6.11.	Gutschrift	85,-	Unfallvers.	21,-	15,-	7,50		4,50			48,-	1547,70
9.11.					28,-			3,-	7,-		38,-	1509,70
10.11.		20,-			30,-	10,-						1499,70
15.11.							100,-					1399,70
20.11.					22,-	5,-						1372,70
25.11.		250.-										1622,70

Sachgüterplanung

Die Sachgüterplanung beinhaltet die kurz- oder langfristige Beschaffung von Verbrauchs- und Gebrauchsgütern.
Eine langfristige Sachgüterplanung betrifft vorrangig hochwertige (und damit auch teure) Gebrauchsgüter oder kostspielige Ereignisse. Deshalb sollten finanzielle Mittel über viele Monate gesammelt (gespart) werden.
Der Handel bietet verschiedene Finanzierungsmöglichkeiten an, um seine Kunden zu einem frühzeitigen Kauf anzuregen. Dafür zahlt der Kunde, z. B. in Monatsraten, den Kaufpreis und einen zusätzlichen Betrag in Form von Zinsen. Beim Abschluss mehrerer solcher Finanzierungen wächst die Gefahr der Überschuldung. Eine umfassende Sachgüterplanung sollte immer an eine gewissenhaft geführte Finanzplanung gebunden sein.

M Die **Sachgüterplanung** stellt die Versorgung mit benötigten Verbrauchs- und Gebrauchsgütern in Übereinstimmung mit dem Finanzplan sicher.

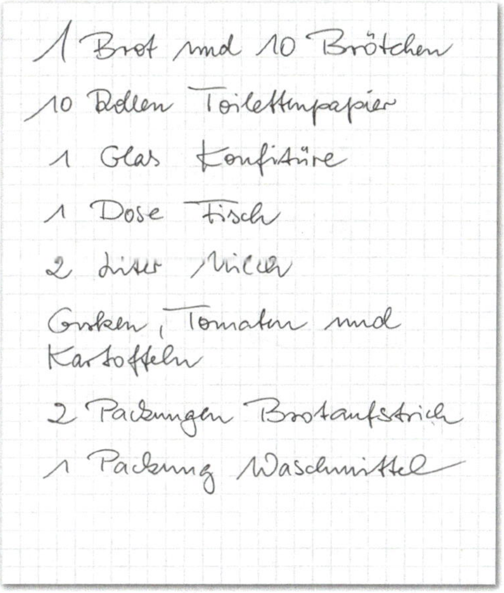

1 Einen einfachen Sachgüterplan stellt der Einkaufszettel dar.

2 Eine Hochzeit ist ein familiäres und meist auch kostspieliges Großereignis.

Zeitplanung

Die zur Verfügung stehende Zeit eines Tages oder einer Woche reduziert sich durch die Ereignisse „Berufsausübung“ und „Schlaf“ auf fast ein Drittel. Deshalb sollte mit der restlichen Zeit (allgemein als „Freizeit“ bezeichnet) effektiv umgegangen werden. Dies erreicht man z. B. durch den Einsatz von Haushaltstechnik oder dem Ordnen und Systematisieren von Rechnungsbelegen und Quittungen.

M Die **Zeitplanung** eines privaten Haushaltes umfasst die Verteilung der zur Verfügung stehenden Zeit auf stattfindende Ereignisse.

3 Die Mikrowelle sorgt im Haushalt u. a. für den effektiveren Umgang mit der Zeit.

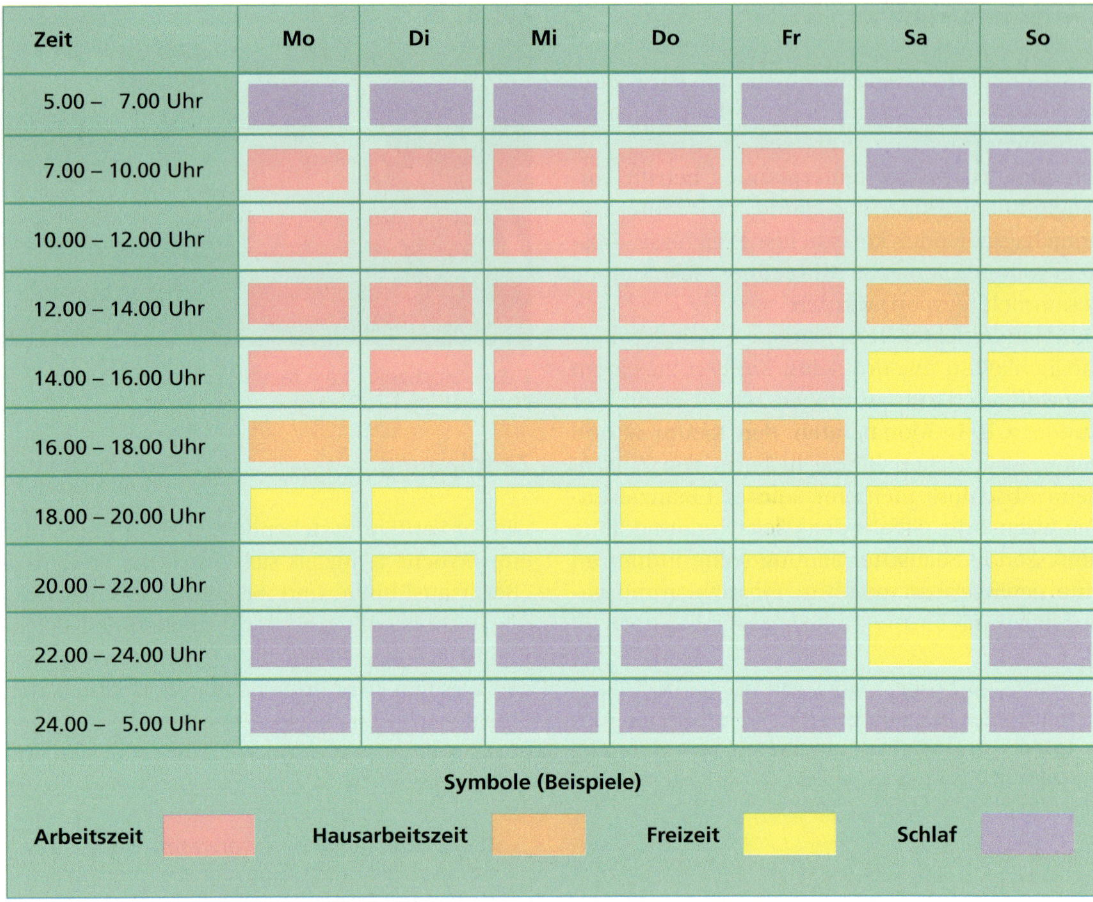

Da diese Ereignisse sehr unterschiedliche Zielrichtungen und Zeithorizonte besitzen können, sollten sie kategorisiert werden. Daher sind Wochen-, Monats-, Jahres- und Geburtstagspläne durchaus üblich, um Ereignisse und Termine zu erfassen. Zeitpläne sind oft mit Arbeitsplänen gekoppelt.

Arbeitsplanung

Die zu erledigenden Hausarbeiten sind möglichst auf alle Haushaltsmitglieder zu verteilen. Entscheidende Kriterien dafür sind u. a. die benötigte Zeit für die jeweilige Arbeit, deren Schwierigkeitsgrad und Häufigkeit.

> **M** Die **Arbeitsplanung** umfasst die auszuführenden Arbeiten und die ihr zugeordneten Personen.

Arbeitsplan einer Familie (Auszug)

Zeitraum	auszuführende Arbeiten	ausgeführt von
täglich	Aufdecken	Sohn
wöchentlich	Bügeln	Vater
monatlich	Betten neu beziehen	Mutter
halbjährlich	Wohnungsgrundreinigung	alle

Arbeitspläne stellt man am besten gemeinsam mit allen Haushaltsmitgliedern auf, so dass sich niemand benachteiligt fühlt. Nach einer bestimmten Zeit sollten die anfallenden Arbeiten neu zugeordet werden, damit sich kein Frust aufbaut.

1.3 Umgang mit Geld

Geschichte des Geldes

Vor ungefähr 6 000 Jahren, mit dem Übergang vom Sammeln und Jagen zum Ackerbau und zur Viehzucht, begann der Mensch Überschüsse zu produzieren. Diese konnten gegen andere Waren eingetauscht werden. Der **Naturaltausch** stand am Anfang der Entwicklung des Handels und stellte den direkten Tausch von Ware gegen Ware dar. Er war umständlich. Es kam z. B. kein Handel zustande, wenn jemand Felle anbot und Honig brauchte, der Honighändler aber Krüge haben wollte.
Man benötigte ein Zwischentauschmittel, das für Handelspartner einen generellen Wert besaß, so dass unproblematischer getauscht werden konnte. Seltene und damit wertvolle Naturalien, wie z. B. Gold oder Salz, wurden dazu genutzt. Die Geschichte des Geldes begann.

Im Laufe der Entwicklung wurde deutlich, dass Geld bestimmte Funktionen erfüllen muss. Es ist:
- **Tausch- und Zahlungsmittel** (Ware-Geld-Ware-Beziehung),
- **Wertmesser** (alle Güter sind vergleichbar),
- **Wertspeicher** (Werte werden durch Sparen erhalten),
- **Wertübertragungsmittel** (von Person A auf Person B).

Um diese Funktionen zu gewährleisten, muss Geld über konkrete Merkmale verfügen. Man kann danach schnell erkennen, warum Salz (vgl. Tabelle) heute kein Geld mehr ist.

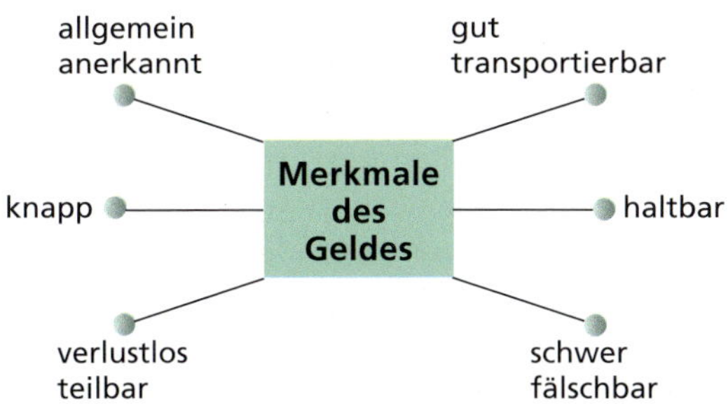

Die Entwicklung des Geldes

Geldart	ausgewählte Informationen
Naturalgeld 	seltene Güter mit großer Tausch-Akzeptanz Salz, Kaurimuschel, Kupfer, Silber, Gold
Hack- und Wägegeld 	Bezahlt wurde nach Gewicht. Stücke wurden abgehackt. Metallringe, -barren oder -stäbe
Münzen 	einheitlich große Metallstücke mit Wappen des Königs (König garantierte Münzwert) erstmals um 650 v. Chr. in Kleinasien
Papiergeld 	Geld ohne Materialwert erstmals im 9. Jahrhundert in China
Buchgeld 	Geld, das in Büchern steht (wechselt durch Kontobewegungen den Besitzer) Giralgeld

M **Geld** ist ein Mittel zum Tausch, das Werte bewahren und übertragen soll und gleichzeitig als Wertmesser dient.

Für den privaten Haushalt besitzt Geld eine große Bedeutung (vgl. Kapitel 1.2). Es ist u. a. eine wichtige Voraussetzung für die Sachgüterplanung. Der private Haushalt ist als Wirtschaftseinheit daher von regelmäßigen Einnahmen abhängig, um die anfallenden Ausgaben begleichen zu können.

Einkommensquellen des privaten Haushaltes

Einkommen aus Erwerbsarbeit stellt im Regelfall die bedeutendste **Einkommensquelle** dar.

Lohnformen

Zeitlohn	Leistungslohn	Prämienlohn
Entlohnung der geleisteten Arbeitsstunden	Entlohnung nach erbrachter Leistung	Entlohnung bei überdurchschnittlichen Leistungen

Da die Struktur der privaten Haushalte sehr unterschiedlich sein kann (u. a. Anzahl der Haushaltsmitglieder, Altersstruktur, Lohnhöhe und Vermögen), ergeben sich schon allein aus diesem Sachverhalt u. U. weitere Einkommensquellen.

1 Die Arbeiter erhalten in der Serienfertigung eines Möbelherstellers Leistungslohn nach Zeitakkord.

Weitere Einkommensquellen

Einkommensquelle	Beispiele
staatliche Transferleistungen	– Kindergeld – Ausbildungsbeihilfen – Zuschüsse für geförderte Baumaßnahmen – Arbeitslosengeld – Erziehungsgeld – Wohngeld
Einkommen aus Vermögen	– Zinsen aus Geldvermögen – Dividenden aus Betriebsbeteiligungen – Miete oder Pacht aus Immobilienbesitz
Einkommen aus Versicherungen	– Renten aus der Rentenversicherung – Renten aus der Unfall-, Berufsunfähigkeits- oder Haftpflichtversicherung – Zahlungen der Arbeitslosenversicherung – Zahlungen aus Lebensversicherungen
sonstige Einkommen	– Erbschaften – Schenkungen – Lotteriegewinne

Außerdem kann ein Haushalt erweiterte (nicht monetäre) Einkommen wie Dienst- und Sachleistungen erhalten. Das können zum Beispiel Naturalien, verbilligte Einkäufe im Betrieb, freie Unterkunft und Verpflegung oder die Überlassung eines Firmenfahrzeuges sein.

Ausgaben des privaten Haushaltes

Die Ausgaben eines Haushaltes gestalten sich oft vielfältiger als die Einnahmen. Ausgaben können nach dem Bedürfnisgrad oder der Kostenart unterteilt werden. Beim **Bedürfnisgrad** wird in Grundbedarf (z. B. Nahrung, Strom, Wasser, Miete in angemessener Höhe) und Wahlbedarf (z. B. Urlaubsreisen, Schmuck, teure Markentextilien) unterschieden. Für bedürftige Menschen legt die Sozialgesetzgebung entsprechende Grenzwerte für den minimalen Grundbedarf fest.

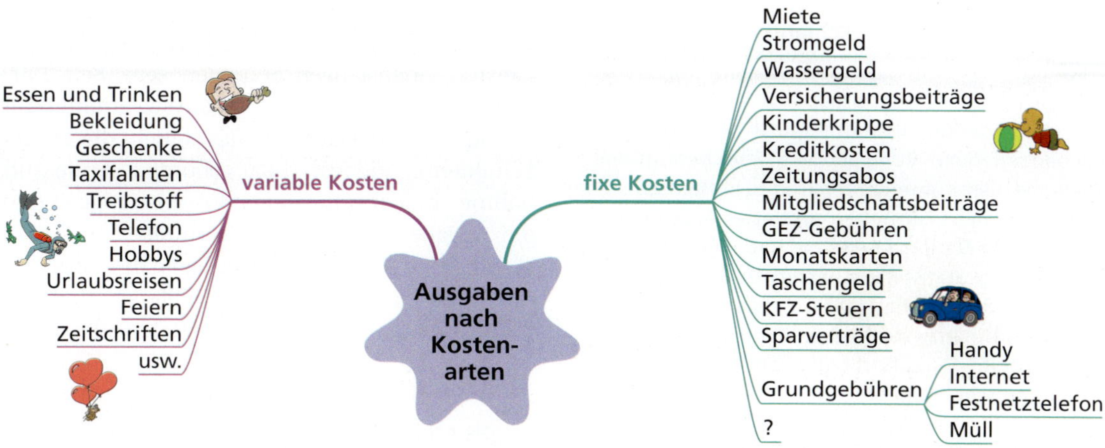

Haushaltsgröße, Altersstruktur, Einkommenshöhe und Gewohnheiten beeinflussen neben anderen Faktoren die Struktur und Höhe der Ausgaben stark. Die Führung eines **Haushaltsbuches** (siehe Kapitel 1.2) kann für die monatliche Einnahmen- und Ausgabenrechnung sehr hilfreich sein.

Besonders kostspielige Gewohnheiten können zum Problem werden. Daher sollte man seine Konsumgewohnheiten in Abständen überprüfen und entsprechende Schlussfolgerungen ziehen. Eine Checkliste hilft dabei.

Checkliste zur Ergründung von Kaufgewohnheiten		
Aussage	**ja**	**nein**
Ich muss jeden Tag irgendetwas besorgen.		
Bei Sonderangeboten muss ich sofort zugreifen, auch wenn ich die Dinge nicht brauche.		
Markenprodukte müssen sein.		
An Freunde schicke ich oft SMS oder telefoniere mit ihnen.		
Was mir gefällt, kaufe ich spontan.		
Ich belohne mich schon mal mit einem schicken Kleidungsstück.		
Ich koche nicht selbst.		
Discounter sind was für Arme.		

Problem der Überschuldung

Die Finanzplanung eines privaten Haushaltes dient vorrangig der Erhaltung der eigenen Zahlungsfähigkeit. Deshalb sollten die Ausgaben eines Zeitraumes nicht die Einnahmen überschreiten. Kann man eine Rechnung nicht sofort bezahlen, wird man zum Schuldner.

M **Schulden** sind Geldbeträge, die man anderen nicht sofort bezahlen kann.

Die Verschuldung eines Haushaltes kann vielfältige Ursachen haben. Oft sind es unvorhergesehene Ereignisse, wie z. B. eine Mieterhöhung, eine dringend notwendige Reparatur, der Ersatz eines defekten Haushaltsgerätes bzw. Autos, die Trennung in der Partnerschaft oder der Verlust des Arbeitsplatzes.

Tipps gegen hohe Verschuldung

- **Lege Reserven an!**
- **Meide unnötige Risiken!**
- **Spare für teure Einkäufe!**
- **Meide zu viele Kredite!**
- **Erfasse alle Geldbewegungen!**

Wer sich selbst mal was Gutes gönnen möchte, der muss nicht lange warten. Denn dafür gibt es doch den **Sofortkredit.** Mit dem können Sie sich unkompliziert und zu besonders günstigen Konditionen alles leisten.

Zur Situation in Deutschland

Schulden sind schon längst nicht mehr nur ein Problem sozialer Randgruppen. Die Misere hat die Mitte der Gesellschaft erreicht. Die Deutschen leben auf Pump: Rund 200 Mrd. Euro beträgt die Summe aller Konsumentenkredite in Deutschland. Der neue Fernseher, ein flottes Auto oder die schicke Mallorca-Reise auf Raten gehören zum Alltag. Statistiker schätzen, dass im Durchschnitt jeder Haushalt jährlich etwa 20 000 Euro für kreditfinanzierte Produkte und Dienstleistungen ausgibt. Rund fünf Millionen Menschen sind von Überschuldung betroffen.

Immer mehr Jugendliche tappen durch SMS in die Schuldenfalle. Mehr als jeder zehnte 13- bis 17-Jährige in Deutschland hat Schulden. Zehn Prozent davon fallen durch Telefonate an. Immer mehr Jugendliche und junge Erwachsene mit immens hohen Telefonkosten von durchschnittlich mehreren Hundert und sogar mehreren Tausend Euro im Monat kommen in die Schuldnerberatungsstellen.

Ist der Finanzhaushalt über mehrere Monate aus dem Gleichgewicht, sollte schnell gehandelt werden, sonst droht die Überschuldung. In dem Fall ist eine ehrliche Bestandsaufnahme vorzunehmen, die eine schnellstmögliche Schuldenreduzierung zum Ziel hat.

Maßnahmen gegen Überschuldung

- Ordnung der Finanzen herstellen
- sparsamer leben
- feste Ausgaben reduzieren
- Ersparnisse auflösen
- mehr Einkommen erzielen
- Beratungsstellen aufsuchen

Eine große Bedeutung für die Lösung der individuellen Finanzprobleme besitzen Beratungsstellen. Deren Mitarbeiter verfügen über genügend Erfahrung, da sie schon in vielen Fällen geholfen haben. Mit ihrer Vermittlung steigen die Chancen, dass sich alle Betroffenen außergerichtlich einigen.

Klappt die außergerichtliche Einigung nicht, kann die **Verbraucherinsolvenz** ein Ausweg aus ansonsten lebenslangen Schulden sein. Seit 1999 gibt es dieses vereinfachte Insolvenzverfahren für Privatpersonen. Dabei legt das Gericht die Art der Schuldentilgung fest. Dazu gehören z. B. die Aufnahme einer angemessenen Erwerbstätigkeit und die Abgabe von Einkommensanteilen an einen Treuhänder. Nachdem alle Auflagen des Gerichtes in einer sechsjährigen Wohlverhaltensperiode erfüllt wurden, werden die Restschulden erlassen.

Arbeitsmethode „Ideensalat"

Die Ausführungen zur Problematik „Verschuldung und Überschuldung" haben deutlich gemacht, dass es notwendig ist, möglichst viele Quellen zu nutzen, um die Ausgaben zu reduzieren und die Einnahmen zu erhöhen. Dazu könnten viele Ideen beitragen.

im Podium

Austeilen aller Fragen an jeden Teilnehmer

Notieren der Antworten

Vereinzeln zu Stapeln

in der Gruppe

Bilden von Gruppen entsprechend der Fragenanzahl

Bearbeiten des Antwortenstapels

Dokumentieren der Ergebnisse

Präsentieren der Ergebnisse vor allen Teilnehmern

Austeilen aller Fragen an jeden Teilnehmer
Alle Teilnehmer erhalten ein gleich großes Blatt Papier, das in so viele gleich große Abschnitte geteilt ist, wie es Fragen gibt.

Notieren der Antworten
Jeder Teilnehmer schreibt zu jeder Frage seine Einfälle, Ideen und Lösungen in das jeweils reservierte Feld.

Vereinzeln zu Stapeln
Die Blätter werden lagerichtig übereinander gelegt und so zerschnitten, dass alle Frageblöcke und die dazugehörigen Antworten stapelweise liegen.

Bilden von Gruppen entsprechend der Fragenanzahl
Die Schüler bilden so viele Gruppen, wie Fragen oder Antworten vorliegen.

Bearbeiten des Antwortenstapels
Jede Gruppe bearbeitet einen Stapel. Die Antworten aller Teilnehmer zu jeder Frage werden nach Absprache systematisiert. Doppelnennungen werden aussortiert.

Präsentieren der Ergebnisse vor allen Teilnehmern
Jede Gruppe stellt ihre Ergebnisse vor. Im Anschluss daran sollten Diskussionen folgen. Angesprochen sind die Urheber der Ideen und andere Gruppen, die ähnliche Ergebnisse aufweisen. Abschließend werden die Ideen aller Gruppen zusammengeführt.

Sparen

Ein sicheres Mittel gegen drohende Verschuldung stellen Geldreserven dar. Diese vergrößern entsprechend ihrer Höhe die eigene Unabhängigkeit. Beim Sparen kann man systematisch vorgehen. Zuerst sollten für Notsituationen immer zwei bis drei Monatsgehälter auf einem Konto angespart sein. Damit können z. B. plötzliche Reparaturen bezahlt oder defekte Haushaltsgeräte ersetzt werden.

M **Sparen** ist das geplante bzw. spontane Sammeln von Geldbeträgen ohne deren sofortige Verwendung.

Maßnahmen der **Vermögensbildung** sollten nur ergriffen werden, wenn Geldbeträge über einen längeren Zeitraum nicht benötigt werden bzw. übrig sind. Der Erwerb von Wohneigentum kann eine bedeutende Altersvorsorge darstellen.

Man kann durch vernünftigen Umgang mit Geld das Sparen unterstützen. Dazu dient auch eine sinnvolle Sachgüterplanung (vgl. Kapitel 1.2).

M Die **Sparfähigkeit** hängt von der finanziellen Situation und der Entwicklung von Einkommen und Preisen ab.

Finanzierungsmöglichkeiten

Teure technische Konsumgüter verlieren schnell an Wert. Ein Beispiel ist das Auto. Der Neuwagen kann im ersten Jahr nach erfolgtem Kauf 20 % und mehr seines Wertes verlieren. Drei Möglichkeiten zur Finanzierung werden oft genutzt.

Barzahlung
Bei der Barzahlung kann man durch geschicktes Verhandeln einen geringeren Kaufpreis beim Händler erzielen und damit den Wertverlust teilweise ausgleichen.

Leasing
Leasing ist mit Miete vergleichbar. Man bezahlt monatliche Geldbeträge. Am Ende der Vertragslaufzeit kann das Auto gekauft werden. Der Wiederverkaufswert ist oft geringer. Geld spart der private Leasingnehmer meistens nicht.

Autos sollten richtig finanziert werden.

Darlehen
Die Finanzierung erfolgt über ein Geldinstitut, bei dem man sich die Kaufsumme borgt. Der Kaufpreis wird in Monatsraten zurückgezahlt. Zusätzlich fallen weitere Kosten (z. B. Zinsen) an. Viele Autohändler bieten die Finanzierung über ein Geldinstitut an, mit dem sie einen Vertrag abgeschlossen haben. Dadurch können geringe oder gar keine Zinsen anfallen.

Alternativ kann das Darlehen über das eigene kontoführende Geldinstitut aufgenommen werden. Somit kann man als Barzahler gegenüber dem Händler auftreten und einen Rabatt erzielen, der unter den Zinskosten liegt.

Da für ein Auto weitere Kosten anfallen, sollten Möglichkeiten der Kaufpreisreduzierung, z. B. durch langfristiges Ansparen, wahrgenommen werden.

Geld anlegen

Gespartes Geld sollte nicht zu Hause aufbewahrt werden. Es besteht immer die Gefahr, dass es jemand findet, dass es an Wert verliert oder vernichtet wird. Geldinstitute bieten Anlageformen an, die einen Gewinn versprechen. Der Anleger bzw. die Anlegerin erhält für das Überlassen von Geldbeträgen vom Geldinstitut eine Vergütung, z. B. in Form von Zinsen.

M **Anlageformen** sind Angebote der Geldinstitute, mit denen man Vermögen ansparen kann.

Sparformen
Termineinlagen
Lebensversicherungen
Aktien, Investmentfonds

→ Ausgewählte **Anlageformen** der Geldinstitute

Die traditionelle Anlageform stellt das **Sparbuch** dar. Es besitzt eine dreimonatige Kündigungsfrist, ist absolut sicher und erlaubt die sofortige Verfügbarkeit von mehreren Hundert Euro. Allerdings haben diese Vorteile auch ihren Preis. Sparbuchbeträge werden sehr niedrig verzinst, d. h., man erwirtschaftet mit dieser Anlageform nur einen sehr geringen Ertrag.

Mit anderen Anlageformen kann der Ertrag höher ausfallen. Dies sind u. a. **Termineinlagen, Sparbriefe, Bundesschatzbriefe, Sparverträge** mit regelmäßigen Ratenzahlungen und **Kapital-Lebensversicherungen.** Verfügt man über größere Geldsummen, die über längere Zeiträume nicht zum Lebensunterhalt dienen müssen, so kann man diese z. B. in Aktien oder verschiedenen Fonds anlegen.

Aktien sind Wertpapiere, die Anteilsscheine an einem Unternehmen (Aktiengesellschaft) darstellen. Ihr Wert steigt oder sinkt mit dem Marktwert des Unternehmens. Deshalb besitzt diese Anlageform die geringste Sicherheit. Aktien wer-

1 Historische Aktie

den an Wertpapierbörsen gehandelt. Fonds sind eine Mischung mehrerer Wertpapiere unterschiedlicher Herkunft. Damit wird das Anlagerisiko verringert. Fonds werden von Fondsgesellschaften verwaltet und angeboten.

Alle Anlageformen besitzen unterschiedlich ausgeprägte **Anlagekriterien.** Es gibt jedoch keine Anlageform, die alle Kriterien optimal erfüllt.

Anlagekriterien

Sicherheit

Ertrag (Rendite)

Verfügbarkeit (je nach Anlageform stark schwankend)

Bürger der Bundesrepublik können unter bestimmten Voraussetzungen (u. a. Nichtüberschreiten einer Einkommenshöchstgrenze) beim **Vermögenswirksamen Sparen** eine Prämie erhalten, wenn sie eine oder zwei der gesetzlich festgelegten Anlageformen abschließen. Diese Prämie wird **Arbeitnehmer-Sparzulage** genannt. Ab 2004 beträgt die Arbeitnehmer-Sparzulage für vermögenswirksame Leistungen 18 %, höchstens jedoch 400 Euro pro Jahr.

M Der Staat fördert bestimmte längerfristige Geldanlagen durch direkte Zuwendungen in Form von Sparzulagen, Prämien oder Steuervergünstigungen.

Geld leihen

Trotz guter Finanzplanung in einer Familie kann es vorkommen, dass vorübergehend Zahlungsschwierigkeiten auftreten. So muss z. B. ein geplanter preisintensiver Neukauf vorgezogen werden, weil plötzliche Ereignisse höhere Kosten verursachen. Oder es soll ein günstiges Angebot ausgenutzt werden. In solchen Fällen muss man sich Geld leihen, um bezahlen zu können.

M **Kredite** (Darlehen) sind Geldgeschäfte, die das Verleihen von Geld zu bestimmten Bedingungen umfassen.

Bei Abschluss eines Kreditvertrages verpflichtet sich der Kreditgeber **(Gläubiger),** dass die Kreditsumme zu einem bestimmten Zeitpunkt ausgezahlt wird. Umgekehrt muss sich der Kreditnehmer **(Schuldner)** verpflichten, innerhalb der vereinbarten Zeit die Kreditsumme an den Kreditgeber zurückzuzahlen. Zusätzlich muss der Preis (u. a. Zinsen) für die erbrachte Dienstleistung bezahlt werden.

M **Zinsen** sind der Preis für geliehenes Geld.

Allgemein gilt: Je länger die Laufzeit eines Kredites, desto höher sind die anteiligen Zinsen. Deshalb sollte man als Kreditnehmer möglichst kurze Laufzeiten anstreben.

2 Bebaute und unbebaute Grundstücke können mit Hypotheken belastet werden.

Wichtige Verbraucherkredite	
Kreditart	**ausgewählte Informationen**
Dispokredit	– Lohn- oder Gehaltskonto kann überzogen werden – kein formeller Antrag nötig – Sicherheiten werden nicht verlangt – Kontoeingang tilgt den Kredit – sehr hohe Zinsen
Ratenkredit	– vorrangig zur Finanzierung langlebiger, hochwertiger Konsumgüter (Autos, Möbel) – Laufzeiten zwischen 6 und 72 Monaten, Kreditsumme bis 25 000 € – Rückzahlung (Tilgung) mit gleich bleibenden Monatsraten
Hypothekendarlehen	– meist zur Finanzierung eines Hauses oder einer Eigentumswohnung – langfristiger Kredit – Eintrag in das Grundbuch

Seriöse Kreditgeber verlangen Sicherheiten für ihr Geld, falls es zur Zahlungsunfähigkeit des Schuldners kommt. Solch eine Rückzahlsicherheit kann z. B. die Pfändung, der Zwangsverkauf von Wertgegenständen oder Grundstücken sein. Eine weitere Form der Kreditsicherung ist die **Bürgschaft.** Dabei haften andere Personen (Lebenspartner, Freundin, Vater usw.) bei Zahlungsunfähigkeit des Kreditnehmers für die Rückzahlung des Kredites.

Zahlungsverkehr

Geld anlegen, ausgeben und leihen erfordert einen Zahlenden, auch **Schuldner** genannt, weil mit einem Geldbetrag eine Schuld beglichen werden soll, und einen Empfänger, auch **Gläubiger** genannt, weil geglaubt wird, dass der andere seine Schuld begleicht.

M Der **Zahlungsverkehr** umfasst alle Zahlungsvorgänge zwischen Schuldner und Gläubiger.

Für die Realisierung des Zahlungsverkehrs sind drei unterschiedliche **Zahlungsarten** möglich. Man unterscheidet die bare, halb bare und bargeldlose Zahlung.

Für die **bare Zahlung** benötigt man kein Konto. Der Geldbetrag wird in Form von Münzen oder Banknoten übergeben. Dies kann unmittelbar zwischen Schuldner und Gläubiger erfolgen. Möglich ist aber auch die Übergabe durch Beauftragte.

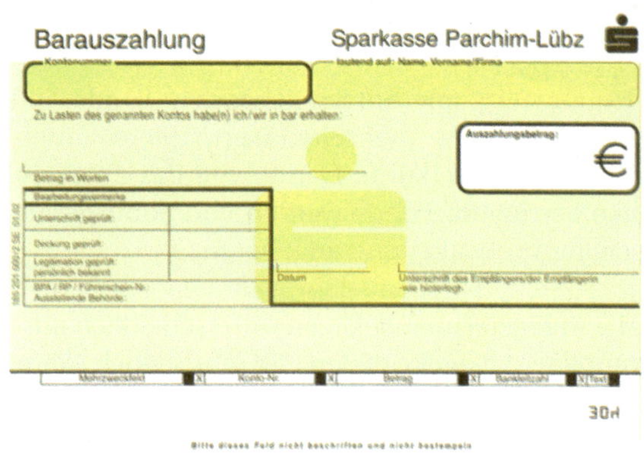
Barauszahlung
Sparkasse Parchim-Lübz
€

Die **halb bare Zahlung** erfordert ein Konto für die Realisierung des Zahlungsvorganges. Dieses Konto muss der Schuldner oder der Gläubiger besitzen.

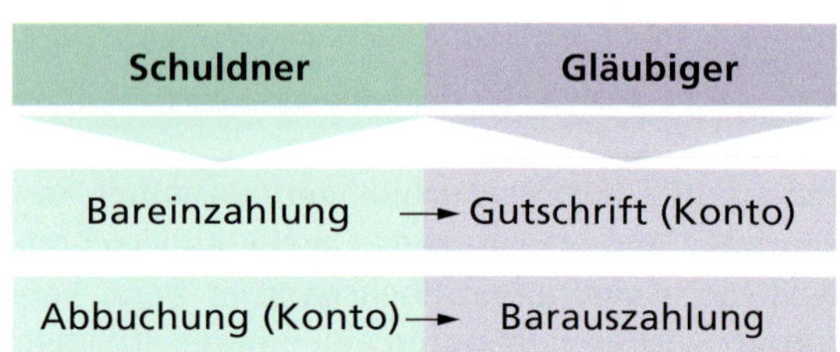

Die **bargeldlose Zahlung** hat die Bewegung von Buchgeld zum Gegenstand. Deshalb müssen jeweils Schuldner und Gläubiger über ein Konto verfügen. Die Zahlung erfolgt durch Abbuchung vom Konto des Schuldners und durch Gutschrift auf dem Konto des Gläubigers. Eine häufig genutzte Form des bargeldlosen Zahlungsverkehrs erfolgt mit einem Computer als Online Banking über das Internet. Das Bankterminal bietet u. a. ebenfalls die Möglichkeit für Überweisungen.

1.4 Einkaufen

Vereinfachtes Marktmodell

Überall, wo Anbieter (Verkäufer) und Nachfrager (Käufer) Kontakt miteinander aufnehmen, bildet sich ein Markt.

> M Der **Markt** ist der Treffpunkt von Angebot und Nachfrage.

Märkte kann man bezeichnen nach:
– der Art der gehandelten Ware (Kfz-Markt, Immobilienmarkt),
– dem Zeitpunkt des Stattfindens (Wochenmarkt, Jahrmarkt),
– ihrem Ort (Regionalmarkt, Weltmarkt).

Interessen der Marktteilnehmer	
Anbieter	**Nachfrager**
hoher Gewinn	Zweckerfüllung
hoher Preis	niedriger Preis
zufriedene Kunden	gute Qualität
gutes Image	guter Service

Die aufeinander treffenden Marktteilnehmer wollen jeweils ihre speziellen Interessen mit geringstem Aufwand durchsetzen. Der Anbieter muss als Unternehmer viel Gewinn erwirtschaften. Der Nachfrager möchte möglichst viel zum geringen Preis.

FRANÇOIS QUESNEY (1694–1774) beschrieb als erster die Wechselbeziehung der am Markt auftretenden **Geld- und Güterströme.** Hieraus kann ein vereinfachtes Marktmodell abgeleitet werden. Da Modelle nur wesentliche Tatbestände der Realität wiedergeben, muss es auch bei dem Marktmodell Ausnahmen geben. So sind ausschließliche Geldströme (man kauft US-Dollar) oder **Warenströme** (man lässt Äpfel mosten und erhält Apfelsaft) zwischen Anbieter und Nachfrager möglich.

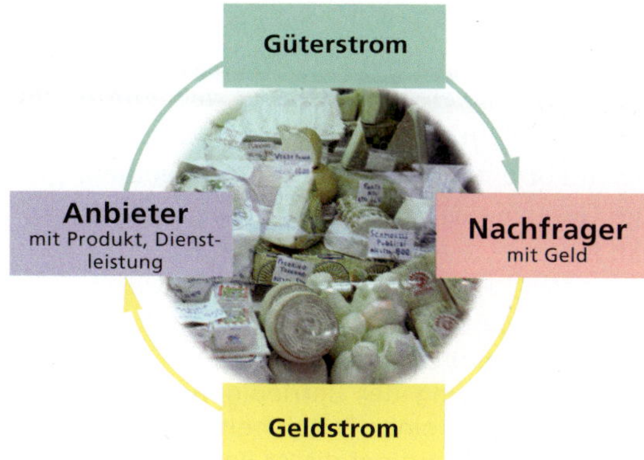

Verbraucherverhalten

Der Nachfrager tritt in der Volkswirtschaft als Verbraucher auf. In dieser Rolle definiert jede Person, auch in Abhängigkeit von ihrer Lebensumwelt, die eigenen Bedürfnisse anders.

Das unterschiedliche Verhalten als Verbraucher ist somit von vielfältigen Faktoren abhängig. Dennoch ist die Erforschung des **Verbraucherverhaltens** für die Anbieter immens wichtig. Je besser die Wünsche erkannt werden, umso stärker kann man seine Angebote darauf abstimmen. Parallel dazu versuchen einzelne Anbieter oder Anbietergruppen das Verhalten der Verbraucher zielgerichtet zu beeinflussen. Nicht selten werden deshalb Trends gesetzt oder befördert, was nicht nur durch eine sich ständig wechselnde Mode ihren Ausdruck findet.

Einflussfaktoren auf das Verbraucherverhalten		
ökonomische Bedingungen	**soziologische Bedingungen**	**religiöse Bedingungen**
• Nutzwert • Preis • Verfügbarkeit • Einkommenshöhe • Arbeitsmarktsituation • Wirtschaftspolitik	• Traditionen • Modetrends • Gruppenzwänge • Werbung • Zeitdauer des erlebten Mangelzustandes	• religiöse Feste • religiöse Traditionen • Verbot des Konsums bestimmter Güter

HEINRICH GOSSEN (1810–1858) hat in seiner wissenschaftlichen Arbeit *„Entwicklung der Gesetze des menschlichen Verkehrs und der daraus fließenden Regeln für menschliches Handeln"* eine Werttheorie erstellt, die im Kern allgemein gültige Gesetze des Verbraucherverhaltens zum Inhalt hat.

M **„Sättigungsgesetz" (1. gossensches Gesetz)**
Die Bedeutung der Befriedigung eines Bedürfnisses in einer Zeiteinheit nimmt umso mehr ab, je häufiger dieses Bedürfnis befriedigt wird.

„Immer das Gleiche tun wird schnell langweilig."

M **„Genussausgleichsgesetz" (2. gossensches Gesetz)**
Die Verteilung des Einkommens erfolgt auf eine Vielzahl von Bedürfnissen, um einen höchsten Gesamtnutzen zu erzielen.

„Ich kann mein ganzes Taschengeld nicht nur für Schuhe ausgeben. Ich brauche auch Kleidung, CDs, Zeitschriften und Geld für die Disco."

1 Kaufverhalten resultiert auch aus der Warenvielfalt.

Kaufverhalten

Gekauft werden kann nur, wenn man Geld besitzt. Die Höhe des zur Verfügung stehenden Haushaltseinkommens, aber auch persönliche Gewohnheiten können daher das **Kaufverhalten** eines Nachfragers beeinflussen.

Kaufverhalten von Nachfragern

Art	Merkmale
rationelles Kaufen	– lange Kaufentscheidung – Preisvergleiche – vorrangig bei wertintensiveren Kaufgegenständen
gewohnheitsmäßiges Kaufen	– Routine – Tradition – vorrangig bei Waren des täglichen Bedarfs
impulsives Kaufen	– keine Planung – kein Preisvergleich – vorrangig bei Schlussverkäufen und im Kassenbereich
sozialabhängiges Kaufen	– keine Planung – kein Preisvergleich – teure Markenartikel – hohe Verschuldungsgefahr

Bewusstes Einkaufen bedeutet, dass man bei der Vielzahl angebotener Waren konkrete Erwartungen über deren Eigenschaften besitzt. Diese können z. B. der Preis, die Produktqualität oder ihr ernährungsphysiologischer Wert sein.

Preisbewusstes Einkaufen

Viele Haushalte verfügen aber über kleine oder mittlere Einkommen und müssen daher preisbewusst einkaufen. Einige Möglichkeiten sind:
- Angebotsvergleiche einholen,
- Mengenangaben und Mindesthaltbarkeitsdaten beachten,
- Sonderangebote abwarten und nutzen,
- vorrangig Schlussverkäufe nutzen,
- bei teuren Produkten Geld ansparen und somit auf Finanzierungen verzichten.

Höherer Preis und doch Geld gespart

Viele qualitativ gute Drucker werden preislich sehr günstig angeboten. In der Benutzung können sie aber schnell sehr teuer werden, da die Preise der Druckerpatronen mitunter schon nach zweimaligem Wechsel den Kaufpreis des Gerätes übersteigen.

Hier lohnt sich ein gezielter Blick auf die Betriebskosten. Teurere Drucker verfügen oft über separate Farbtintentanks. Diese werden bei vollständiger Entleerung gewechselt, so dass dies preisgünstiger ist.

Dreifarbenpatronen mit einer leeren Kammer müssen nicht entsorgt werden.

Eine weitere Möglichkeit der Betriebskostensenkung besteht im selbst durchgeführten Nachfüllen. Bei vielen, aber nicht allen Patronen ist dies 5- bis 10-mal möglich.

Qualitätsbewusstes Einkaufen

Die Qualität einer Ware kann über deren Nutzungsdauer entscheiden. Deshalb verhindert qualitätsbewusstes Einkaufen, dass man die gekaufte Ware nach kurzer Zeit ersetzen muss. Gute Warenkenntnisse, Erfahrungs- und Testberichte sowie eine fachgerechte Beratung durch das Verkaufspersonal sind für die Kaufentscheidung hilfreich. Garantie- und Serviceleistungen des Anbieters sowie mögliche Zubehörteile oder Erweiterungen können gleichfalls Aufschlüsse über die Qualität der Ware geben.

1 Zeitschriften können Bewertungen von Produkten enthalten.

Ernährungsbewusstes Einkaufen

Die Gesundheit eines Verwandten oder Freundes ist jedem wichtig, die eigene Gesundheit sollte es noch viel mehr sein. Beim Erwerb von Nahrungsmitteln kann daher das ernährungsbewusste Einkaufen eine große Rolle spielen. Hierzu gehören frische Lebensmittel, reißfeste Verpackungen und geruchlich einwandfreie Ware.

Eine ausgewogene gesunde **Ernährung** ist durch abwechslungsreiche, kalorien- und salzarme, vitamin- und ballaststoffreiche Kost gekennzeichnet. Obst und Gemüse sind also physiologisch wichtiger als Fleisch und Zucker. Zusatzstoffe sollten nicht oder nur in Maßen enthalten sein. Bioprodukte besitzen keine chemischen Belastungen und sind nicht gentechnisch verändert.

2 Besonders frische Produkte sollten gekauft werden.

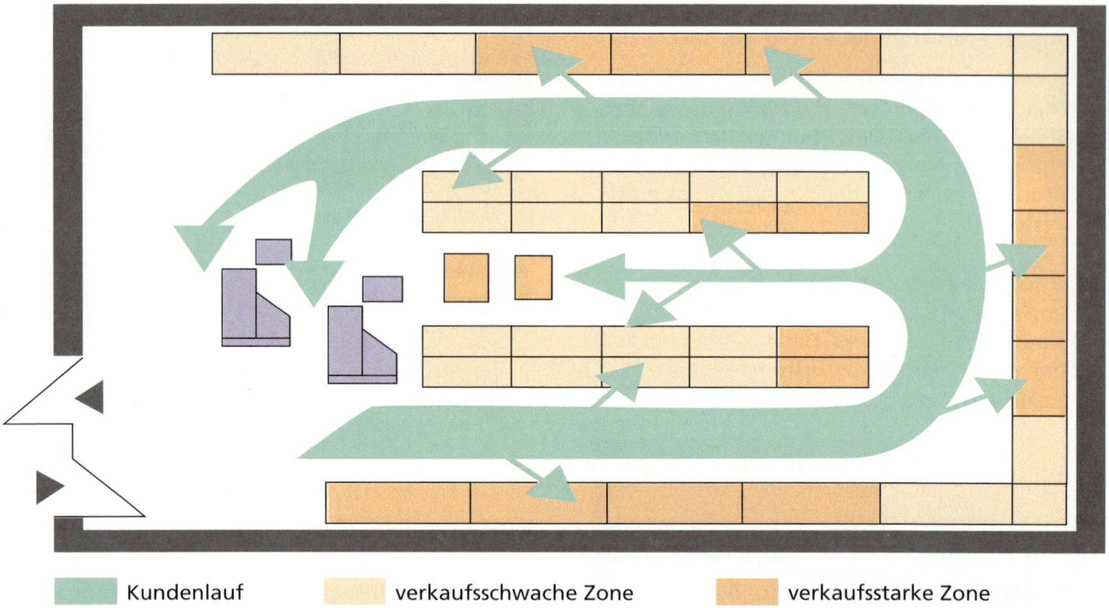

Verkaufsförderung

Hersteller und Verkäufer wissen, dass das Kaufverhalten der meisten Verbraucher vom zur Verfügung stehenden Einkommen abhängt. Deshalb soll durch Maßnahmen der **Verkaufsförderung** der Kunde zum Käufer und Kaufen zum Kauferleben werden. Dadurch kann der Käufer zum Wiedereinkauf motiviert und somit zum Stammkunden werden.

Unter dem Motto *„Der Kunde ist König"* (... denn er soll ja wieder kommen) wird das gesamte **Verkaufsumfeld** hergerichtet. Man geht in die Verkaufseinrichtung und erlebt sofort den Duft frischer Backwaren. Was für eine angenehme und freundliche Atmosphäre! Beschwingte Musik, viel Licht und eine Klimaanlage garantieren, dass der erste Eindruck bestehen bleibt. Natürlich gibt es genügend kostenfreie Parkmöglichkeiten, saubere Kundentoiletten und sogar einen Imbiss. So schön möchte man es auch zu Hause haben! Das **Kauferlebnis** wird durch Probierhäppchen, zahlreiche Neuerungen (das ist ja billiger geworden) und einen Infostand, der alle Einkaufssorgen löst, noch unterstützt. Erleben reicht aber nicht. Schließlich soll verdient werden. Also wird die Ware mit den größten Gewinnspannen in Sicht- und Griffhöhe platziert. Stapelware deutet an, dass es von allem reichlich gibt, und überall fehlt mindestens eine Verpackung. Schließlich hat da ja schon jemand zugegriffen. Also: Warum nicht auch ich?

Der **Kundenlauf** wird so gestaltet, dass fast jeder möglichst viele Warenangebote wahrnehmen muss. Zahlreiche Sonderangebote, Rabattsysteme und Kundenkarten sollen dafür sorgen, dass man immer wieder kommt. Neue Kunden gewinnt man durch Werbung. Diese darf auf keinen Fall fehlen.

M **Werbung** umfasst alle Maßnahmen, um einen möglichen Käufer zu gewinnen, vom zu beworbenen Produkt zu überzeugen und zum Kauf zu bewegen.

Ziele der Werbung	
Bedarfsweckung	Bedürfnissteuerung
Produkteinführung	Imagepflege
Betreuung von Stammkunden	Gewinnung von Neukunden

Verbraucherschutz

Produktentwicklungsabteilungen, Werbekampagnen, Verkaufsförderung, Finanzierungsangebote und weitere Maßnahmen der Anbieter sind darauf gerichtet, den Verbraucher zum Kauf anzuregen. Dieser muss seine Kaufentscheidung inmitten der Warenflut mit ihren unterschiedlichen Qualitäten und mannigfaltigen Produktmerkmalen jedoch allein treffen.

Wird die Haut wirklich straffer, wenn ich eine bestimmte Creme benutze?

Wird die Wäsche sauberer mit dem neuen Superwaschmittel?

Hält der Automotor länger mit dem neuen und teuren Spezialöl?

Sind die wirtschaftlichen Interessen wirklich gewahrt, wenn man die vom Versicherungsvertreter empfohlene Kapitallebensversicherung abschließt?

Wer von den jungen Eltern weiß, ob der gekaufte Kindersitz im Ernstfall wirklich ausreichend Sicherheit bietet?

Wer schmeckt die Pestizidrückstände in den Lebensmitteln heraus?

Der Verbraucherschutz schützt vor ....

Sicherheitsgefährdung	Gesundheitsgefährdung
Täuschung und Betrug	ungerechtfertigtem Preisniveau

Die Bundesregierung hat die benachteiligte Stellung des Verbrauchers schon vor langer Zeit erkannt und betreibt eine dementsprechende **Verbraucherpolitik** mit Gesetzen und Verordnungen zum Schutz der Verbraucher. Ergänzend werden dazu u. a. Informationsmaterialien (z. B. der Bundeszentrale für gesundheitliche Aufklärung) und umfassende Untersuchungen, Kontrollen und Tests in Auftrag gegeben. Diese führen entsprechend ausgestattete neutrale und unabhängige Prüfinstitute durch. Auch nichtstaatliche Verbraucherverbände werden unterstützt.

Verbraucherpolitik in Deutschland

Schwerpunkt	Merkmale
vorsorgender gesundheitlicher Verbraucherschutz	– Geräte- und Produktsicherheit – gefahrloser Umgang mit Bedarfsgegenständen – Informationen zur gesundhaltenden Ernährung
vorsorgender Schutz wirtschaftlicher Interessen	– Wettbewerbsrecht – Vertragstransparenz – Versicherungen – Finanzdienstleistungen
Stärkung der Eigenverantwortung	– besserer Informationszugang – Kennzeichnung und Zertifizierung von Dienstleistungen

Letztlich stellen auch die Massenmedien und das Internet eine Quelle vielfältiger Verbraucherinformationen dar. Hier sollte der Verbraucher mit den gebotenen Informationen jedoch kritisch umgehen, da auch subjektive Meinungen und Werbetexte verbreitet werden.

M **Verbraucherverbände** sind unabhängige Institutionen, die im Sinne der Verbraucherpolitik tätig sind.

Verbraucherverbände (Auswahl)

Verbraucherzentrale Bundesverband e. V.

Stiftung Warentest

Mieterbund

ADAC

Deutscher Hausfrauenbund

Lebensmittelkennzeichnung

Eine der wesentlichsten Maßnahmen zum Schutz des Verbrauchers stellt die **Lebensmittelkennzeichnungsverordnung** dar. Sie legt seit dem 31.12.1981 fünf Pflichtkennzeichnungen für Verpackungen fest.

Diese Pflichtkennzeichnung für Lebensmittelverpackungen umfasst:
- Verkehrsbezeichnung,
- Zutatenverzeichnis,
- Mindesthaltbarkeitsdatum,
- Mengenbezeichnung,
- Name sowie Anschrift des Herstellers, Verpackers oder Verkäufers.

Die **Verkehrsbezeichnung** muss verständlich, eindeutig und handelsüblich sein. Fantasienamen als Verkehrsbezeichnung einer Ware sind unzulässig.

Zutaten, die im **Zutatenverzeichnis** angegeben sind, werden dem Lebensmittel zugesetzt. Sie erscheinen dabei in der Reihenfolge ihrer enthaltenen Mengenanteile. Kenntnisse über die Produktzusammensetzung helfen, gesundheitliche Risiken zu vermeiden.

Im Zutatenverzeichnis können auch **Zusatzstoffe** aufgelistet sein. Sie haben vorrangig die Aufgabe, die Produkteigenschaften (Aussehen, Geschmack, Konsistenz usw.) zu verbessern. Zusatzstoffe werden in Klassennamen eingeteilt und mit einer Artikelnummer bezeichnet.

Lebensmittelzusatzstoffe	
Klassennamen	**europäische Artikelnummer**
Farbstoffe	100 – 180
Konservierungsstoffe	200 – 252
Säuerungsmittel	260 – 297
Antioxydantien	300 – 385
Verdickungsmittel	400 – 422
Emulgatoren	432 – 495
andere Zusatzstoffe	500 – 585
Geschmacksverstärker	620 – 948
Süßstoffe	950 – 1518

Bei den Zusatzstoffen kann es sich um natürliche, naturidentische oder künstliche Substanzen handeln. Einige in der Europäischen Union zugelassene Zusatzstoffe sind hinsichtlich ihrer gesundheitlichen Unbedenklichkeit umstritten, da sie z. B. in Skandinavien oder den USA verboten sind.

Der Anbieter garantiert bis zum **Mindesthaltbarkeitsdatum** alle wesentlichen Produkteigenschaften seiner Ware. Ein Mindesthaltbarkeitsdatum muss nicht bei frischem Obst, Gemüse, Kartoffeln, Backwaren und bei Waren mit sehr langer Haltbarkeit (Essig, Salz, Zucker) angegeben werden.

Die **Mengenbezeichnung** muss unabhängig von der Verpackungsgröße die in der Packung befindliche Produktmenge in deutschen Maßeinheiten angeben. Bei Produkten, die von Flüssigkeiten umhüllt oder umgeben sind, erscheint das Gesamt- und Warengewicht (Abtropfgewicht).

Die Angabe des **Namens und der Anschrift von Hersteller, Verpacker oder Verkäufer** verdeutlicht dem Verbraucher, woher und von wem das Produkt stammt. Dadurch ist die Möglichkeit einer Kontaktaufnahme gegeben.

Kaufvertrag

Güter- und Geldströme während des Handels zwischen Anbieter und Nachfrager haben gleichzeitig Eigentumswechsel zur Folge. Damit wird ein Rechtsgeschäft vollzogen. Eine entsprechende Willensübereinstimmung aller am Handel Beteiligten ist hierfür die Grundlage.

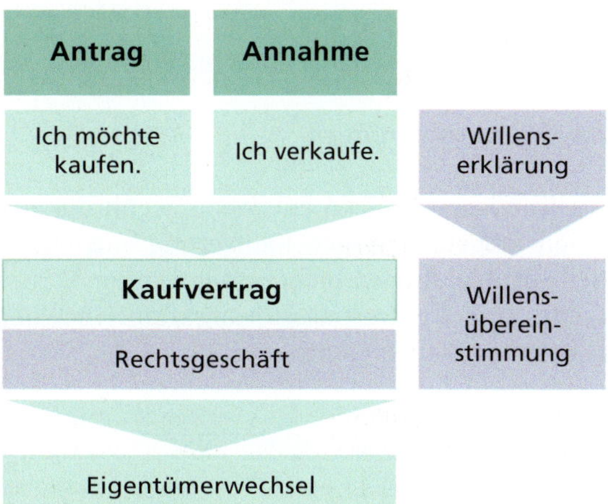

> **M** Ein **Kaufvertrag** ist ein zweiseitiges Rechtsgeschäft, bei dem ein Eigentümerwechsel vollzogen wird.

Geschäftsfähigkeit

Da ein Kaufvertrag ein Rechtsgeschäft darstellt, kann nicht jede beliebige Person diesen abschließen. Ein Kaufvertrag muss rechtsgültig sein, was durch verschiedene Faktoren, wie die Höhe der Kaufsumme, das Alter der Beteiligten oder deren Geisteszustand, bestimmt wird. Grundlage für einen rechtsgültigen Kaufvertrag ist also die Geschäftsfähigkeit einer Person.

> **M** **Geschäftsfähigkeit** bedeutet, dass man ein Rechtsgeschäft selbstständig voll wirksam abschließen kann.

Kinder bis zum vollendeten siebten Lebensjahr gelten als **geschäftsunfähig** (BGB § 104). Mit ihnen geschlossene Kaufverträge sind „nichtig" und demnach nicht rechtskräftig.

Freiwillige Warenkennzeichnung

Anbieter dürfen die vorgeschriebene Warenkennzeichnung durch weitere Angaben ergänzen. Dies können z. B. Firmenlogos, Lagerhinweise, Zeichen, europäische Artikelnummern (EAN), Zubereitungsempfehlungen und Internetadressen sein.

Güte-, Prüf- und Warenzeichen

Durch freiwillige Warenkennzeichnungen erhält der Verbraucher zusätzliche Produktinformationen, die seine Kaufentscheidung positiv beeinflussen sollen. Für den ernährungsbewussten Verbraucher sind Mengenangaben zu Inhaltsbestandteilen der Lebensmittel von großer Bedeutung.

Ernährungsphysiologische Wirkung der Lebensmittelinhaltsbestandteile

	Bestandteil	Wirkungsweise
Nährstoffe	Kohlenhydrate	Aufbau und Erhaltung der Körpersubstanz
	Eiweiße	ersetzen abgestorbene Zellen
	Fette	liefern dem Körper Energie
Ergänzungsstoffe	Ballaststoffe (Cellulose)	– schaffen ausreichende Darmfüllung – sättigen – beugen Verstopfung vor
	Wasser	Lösungs- und Transportmittel für Nährstoffe und Stoffwechselprodukte
	Wirkstoffe (Vitamine, Mineralstoffe)	– steuern Stoff- und Energiewechselvorgänge – stärken das Immunsystem

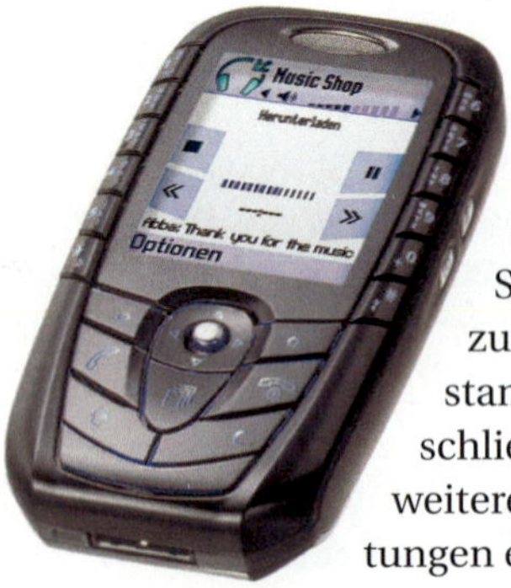

Minderjährige ab vollendetem siebten Lebensjahr sind **beschränkt geschäftsfähig** (BGB § 106). Sie können Kaufverträge bis zur Höhe des ihnen zugestandenen Taschengeldes abschließen, wenn daraus keine weiteren finanziellen Verpflichtungen entstehen.

Alle übrigen Kaufverträge gelten als „schwebend unwirksam". Sie bedürfen der Zustimmung der Erziehungsberechtigten. Demnach können beispielsweise Handyverträge nur von Personen ab 18 Jahren abgeschlossen werden. Verweigern die Eltern im Nachhinein ihre Zustimmung, gilt der Vertrag als „vollends unwirksam".

Personen ab dem vollendeten achtzehnten Lebensjahr gelten als volljährig. Sie sind damit **voll geschäftsfähig.** Alle abgeschlossenen Kaufverträge sind „rechtswirksam". Das Nichteinhalten eines Kaufvertrages kann rechtliche Schritte nach sich ziehen.

Rechte und Pflichten von Käufer und Verkäufer

Ein rechtswirksamer Kaufvertrag erfordert von Käufer und Verkäufer die Erfüllung aller sich daraus ergebenden Rechte und Pflichten.

Rechtliche Folgen aus Kaufverträgen

	Käufer	Verkäufer
Pflichten	Abnahmepflicht der Ware	Übergabepflicht fehlerfreier Ware
Pflichten	Bezahlpflicht des Kaufpreises	Übereignungspflicht an den neuen Eigentümer
Rechte	Ware besitzt zugesicherten Zustand	termingetreuer Erhalt des Kaufpreises
Rechte	Erhalt zum vereinbarten Termin	Abnahme der Ware

Kaufverträge werden mündlich oder schriftlich abgeschlossen. Sie können folgende Angaben enthalten:
- Name und Anschrift von Käufer und Verkäufer,
- Wareneigenschaften (z. B. Güte, Farbe, Größe),
- Warenmenge,
- Einzel- und Gesamtpreis,
- Zahlungsmodalitäten (z. B. Barzahlung, Bankeinzug, Zahlungsfristen),
- Erfüllungsort und
- allgemeine Geschäftsbedingungen (AGB).

Kaufvertragsstörungen

Kaufvertragsstörungen entstehen, wenn die aus einem abgeschlossenen Kaufvertrag entstehenden Verpflichtungen nicht erfüllt werden. Verursacher einer Kaufvertragsstörung können sowohl Verkäufer als auch Käufer sein.

Kaufvertragsstörungen

Verkäufer	Käufer
Lieferverzug	Annahmeverzug
Lieferung mangelhafter Ware	Zahlungsverzug

Mit den **allgemeinen Geschäftsbedingungen (AGB)** versucht der Verkäufer, sich vor Kaufvertragsstörungen zu schützen. Der Käufer kann keinen Einfluss auf die Formulierungen in den AGB nehmen. Sie betreffen u. a.:
- zulässige Lieferverzugszeiten,
- die Kostenerstattungshöhe bei Zahlungsverzug und
- den Gerichtsstand bei Streitigkeiten.

Der Käufer kann also durch die AGB rechtlich schlechter gestellt sein als nach den sonst anzuwendenden Gesetzen.

M Allgemeine Geschäftsbedingungen sind vorformulierte Bedingungen, die die anbietende Vertragspartei der nachfragenden stellt.

Der Käufer hat die Möglichkeit der Reklamation, um Kaufvertragsstörungen seitens des Verkäufers zu begegnen. Die Reklamation (Rückforderung, Beanstandung) soll den Käufer vor mangelhafter Ware schützen. Voraussetzung für die Anzeige einer Reklamation ist der Kaufvertrag bzw. der Kassenbon. Man kann mündlich oder schriftlich reklamieren.

M Eine **Reklamation** ist die Anzeige von Mängeln, um diese beseitigen zu lassen.

Reklamationen sind auf der Basis von Gesetzen (Gewährleistung) oder von freiwilligen Bestimmungen des Anbieters (Garantie) möglich.

Gewährleistungsrechte können nur geltend gemacht werden, wenn der Mangel schon zum Verkaufszeitpunkt vorhanden war und dieser im Regelfall innerhalb von 24 Monaten nach Kauf angemeldet wird.

Garantieleistungen kann es zusätzlich zu der gesetzlich festgelegten Zweijahresfrist von Gewährleistungsansprüchen geben. Garantien enthalten oft ein Versprechen, dass Einzelteile oder die vollständige Ware über einen Zeitraum bestimmte oder alle Produktmerkmale beibehalten. Käufer mit Garantieanspruch können üblicherweise Reparatur oder Umtausch fordern.

1 Verbaute Baumaterialien besitzen eine fünfjährige Gewährleistungsfrist.

Gewährleistungsrecht im Überblick (nach EU-Verbrauchsgüterkaufrichtlinie)

Haftungszeitraum:
Die Haftung des Händlers beträgt bei:
- Verkauf eines mangelfreien Produktes 2 Jahre,
- tatsächlich verbauten Baumaterialien 5 Jahre,
- Gebrauchtwaren und Reparaturen 1 Jahr.

Handel zwischen Privatpersonen besitzen keinen Haftungszeitraum.

Beweislast:
Der Händler muss beweisen, dass er ein einwandfreies Produkt verkauft hat, wenn es innerhalb der ersten sechs Monate ab Verkaufsdatum zur Mangelanzeige eines Käufers kommt. Ab dem siebten Monat nach dem Kauf muss der Käufer belegen, dass die Ware von Anfang an Mängel hatte.

Anspruchsleistungen:
Zunächst gilt Anspruch auf Ersatzlieferung eines einwandfreien Produktes oder auf kostenfreie Reparatur. (Der Händler trägt alle Kosten für Transport, Arbeitsleistung und Material.) Scheitern Ersatzlieferung und Reparatur zweimal oder sind diese nicht zumutbar, dann kann der Käufer seine Rechte auf Kaufpreisminderung oder Vertragsauflösung geltend machen.

Geringfügige Fehler:
Scheitern Ersatzlieferung und Reparatur, so kann nur eine Kaufpreisminderung in Anspruch genommen werden. Eine Vertragsauflösung ist nicht möglich.

Werbeaussagen:
Besitzt ein Produkt nicht die konkreten beworbenen Eigenschaften, so gilt dies als Sachmangel und kann demzufolge Gewährleistungsansprüche des Käufers auslösen. Der Verkäufer haftet auch bei Falschaussagen, wenn diese der Hersteller veröffentlicht hat.

Montageanleitungen:
Fehlerhafte oder unverständliche bzw. unbrauchbare Montageanleitungen, die der Ware beigelegt sind, können als Mangel bewertet werden, für die der Händler innerhalb der Gewährleistungsfrist haftbar gemacht wird.

1.5 Haushalt und Umweltschutz

Der Mensch benötigt zum Leben eine Wohnung, Nahrung, Kleidung und viele Dinge des täglichen Bedarfs. Dies setzt jedoch die Entnahme von Rohstoffen und Energie aus der Natur voraus. Nach dem Gebrauch bzw. Verbrauch können Entsorgungsmaßnahmen anfallen. Der Mensch greift also in die Natur ein, verändert sie und belastet durch zahlreich auftretende Wandlungsprozesse die Umwelt.

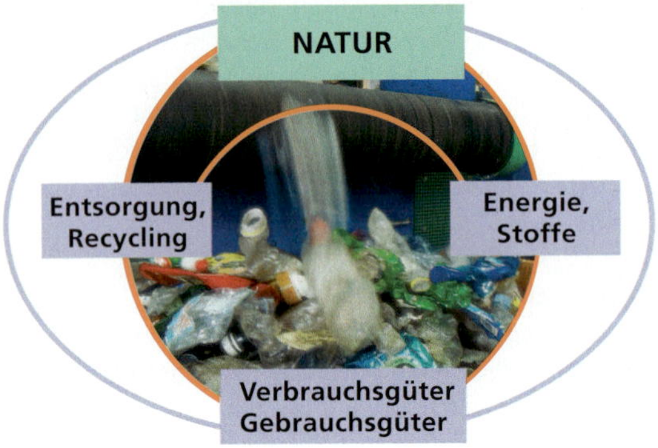

Steigender Lebensstandard und die Zunahme der Weltbevölkerung sind nur zwei Ursachen, warum die Vorräte vieler Rohstoffe und Energien ab- und die Belastungen der Umwelt zunehmen. Haushalte können einen wesentlichen Beitrag zum **Umweltschutz** leisten.

Umweltbewusstes Bauen

Bei der Errichtung eines Bauwerkes haben insbesondere die Baumaterialauswahl und bautechnische Maßnahmen, die während der Nutzungsphase Energie sparend wirken, einen großen Anteil zur Schonung von Ressourcen. Die Verwendung und der fachgerechte Einbau Wärme dämmender Stoffe kann sehr viel zur Einsparung von Heizenergie und damit zur Reduzierung des CO_2-Ausstoßes beitragen. Der Staat unterstützt dieses Anliegen u. a. durch die **Wärmeschutzverordnung**. In dieser sind Energieverbrauchshöchstwerte festgeschrieben, die nicht überschritten werden dürfen. Die Errichtung von Niedrig- oder Passivenergiehäusern wird besonders gefördert.

1 Schlechte Wärmedämmung ist erkennbar.

Umweltbewusstes Modernisieren

Viele ältere Geräte des Haushaltes besitzen im Vergleich zu aktuellen Modellen wesentlich ungünstigere Verbrauchskennziffern, z. B. an Elektroenergie oder Trinkwasser. Sie sollten daher, auch unter Beachtung der folgenden Hinweise, ersetzt werden:

- Meide Geräte mit ständigem Stand-by-Betrieb!
- Triff eine Kaufentscheidung für Haushaltsgeräte mit sehr guter Energieeffizienzklasse!
- Setze Energiesparlampen ein!
- Ersetze alte Heizungsanlagen!
- Kaufe FCKW-freie Kühlgeräte!

Umwelttechnologien nutzen

Es gibt zahlreiche Möglichkeiten, Technologien im Haushalt einzusetzen, die die Umwelt kaum belasten. Dazu gehören beispielsweise Regenwassernutzungs- und Solaranlagen.

Einsatz von Solaranlagen	
Sonnenkollektoren	**Fotovoltaikanlagen**
Warmwasserbereitung	Elektroenergieerzeugung
Brauchwassererwärmung	Netzeinspeisung
Heizungsunterstützung	Inselbetrieb

Arbeitsmethode „Partnerarbeit"

Themen wie „Haushalt und Umweltschutz" bieten viele Lösungsansätze, die im partnerschaftlichen Zusammenwirken besser erarbeitet werden können.

Findungsphase

Erteilen der Aufgabenstellung durch den Lehrer

Vorgabe der zur Verfügung stehenden Zeit

Bildung von Partnerschaften

Absprechen der Vorgehensweise zur Aufgabenbearbeitung

Erarbeitungsphase

Formulieren von Lösungsansätzen

Einbeziehung von Informationsquellen

Wahl der Präsentationsform

Erarbeiten der Ergebnispräsentation

Präsentationsphase

partnerschaftliches Präsentieren der Ergebnisse

Ergebnisvergleich und Diskussion in der Klasse

Ergebnisbewertung

Tipps zur Partnerarbeit:

- Wendet euch zueinander, rückt die Stühle um und stellt Blickkontakt her!
- Legt gemeinsam fest, wie ihr die erteilte Aufgabe lösen wollt!
- Helft euch gegenseitig, z. B. beim Korrigieren!
- Stellt dem Partner eure Ergebnisse vor und diskutiert darüber!
- Begegnet Konfliktsituationen mit Kompromissen! Akzeptiert andere Meinungen!
- Hinweise zum Präsentieren findet man im Kapitel 4.1 dieses Buches!

Umweltbewusstes Einkaufen

Der Ge- und Verbrauch von Gütern setzt in den meisten Fällen einen Einkauf voraus. Das eigene Kaufverhalten kann viel für die Umwelt bewirken.

Umweltbewusstes Kaufverhalten

Kaufverhalten	Effekt für die Umwelt
regionale Angebote	kürzere Transportwege
Obst und Gemüse in der Hauptsaison	weniger Chemie und Energie
Nachfüllpackungen	vermindern Müllberge
qualitätsbewusst kaufen	längere Haltbarkeit bzw. Funktionsdauer
recycelbare Verpackungen	stoffliche Neunutzung möglich

Umweltbewusstes Reinigen

Im Haushalt fallen die unterschiedlichsten Reinigungsarbeiten an. Sie sollen dafür sorgen, dass z. B. die Wäsche, der Teppich und die Fliesen wieder sauber werden sowie das Geschirr hygienisch einwandfrei abgewaschen ist. Die chemische Industrie hält zahllose Reinigungsmittel dafür bereit. Allerdings gibt es fast immer umweltfreundliche Alternativen, wie der Einsatz von Essig zur Flecken- und Kalkbekämpfung oder die Verwendung von erwärmtem Zitronensaft bei Kugelschreiber- und Stempelfarbflecken (anschließend kräftig nachspülen). Die Fußbodenreinigung muss auch nicht mit Einwegspezialtüchern erfolgen.

Aufgaben

Kapitel 1.1

1. Vervollständige die Tabelle!

Haushalte als Arbeits-, Konsum- und Wirtschaftsbereich (Beispiele)

Hausarbeit	**Verbrauch von**	**Kennzeichen wirtschaftlichen Handelns**
Wäsche waschen	Wasser	Einsatz eines Waschautomaten
Mahlzeit zubereiten		

2. Stelle einen Familienhaushalt und einen Landeshaushalt in ihren wichtigsten Merkmalen:
   - Einnahmen- und Ausgabenrechnung,
   - Anzahl der Haushaltsmitglieder,
   - Zuständigkeitsbereich,

   gegenüber!

3. In der geschlossenen Hauswirtschaft wird alles selbst hergestellt. Beschreibe die Errichtung einer Lehmhütte!

4. Die grundlegende Erziehungsinstanz ist die Familie. Begründe die Notwendigkeit, in jeder Familie zu
   a) Ordnung,
   b) Pünktlichkeit und
   c) regelmäßiger Körperhygiene

   zu erziehen!

5. Nenne jeweils vier Beispiele für ökonomische, soziale und ökologische Aufgaben der Haushaltsführung!

6. a) Lies den Textabschnitt über Peter auf Seite 10!
   b) Notiere alle Bedürfnisse, die man aus dem Text ableiten kann!

Kapitel 1.2

7. a) Warum stellt die eigene Fortbildung eine „Vorsorgemaßnahme" dar?
   b) Nenne unterschiedliche Bildungsmaßnahmen!

8. a) Stelle eine Liste von sieben Beispielen zusammen, wie man finanzielle Mehrausgaben verhindern kann!
   b) Benutze die Informationen aus Aufgabe 8. a) als Grundlage für einen Kurzvortrag!

9. Welche fixen Kosten fallen durchschnittlich im Monat bei einer Familie mit Mietwohnung an?

10. Erstelle einen Kurzvortrag über notwendige Individualversicherungen! Nutze dazu als Quelle das Internet!

Kapitel 1.3

11. Beschreibe die Merkmale, die ein Zahlungsmittel besitzen muss!

12. Welche Formen des Naturalgeldes waren verbreitet? Halte einen Kurzvortrag!

13. Male einen 10-Euro-Schein!
    a) Warum dürfen Geldscheine nicht nachgemacht werden?
    b) Trage die Sicherheitsmerkmale eines echten 10-Euro-Scheines in den gemalten Schein ein!
    c) Warum ist dein gemalter Geldschein nichts wert?

14. Bearbeitet das Thema „Einnahmen und Ausgaben eines Haushaltes“ mit der Arbeitsmethode Ideensalat!

15. a) Erläutere die drei Anlagekriterien!
    b) Stelle eine Übersicht zu Anlageformen zusammen!
    c) Stelle zu drei Anlageformen jeweils eine Kurzinformation zusammen!

16. Warum muss private Altersvorsorge betrieben werden und wie kann sie aussehen?

Kapitel 1.4

17. a) Fertige eine Schautafel oder eine Multimediapräsentation zum Kaufverhalten unter Verwendung des Lehrbuchtextes an!
    b) Stelle das Ergebnis deinen Mitschülern vor!

18. a) Erkunde in einer Verkaufseinrichtung vorhandene Maßnahmen der Verkaufsförderung!
    b) Skizziere zu Hause den Grundriss der Verkaufsräume!
    c) Notiere die Ergebnisse in einem Gedächtnisprotokoll!
    d) Bewerte die Verkaufseinrichtung hinsichtlich der Berücksichtigung unterschiedlicher Kaufverhaltenstypen!

19. Weise anhand von Beispielen nach, dass die Bundesregierung eine aktive Verbraucherpolitik betreibt!

20. a) Warum müssen Kaufverträge rechtswirksam sein?
    b) Erkläre den Begriff „Geschäftsfähigkeit“!
    c) Formuliere und beschreibe drei Fallbeispiele, in denen die unterschiedlichen Stufen der Geschäftsfähigkeit anschaulich verdeutlicht werden!

21. Erläutere die Begriffe „Gewährleistung“ und „Garantie“ am Beispiel eines Turnschuhkaufs (Preis 150,- €) in einem Fachgeschäft!

22. Dein drei Wochen alter MP3-Player (Geschenk der Großmutter) funktioniert nicht. Der Hersteller gewährt zwei Jahre Garantie.
    a) Welche Rechte hast du?
    b) Was machst du?
    c) Diskutiere mit deinem Nachbarn darüber!

Kapitel 1.5

23. Ist die Reduzierung des Wasserverbrauchs auf das mögliche Minimum in privaten Haushalten sinnvoll? Sammle mit deinem Partner Argumente für eine Pro-und-Kontra-Diskussion zum Thema umweltgerechter Umgang mit der Ressource Wasser!

24. a) Suche mit deinem Partner in Katalogen oder im Internet zwei Kühlgeräte (gleiches Nutzvolumen, je einmal mit Energieeffizienzklasse A und B) heraus!
    b) Jeder Partner berechnet den Jahresverbrauch für eines der beiden Kühlgeräte bei einem angenommenen Strompreis von 0,15 €/KWh!
    c) Wann haben sich die Mehrkosten für das Energie sparende Modell durch die Energieeinsparung rentiert?

25. Ist der Geschirrspüler ein umweltschonendes Haushaltsgerät? Sammelt Argumente, die für und gegen den Kauf eines Geschirrspülers sprechen!

26. a) Erarbeite eine Informationsmappe zum Thema „Haushalt und Umweltschutz“!
    b) Fertige mit einem Partner eine Schautafel, einen Kurzvortrag oder eine Multimediapräsentation an!
    c) Stellt das Ergebnis euren Mitschülern gemeinschaftlich vor!

Das Wichtigste im Überblick

Merkmale eines privaten Haushaltes

kleinste Wirtschaftseinheit
(einzelne oder zusammenlebende Personen)

- Stätte des Verbrauchs
- Stätte des Sparens
- Stätte des privaten Lebens
- Stätte der Leistungserbringung

Elemente der Haushaltsplanung

Finanzplanung

- Erfassung der Einnahmen
- Erfassung der Ausgaben
- Zweckbestimmung

Arbeitsplanung

Verteilung der Arbeitsaufgaben auf die Haushaltsmitglieder

Zeitplanung

- Tagesablaufplan
- Wochenplan
- Jahresplan

Sachgüterplanung

kurz- und langfristige Beschaffung von Gebrauchs- und Verbrauchsgütern

Einkommensquellen

Haushaltseinkommen

- aus Versicherungen: Rente, Arbeitslosenversicherung, Berufsunfähigkeitsversicherung
- andere Einkommen: Lottogewinn, Erbschaft, Schenkung
- aus Vermögen: Zinsen und Dividenden, Spekulationsgewinne, Pacht und Miete
- aus Arbeit: Lohn, Gehalt, Unternehmensgewinn
- vom Staat: Kindergeld, Ausbildungsbeihilfe, Bauzuschüsse, Pension

Möglichkeiten der Finanzierung

- **Barzahlung** → Sofortzahlung
- **Leasing** → Teilzahlung (Miete)
- **Darlehen** → Teilzahlung (Raten)

Zahlungsfähigkeit eines Haushaltes

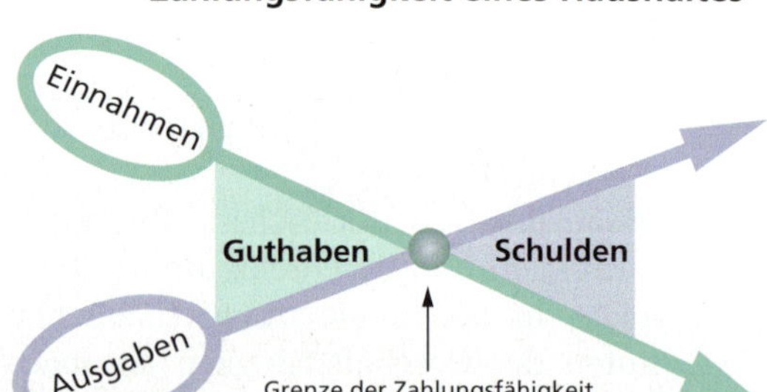

2 Haushaltstechnik nutzen

Feinwerkmechaniker/in

Voraussetzungen sind:

- Hand- und Fingergeschick,
- mathematisches und logisches Denken,
- räumliches Vorstellungsvermögen,
- Gewissenhaftigkeit,
- gute Leistungen in Mathematik, Physik und AWT.

Was?

Feinwerkmechaniker/innen sind Spezialisten für Präzisionsgeräte des Werkzeug- und Maschinenbaus. Sie fertigen Bauteile für Maschinen und feinmechanische Geräte und montieren sie zusammen mit Mess- und Regelkomponenten zu funktionsfähigen Einheiten.

Womit?

Sie arbeiten häufig an computergesteuerten Werkzeugmaschinen. Einzelstücke erfordern jedoch eine manuelle Bearbeitung. Der Umgang mit unterschiedlichsten Messzeugen ist ihnen vertraut.

Wo?

Ihr Arbeitsplatz ist in der Werkstatt beziehungsweise beim Kunden. Darüber hinaus können sie in den Instandhaltungsabteilungen von Industriebetrieben und in der Dienstleistung tätig sein.

Industriemechaniker/in Fachrichtung Maschinen- und Systemtechnik

Voraussetzungen sind:

- Hand- und Fingergeschick,
- mathematisches und logisches Denken,
- räumliches Vorstellungsvermögen,
- Gewissenhaftigkeit,
- gute Leistungen in Mathematik, Physik und AWT.

Was?

Industriemechaniker/innen montieren anhand von Arbeitsunterlagen Bauteile zu Baugruppen und diese zu Maschinen. Hierbei bearbeiten sie Bauteile maschinell und manuell oder stellen sie erforderlichenfalls selbst her.

Womit?

Typische Arbeitsmittel sind Mess-Schieber, Mess-Schrauben, Feilen, Akkuschrauber, Maul- bzw. Ringschlüssel und Bohrmaschinen. Sie arbeiten mit verschiedenen metallischen Werkstoffen wie Stahl, Aluminium und Messing.

Wo?

Industriemechaniker/innen arbeiten im industriellen Bereich, z. B. in Maschinenbaufirmen sowie in der Wartung, Instandhaltung und Reparatur unterschiedlicher Industriebetriebe. Ihr Arbeitsplatz kann dort sowohl eine Werkstatt, eine Montagehalle, ein Prüfstand als auch eine Baustelle sein.

2.1 Technisierung im Haushalt

Entwicklung der Haushaltstechnik

Die Haushaltsführung erforderte bis zu Beginn des 20. Jahrhunderts täglich einen sehr großen Kraft- und Zeitaufwand. Unsere Urgroßeltern haben dies als Kinder vielleicht noch erlebt. Damals gab es:
- kein fließendes Wasser,
- keinen elektrischen Strom,
- eingeschränkte Möglichkeiten der Nahrungsmittellagerung,
- offene Kochstellen mit viel Qualm und Ruß,
- die Wohnungsreinigung nur mit dem Reisigbesen und alten Tüchern,
- Waschen mit der Hand,
- wenig Wohnfläche und viele Familienmitglieder,
- kaum Haushaltschemie und
- eingeschränkte Möglichkeiten der Körperhygiene.

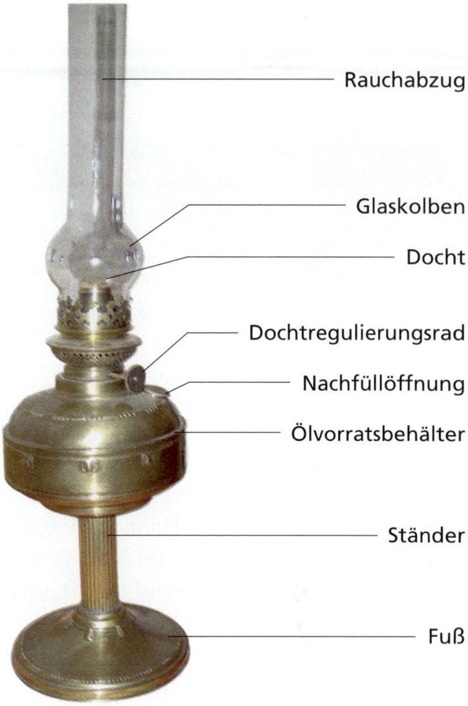

2 Aufbau einer Petroleumlampe ohne Schirm

Beleuchtung

Viele Tausend Jahre spendeten nur Feuerstellen und Fackeln Wärme und Licht. Außerdem gaben qualmende und stinkende Öllampen ebenfalls ein wenig Licht. Kerzen und ab Mitte des 19. Jahrhunderts **Petroleumlampen** blieben vermögenden Leuten vorbehalten. In großen Städten gab es sogar Gaslicht.

1 In den engen Wohnungen musste oft auch noch Heimarbeit verrichtet werden (Modell).

Die bescheidenen Beleuchtungsmöglichkeiten waren auch der Grund, dass die von Thomas A. Edison (1847–1931) 1879 erfundene **Glühlampe** schnell in die Massenproduktion überführt wurde. Damit stieg die Nachfrage nach elektrischer Energie sprunghaft an. Schon 1881 wurden erste Kraftwerke gebaut. Eindrucksvoll benutzte man auf der Weltausstellung 1900 in Paris 40 000 Glühlampen und 6 000 Bogenlampen zur Beleuchtung des Ausstellungsgeländes.

Kanalisation

Auf dem Land war es im Mittelalter und lange Zeit danach üblich, die Notdurft einfach im Freien zu verrichten. In den Städten war es Sitte, dass der Schlag der Stadttrommel punkt zehn Uhr abends Anlass dazu gab, den Unrat auf die Straße zu kippen.
Im 19. Jahrhundert strömten die Menschen vom Lande in die Städte. Viele glaubten, in der Stadt ihr Glück machen zu können und Geld zu verdienen.

1 Abwasserentsorgung in Berlin um 1850

So verdoppelte sich in nahezu 20 Jahren die Einwohnerzahl Berlins (1850: 428 000; 1871: 826 000). Um die neuen Bewohner unterzubringen, entstanden viele Mietskasernen und damit auch die Notwendigkeit einer ausreichenden **Wasserversorgung.** 1852 wurde das erste Berliner Wasserwerk vor dem Stralauer Tor gebaut.
Das Problem der **Abwasserentsorgung** sah zunächst niemand. Die „großen“ und „kleinen“ Geschäfte wurden auf Plumpsklos verrichtet. In Berlin existierten auch rund 16 000 Wassertoiletten, die aufgrund fehlender Kanalisation ihre Abwässer in den Rinnstein oder direkt in Flüsse und Kanäle ergossen. Erst 1873 begann eine Baukommission unter der Leitung von RUDOLF VIRCHOW (1821–1902) und JAMES HOLBRECHT (1825–1902) nach langen Diskussionen mit der Planung einer Kanalisation für Berlin. Nach deren Inbetriebnahme nahm die Zahl der Typhus-Erkrankungen rasch ab.

Technik hält Einzug

Die mit der Erfindung von Telegraf, Telefon und Glühlampe einsetzende Nutzung der elektrischen Energie ermöglichte zum Ende des 19. Jahrhunderts in bürgerlichen Haushalten eine sich ständig beschleunigende Technisierung. Dies hatte wiederum tief greifende Auswirkungen auf die Gestaltung des Tagesablaufes, die hygienischen und gesundheitlichen Bedingungen sowie die allgemeine Lebenserwartung.

Erfindungen für den Haushaltsbereich

Jahr	Erfindung	Erfinder
1859	Eisschrank	FERDINAND CARRÈ
1860	Linoleum	FREDERIK WALTON
1876	Telefon	ALEXANDER GRAHAM BELL
1882	elektrisches Bügeleisen	HENRY SEELY
1886	Geschirrspülmaschine	J. COCHRANE
1887	Grammophon	EMILE BERLINER, THOMAS EDISON
1891	Elektroherd	Carpenter Electric Company
1892	elektrisches Heizgerät	ROOKES CROMPTON
1894	Gasdurchlauferhitzer	HUGO JUNKERS
1895	elektrischer Handbohrer	WILHELM FEIN
1901	Staubsauger	HUBERT BOOTH
1902	Glühlampe mit Metallleuchtdraht	CARL FREIHERR AUER VON WELSBACH
1906	elektrische Waschmaschine	ALVA FISHER CO.
1909	elektrisches Dampfbügeleisen	JOHANN MÜLLER, HANS ELSÄSSER
1910	elektrisches Mixgerät	GEORGE SCHMIDT, FRED OSIUS
1920	elektrischer Fön	Racine Universal Motor Company
1928	Elektrorasierer	JACOB SCHICK
1930	automatischer Toaster	McGraw Electric Company, JACOB SCHICK

Kleidung im 19. Jahrhundert

Weiße und noch dazu saubere Wäsche war bis vor 150 Jahren nicht vorstellbar. Viele Menschen besaßen meist nur die Kleidung, die sie am Leibe trugen. Mehr konnten sie sich nicht leisten. Auf die Sauberkeit der wenigen Wäschestücke wurde kaum Wert gelegt, so dass die Wäsche, wenn überhaupt, alle sechs bis acht Wochen einmal gewaschen wurde.

Mitte des 19. Jahrhunderts änderte sich die Situation u. a. durch die Entwicklung des mechanischen Webstuhls (1822), verbesserte Antriebssysteme (Schiffspropeller 1826, Transmissionen ab 1840), die Fertigung in Manufakturen, die Steigerung des Baumwollanbaus, den Bau von Eisenbahnnetzen (ab 1840) und eine langsam steigende Kaufkraft. Dadurch wurde ein großes Angebot an billigen Textilgeweben möglich.

Die Kleidungsherstellung musste dringend vereinfacht werden, denn Nadel und Faden ermöglichten einer Handnäherin maximal 50 Stiche pro Minute. Entscheidenden Anteil an der Lösung dieses Problems hatte der amerikanische Erfinder Elias Howe (1819–1867), der 1846 die erste funktionierende Nähmaschine patentiert bekam. Sie war in der Lage, 300 Stiche pro Minute auszuführen.

1851 entwickelte Isaac Merrit Singer (1811–1875) die Nähmaschine weiter, indem er einen automatischen Stoffschieber integrierte. 1862 gründete er eine Nähmaschinenfabrik, so dass die Massenproduktion anlaufen konnte.

Nähmaschine mit Muskelkraftantrieb

1 Große Wäsche um 1850

Entwicklungslinie Waschmaschine

Um 1850 war die Hausfrau mehrere Tage damit beschäftigt, die Wäsche der Familie sauber zu bekommen. Da keine Wasserleitungen vorhanden waren, musste vor dem Waschen das Wasser aus dem Brunnen geholt werden. Zusätzlich waren Brennmaterial für die Feuerung sowie Seife und Soda bereitzustellen.

Nun konnte die Wäsche in **drei Schritten** gewaschen werden:

Zunächst wurde dem Wasser Soda zugegeben und die **Wäsche** darin einen Tag **eingeweicht.** Soda erzielte bei der Wäsche eine bleichende Wirkung. Danach musste die Wäsche mit einem Holzstempel gut durchgearbeitet werden. Nachdem dies getan war, wurden die schweren Wäschestücke herausgenommen und ausgewrungen.

Während des sich anschließenden zweiten Arbeitsganges wurde die **Wäsche** unter Zusatz von Seifenschnitzeln in einem Waschkessel **gekocht.** Dabei musste sie mit einem langen Holzlöffel ständig bewegt werden. Das Wasser erhielt durch ein immer brennendes Feuer unterhalb des Kessels ungefähr die gewünschte Temperatur. Nach diesem Vorgang begann jedoch erst die eigentliche Arbeit, denn nun mussten alle Flecken mit dem Waschbrett oder der Wurzelbürste herausgerubbelt werden.

Im dritten Arbeitsgang erfolgte das **Spülen.** Dazu wurde die ausgekochte Wäsche in einen Waschzuber getan. Um sich das schwere Wassertragen zu ersparen, wurde die Wäsche möglichst zu einem Bach oder Fluss gebracht. Das Wasser war hier zu einem großen Tümpel aufgestaut, der frisches, klares Wasser enthielt. In Höhe des Wasserspiegels war ein Waschbrett angebaut, auf dem die Wäscherin stand und die Wäsche spülen konnte. In der kalten Jahreszeit war dies eine besonders harte Arbeit. Zum Schluss wurde die Wäsche unter großer Kraftanstrengung ausgewrungen.

Um den Weißegrad zu erhöhen, bleichte man die Wäsche. Wenn es nicht regnete, legte dazu die Wäscherin die Wäsche über mehrere Tage auf eine Wiese und bespritzte sie nach dem Trocknen immer wieder mit Wasser.

Etwa fünfzig Jahre später konnte durch den Einsatz von **Holzbottich-Waschmaschinen** das Wäschewaschen vom Fluss in die Waschküche verlegt werden. Die Arbeit war nicht mehr ganz so anstrengend, denn nun wurde das Rubbeln der Wäsche auf dem Waschbrett durch ein so genanntes **Bewegkreuz,** das per Muskelkraft betrieben wurde, ersetzt. Der Waschvorgang fand in einem Eichenbottich statt. Dazu musste das Wasser noch außerhalb der Waschmaschine in einem Waschkessel erhitzt und dann zusammen mit Seife bzw. Waschpulver eingefüllt werden. Etwa 1920 waren schon 24 Ausführungen von Holzbottich-Waschmaschinen auf dem Markt.

1 Holzbottich-Waschmaschine mit Auswringer

Die erste elektrische **Drehkreuz-Waschmaschine** wurde 1913 bei Miele gebaut. Das Funktionsprinzip war dem Waschbrett nachempfunden. So waren die Seitenwände des Bottichs und der Boden gerillt und die Wäsche wurde durch die Rührflügel, auch Drehkreuz genannt, an den Seitenwänden vorbeigeführt. Neu war auch ein **Wäscheauswringer,** der wegklappbar angebracht war. Durch ihren hohen Preis wurde die Waschmaschine vorwiegend in Wäschereien und größeren Gemeinschaften verwendet.

Auch die **Waschmittel** mussten sich parallel zur Entwicklung der Waschgeräte und -maschinen verbessern. FRITZ HENKEL (1848–1930) erfand 1907 das erste Vollwaschmittel. Dieses hatte nicht nur eine reinigende, sondern gleichzeitig eine

2 Wäscheauswringer

1 Metallbottich-Waschmaschine um 1930

bleichende Wirkung, womit die aufwändige Rasenbleiche hinfällig wurde.

Die Erfindung der **Metallbottich-Waschmaschine** ermöglichte die Verlagerung des Wäschewaschens in die eigene Wohnung. Die wesentlichste Weiterentwicklung war die integrierte Heizung für das Erwärmen des Wassers.

Die Wäsche wurde durch ein **Wellrad** oder durch senkrechte **Waschflügel** bewegt. Bei diesem Maschinentyp ließen sich bereits Waschtemperatur und Waschdauer mithilfe einer Zeituhr einstellen. Neu war auch eine Ablaufpumpe bzw. ein Ablaufschlauch ohne Pumpe. Dieser musste flach auf den Boden gelegt werden, um die Waschlauge in Schüsseln aufzufangen.

2 Wellradmaschine mit integrierter Schleuder (li.)

Die Funktionsweise der Waschmaschine bestand darin, dass mittels eines Schlauches Wasser in die Waschmaschine gegeben und mit dem **Wahlschalter** die gewünschte Temperatur eingestellt wurde. Die Waschzeit betrug bei Wellradmaschinen etwa 5 Minuten.

Dann musste die Wäsche herausgenommen und ausgewrungen werden. Anschließend konnte die Waschlauge bei Wiederholung des beschriebenen Vorganges für dunkle Wäsche verwendet werden. Die danach nicht mehr nutzbare Lauge wurde abgelassen und die gesamte Wäsche 2- bis 3-mal kalt gespült und ausgewrungen. War die Hausfrau beim Waschen abgelenkt, kam es mitunter auch vor, dass die Wäsche überkochte, was dann einen enormen Reinigungsaufwand nach sich zog.

Diesem Vorgang schloss sich das Schleudern an. Das Einlegen der Wäsche musste möglichst gleichmäßig erfolgen, damit starke ruckartige Bewegungen der Maschine vermieden wurden. Nachdem die **Wäscheschleuder** in Betrieb gesetzt war, erreichte sie langsam ihre maximale Drehzahl. Dabei verlor die Wäsche einen Großteil der Feuchtigkeit. Der Schleudervorgang wurde individuell durch Abschalten beendet. Dadurch konnte es passieren, dass durch zu langes Schleudern pflegeleichte Textilien völlig zerknautscht aus der Schleuder entnommen wurden und mühevoll wieder glatt gebügelt werden mussten.

1 Trommel eines Waschautomaten

Anfang 1960 setzte sich ein neuer Trend bei den Waschmaschinen durch, denn diese wurden nun mit einer Trommel versehen. Die neuen **Trommelwaschmaschinen** funktionierten nach dem Zweilaugenverfahren, d.h., es konnte mit Vor- und Hauptwäsche gewaschen werden, was das Waschergebnis wesentlich verbesserte.

Die Wäsche wurde in den Trommelwaschmaschinen in einer gelochten **Edelstahltrommel,** die im **Laugenbehälter** eingebaut war, gewaschen. Dies geschah durch das Drehen der Trommel abwechselnd nach beiden Seiten. Nach erfolgtem Waschvorgang musste die Wäsche der Trommelwaschmaschine entnommen und in einer separaten Trockenschleuder geschleudert werden.

In den siebziger und achtziger Jahren des 20. Jahrhunderts erhielten die Waschmaschinen eine ausgefeilte elektromechanische Programmautomatik. Damit konnte die Hausfrau zwischen Koch-, Bunt- und Feinwäsche unterscheiden. Mit der Bedienung nur eines Programmwahlschalters steuerte man entsprechend der eingestellten Textilart automatisch Wassereinlauf, Wasserstand, Waschmotor, Heizung, Temperatur und Ablaufpumpe. Gleichzeitig wurde in die Waschautomaten ein Schleudergang integriert, so dass das aufwändige Entnehmen der Wäsche und das anschließende Einfüllen in die bis dahin separate Schleuder entfielen. Die erreichten Drehzahlen für den Schleudergang lagen damals bei etwa 300–400 U/min^{-1}.

M **Waschautomaten** sind Waschmaschinen, bei denen bestimmte Teilprozesse selbsttätig ohne Mitwirkung des Menschen ablaufen.

Ab den neunziger Jahren wurde die Steuerungsautomatik zunehmend durch mikroelektronische Bauteile abgelöst. Heutige moderne Waschmaschinen besitzen eine immer ausgefeiltere Technik, die vor allem dem gestiegenen Umweltbewusstsein Rechnung trägt. Zeit, Strom, Wasser, Energie und Waschmittel werden gleichzeitig gespart. Neue wabenähnliche Strukturen der Trommel erlauben einen schonenden Umgang mit der Wäsche. Dadurch ist ein Handwaschgang bei abgesenkter Temperatur für besonders empfindliche Textilien möglich.

Haushaltstechnik mit automatischen Abläufen

Die derzeit höchste technische Entwicklungsstufe stellen Automaten dar. Der Begriff „Automat" stammt vom griechischen Wort „autòmatos" ab. Es bedeutet so viel wie „sich selbst bewegend". Eine wichtige Voraussetzung für die **Automatisierung** komplexerer Abläufe bilden die Erfassung von In-

Trommelvollwaschautomaten

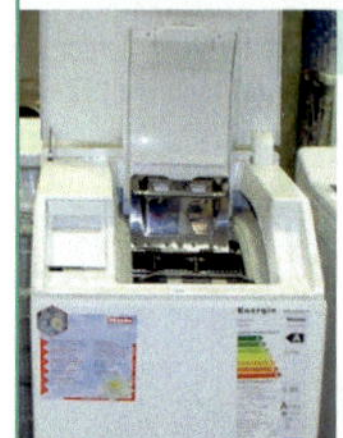

Toplader

- bequeme Wäschebeladung und -entnahme von oben
- schmale Bauform möglich
- nicht unterbaufähig

Frontlader

- Wäschebeladung und -entnahme von vorn
- geringe Tiefe möglich
- unterbaufähig (Einbau in Küchen möglich)

formationen sowie die Verarbeitung und Speicherung von Signalen (siehe auch 3.2). Diese Vorgänge sind mittels mikroelektronischer Schaltungen gut zu realisieren. Immerhin müssen bei Waschautomaten Temperatur, Wassermenge, Drehzahl und Zeit beeinflusst werden. Neben den schon beschriebenen Waschautomaten werden heute in einer Vielzahl von Haushaltsmaschinen und -geräten technische Abläufe automatisiert.

Beispiele von Haushaltstechnik mit automatischen Abläufen

Benennung	**beeinflusste Größe**
Aquariumsheizung	Wassertemperatur
Eierkocher	Garzeit
Elektroherd	Temperatur
Hydrotopfwächter	Feuchtigkeit
Kaffeemaschine	Wassertemperatur
Kühlschrank	Kühltemperatur
Mixer	Drehzahl
Reglerbügeleisen	Bügeltemperatur
Toilettenspülung	Wasserstand

Toilettenspülung

Das Prinzip der automatischen Toilettenspülung ist viele Jahrzehnte alt, sehr einfach und erfolgt über mechanische Bauteile. Jeder weiß, dass bei Betätigung der Spültaste das im Wasserkasten enthaltene Wasser über ein Rohr in die Toilette gelangt. Man braucht nicht zu warten, bis der Wasserkasten wieder voll gelaufen ist, weil die Wasserzufuhr automatisch unterbrochen wird.

Diese automatische Unterbrechung erfolgt durch einen Schwimmer, der bei Erreichen des maximalen Wasserstandes einfach den Zufluss schließt. Sobald etwas Wasser aus dem Wasserkasten abfließt, wird der Zufluss geöffnet und neues Wasser strömt in den Wasserkasten.

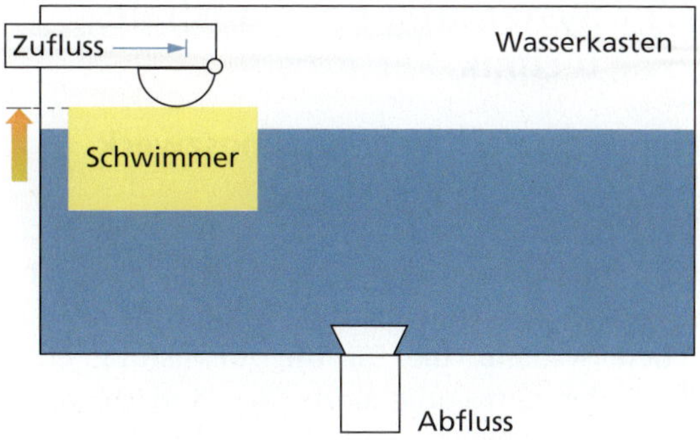

1 Toilettenspülung im gefüllten Zustand

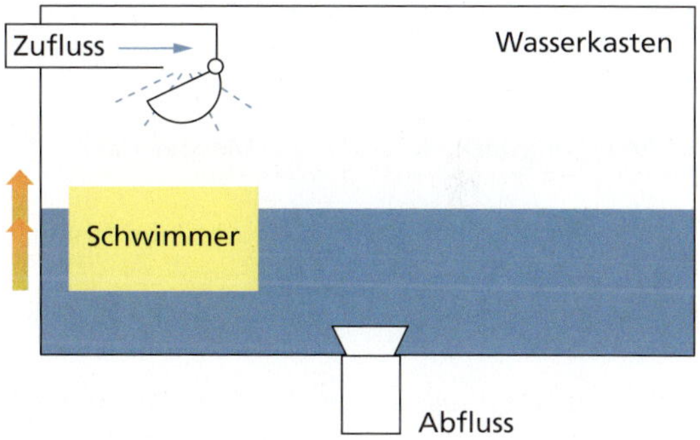

2 Toilettenspülung im sich füllenden Zustand

Die ordnungsgemäße Funktion kann z. B. durch einen nicht richtig verschlossenen Abfluss gestört werden, so dass die Spülung „ewig läuft“.

M **Die automatische Toilettenspülung besteht nur aus mechanischen Bauteilen.**

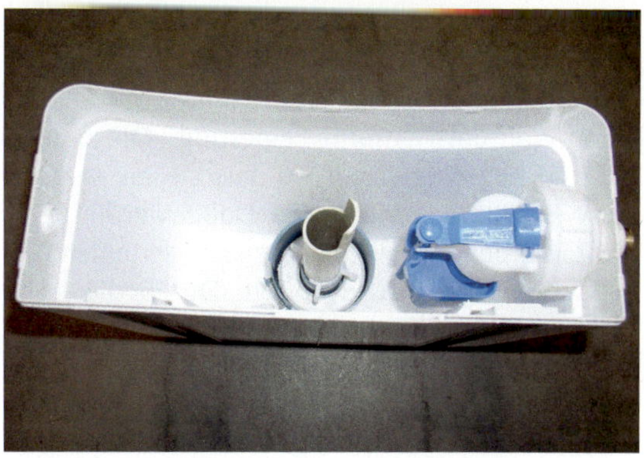

3 Blick in einen Spülkasten

2.2 Systematik der Haushaltstechnik

Einteilung nach Verwendungszweck

Die in Gebäuden zum Einsatz kommende Technik wird in Haus- und Haushaltstechnik unterschieden. Zur **Haustechnik** zählen die technischen Systeme, die für die Ausrüstung eines Gebäudes notwendig sind. Dies sind vor allem Heizungs-, Klima- sowie die sanitärtechnischen und elektrischen Anlagen.

Haushaltstechnik	
Reinigungstechnik	Messtechnik
Lagertechnik	Beleuchtungstechnik
Zubereitungstechnik	Unterhaltungstechnik
sonstige Technik	Kommunikationstechnik

Zur **Haushaltstechnik** hingegen werden alle technischen Systeme gezählt, die die Haushaltsführung unterstützen. Im Folgenden werden beispielhaft aus der Beleuchtungstechnik einige Leuchtmittel näher vorgestellt.

Wirkungsweise Glühlampe

Wird der Schalter einer Lampe betätigt, so fließt der Strom vom Lampensockel über die Glühwendel zum Fußkontakt. Die Glühwendel besteht aus einer Wolfram-Osmium-Legierung. Diese wird auf ca. 3 000 °K erwärmt, so dass sie im Zustand der Weißglut Licht absendet. Dabei werden 95 % der Elektroenergie in Wärme- und lediglich 5 % in Lichtenergie umgewandelt. Durch die hohe Temperatur verdampft die Glühwendel im Verlaufe vieler Hundert Betriebsstunden, so dass sie durch partielle Querschnittsverringerungen „durchbrennen" muss. Der Wolframdampf setzt sich am Inneren des Glaskolbens ab.

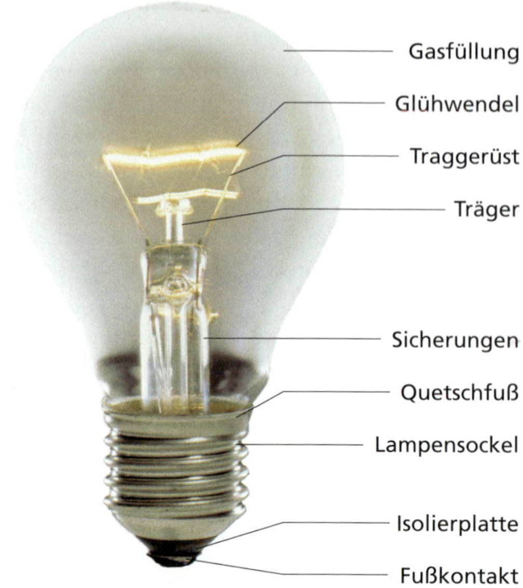

1 Aufbau einer Glühlampe

Da der **Wirkungsgrad** einer Glühlampe nur 0,05 beträgt, wurden schon bald alternative Leuchtmittel, wie **Halogen-** und **Leuchtstofflampen** (Wirkungsgrad 0,1 bzw. 0,3), entwickelt. Aber immer noch wird ein Großteil der eingesetzten Energie in Wärme umgewandelt. In Zukunft könnten z. B. weiße **Leuchtdioden** (gegenwärtige Lichtausbeute 30 lm/W [Lumen/Watt]) bei minimaler Wärmeabgabe herkömmliche Leuchtmittel ersetzen.

M Halogen- und Leuchtstofflampen sind mit einem doppelt bis sechsfach größeren Wirkungsgrad wirtschaftlicher als Glühlampen.

Leuchtmittel im Vergleich

Leuchtmittel	Lichtausbeute (lm/W)	Betriebsstunden
Glühlampe	5–15	bis 1 000
Halogenlampe	15–25	bis 2 000
Leuchtstofflampe	60 – 100	bis 10 000
Kompakt-Leuchtstofflampe	40 – 80	bis 10 000

Lichtausbeute

Die Lichtausbeute stellt in der Beleuchtungstechnik das Maß für die Wirtschaftlichkeit eines Leuchtmittels dar. Sie beschreibt mit ihrem Wert, wie viel der eingebrachten Energie in Licht umgewandelt wurde.

Kerze und Öllampe als nichtelektrische Leuchtmittel besitzen nur eine ungefähre Lichtausbeute von 0,1 bzw. 0,2 lm/W. Die enthaltene Maßeinheit „Lumen" bezeichnet den Lichtstrom. Dieser gibt die Lichtmenge an, die eine Lichtquelle abgibt.

Auswahl von Energiesparlampen

Küchengroßtechnik

- Gefriertruhe
- Kühlschrank
- Gefrierkombination
- Geschirrspülmaschine
- Elektroherd
- Gasherd
- Mikrowelle

Wirkungsweise Elektroherd

Die Wirkungsweise von Elektroherden basiert auf der Wärmewirkung des elektrischen Stromes, der durch **Heizleiter** fließt. Durch Wärmeleitung wird die Wärme auf die Kochplatte übertragen. Jede Kochplatte besitzt mehrere Heizleiter, mit denen man über einen Schalter verschiedene Leistungsstufen realisieren kann. So wird es möglich, den Wärmebedarf der jeweiligen Garsituation anzupassen.

Elektroherde sind mit zwei bis vier **Kochplatten** ausgestattet und besitzen meist einen Backofen. Während die Kochplatten mit isolierten Heizleitern erhitzt werden, wird der **Backofen** mit Heizstäben beheizt. Beim Umluftherd wird durch einen Lüfter die Warmluft umgewälzt.

Technik in der Küche

Die Küche besitzt für die Haushaltsführung eine besondere Bedeutung. Hier fällt ein großer Teil der Hausarbeiten an, so dass eine umfangreiche technische Ausstattung notwendig ist. In der Küche kommen Zubereitungs-, Lager-, Reinigungs-, Beleuchtungs- und Messtechnik zum Einsatz.
Im Folgenden werden Maschinen, Geräte und Werkzeuge der Küchengroß- bzw. -kleintechnik betrachtet. Zur **Küchengroßtechnik** zählen vor allem Maschinen und Geräte der Zubereitungs-, Lager- und Reinigungstechnik.

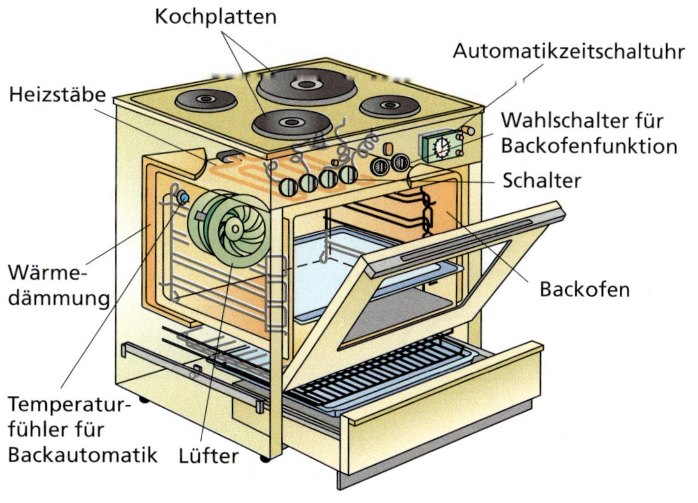

Wirkungsweise Mikrowellengerät

Mikrowellen sind elektromagnetische Schwingungen, die in einem Mikrowellengerät durch ein **Magnetron** erzeugt werden.
Die so ausgesendeten Wellen werden über einen Koppelstift durch den Hohlleiter in den Garraum geleitet. Damit die Mikrowellen von allen Seiten in das Gargut eindringen können, werden sie durch einen rotierenden Reflektor verteilt. Die in der Mikrowelle befindlichen Nahrungsmittel nehmen die Schwingungen auf.

Der Vorgang der Erwärmung resultiert aus der entstehenden Reibung der durch die Wellen hervorgerufenen schwingenden Wassermoleküle. Anders als bei herkömmlichen Garmethoden wird bei der Mikrowelle das Gargut von innen erwärmt. Der rotierende Drehteller unterstützt diese allseitige Durchdringung. Da das Magnetron sich im Betrieb stark erwärmt, sorgt für die Kühlung ein Gebläse.

Im Gegensatz zur Küchengroßtechnik benötigen **Küchenkleintechnik** und -werkzeuge weniger Platz. Sie dienen vorrangig zur Herstellung von Speisen per Hand und zählen daher zur Zubereitungstechnik.

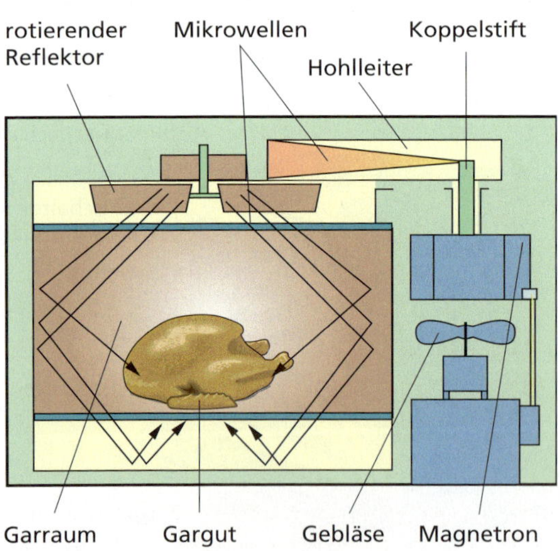

1 Aufbau eines Mikrowellengerätes

Küchenkleintechnik und -werkzeuge

Schlaggeräte	Rührwerkzeuge
• Mixer • Schneerad • Rührfix	• Rührlöffel • Kochlöffel • Quirl
Kochgeräte	**Messer**
• Wasserkocher • Eierkocher • Fritteuse	• Fleischmesser • Gemüsemesser • Brotmesser
Sonstige	**Handreiben**
• Fleischwolf • Toaster • Eierschneider	• Gewürzreibe • Raspel • Gurkenhobel

Wirkungsweise Allesschneider

Bevor der Allesschneider zum Einsatz kommt, wird die gewünschte Dicke z. B. der Brotscheiben mit einem Wahlschalter eingestellt.

Anschließend wird ein Stromkreis durch Betätigen eines Schalters geschlossen und der Elektromotor beginnt sich zu drehen. Die Drehbewegung wird über ein Getriebe verlangsamt und auf das Schneidmesser übertragen, welches nun ebenfalls rotiert. Mithilfe eines Schlittens lässt sich das Brot sicher am Messer vorbeibewegen und die Brotscheibe wird abgetrennt.

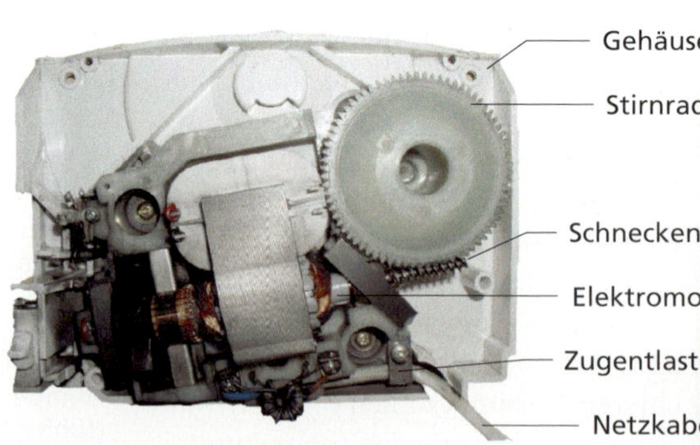

2 Aufbau eines Allesschneiders

2.3 Allgemeiner Aufbau von Maschinen

Maschinen als technische Systeme

Am Beispiel der Waschmaschine im Abschnitt 2.1 wurde anschaulich dargestellt, wie Maschinen unser Leben verändern können. Sie erleichtern uns die Arbeit, können präziser als der Mensch sein und über einen langen Zeitraum funktionieren.

Einteilung der Maschinen	
Maschinenart	**Aufgaben/Beispiele**
Kraftmaschinen 	sind in der Lage, Energieformen umzuwandeln (Generatoren, Motoren, Turbinen)
Arbeitsmaschinen 	verändern einen Stoff (Drehmaschine, Bohrmaschine, Mixer)
Informationsmaschinen 	geben Informationen weiter oder verarbeiten sie (Taschenrechner, Computer)
Transportmaschinen 	sichern den Transport von Menschen, Gütern und Lasten (Bus, Lokomotive, Gabelstapler)

Maschinen funktionieren im Allgemeinen nach dem Prinzip „Eingabe – Verarbeitung – Ausgabe". Man kann sie demnach als Input-Output-System betrachten. Dabei können sie Energie, Stoffe bzw. Informationen aufnehmen und meist in veränderter Form wieder abgeben. Um diese Prozesse zu gewährleisten, besteht die Maschine aus vielen spezifischen Einzelteilen.

M Die **Maschine** ist eine Verbindung von Einzelteilen, die als Ganzes zweckgerichtet Arbeit verrichtet.

Funktionsorgane

Um zu gewährleisten, dass die Maschine ihre Aufgabe erfüllt, müssen alle Einzelteile in einem sinnvollen Zusammenhang stehen. Dieser Zusammenhang wird durch die Funktionsorgane beschrieben.

M Ein **Funktionsorgan** bildet die Gesamtheit von Einzelteilen, die innerhalb der Maschine einen bestimmten Zweck erfüllen.

Das Zusammenwirken aller Funktionsorgane kann durch das allgemeine **Blockschema** dargestellt werden. Deutlich sind der **Hauptenergiefluss** (breite Pfeile) und die drei damit im Zusammenhang stehenden **Funktionsorgane** zu erkennen.

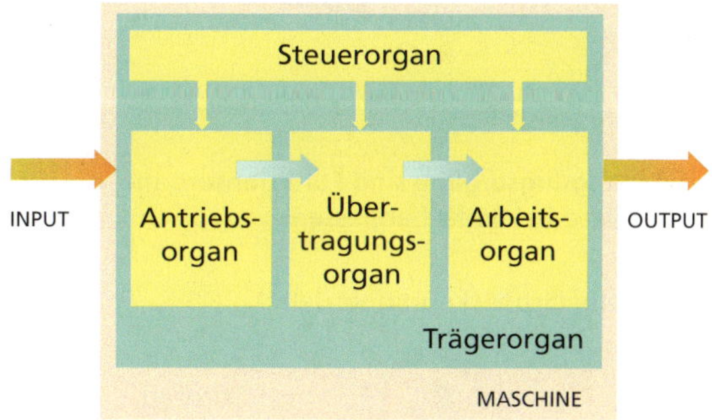

Mittels **Nebenenergieflüssen** (schmale Pfeile) kann auf den Hauptenergiefluss eingewirkt werden. Dadurch wird dem Menschen die Kontrolle über eine Maschine ermöglicht.

> **M** Das **Blockschema** einer Maschine stellt in vereinfachter Form das Zusammenwirken der Funktionsorgane mittels Haupt- und Nebenenergieflüssen dar.

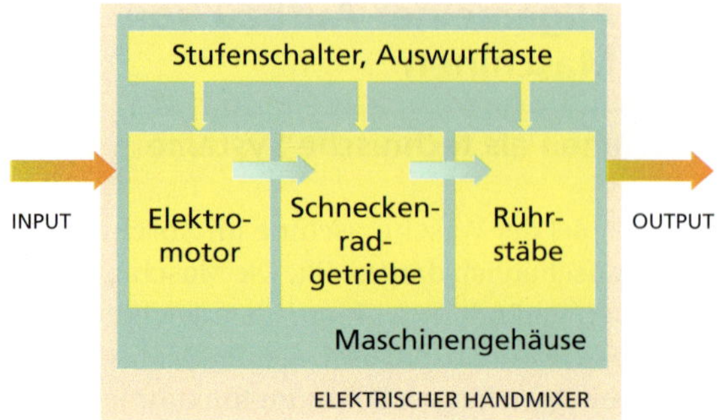

Jede **Maschine** besitzt fünf Funktionsorgane. Technische Systeme, denen mindestens ein Funktionsorgan fehlt, werden als **Gerät** bezeichnet.

Funktionsorgane beim Handmixer

Die Aufgabe des Handmixers besteht in der Durchmengung von Speisen mit unterschiedlichen Festigkeiten. Dazu werden verschiedene Drehzahlen benötigt, z. B. für die feste Margarine zur Bereitung eines Kuchenteiges eine niedrige, aber für das Schlagen von Sahne eine hohe Drehzahl.

Elektromotor, Schneckenradgetriebe und Rührstäbe sind am Hauptenergiefluss beteiligt. Mittels Stufenschalter und Auswurftaste kann auf den Hauptenergiefluss eingewirkt werden.

Antriebsorgane

Antriebsorgane sind Funktionsorgane, die die für die Maschine benötigte Energie vorrangig durch Energieumwandlung bereitstellen.

Elektromotor (Reihenanschlussmotor)

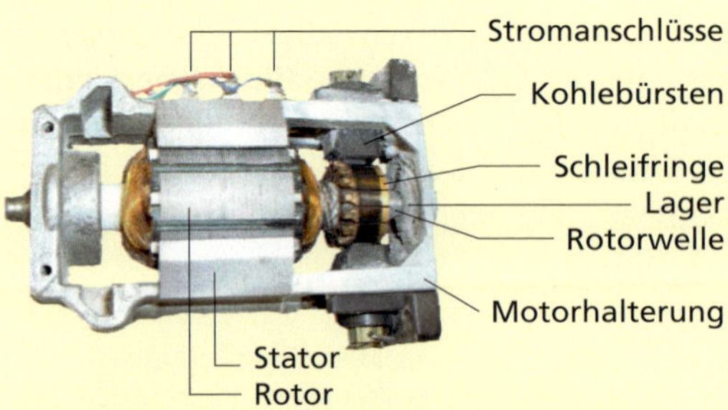

Der **Elektromotor** wandelt die elektrische Energie in mechanische Rotationsenergie um. Diese wird dann den nachfolgenden Bauteilen zur Verfügung gestellt.

Weitere Beispiele: Verbrennungsmotor, Akkumulator, Dampfmaschine, Turbine

Übertragungsorgane

Übertragungsorgane sind Funktionsorgane, die die Energie vom Antriebs- zum Arbeitsorgan weiterleiten und diese bei Bedarf anpassen.

Getriebe (Schneckenradgetriebe)

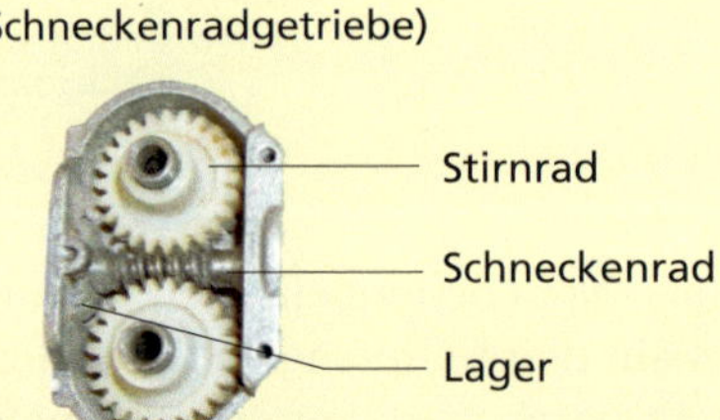

Das **Getriebe** überträgt die Drehbewegungen des Antriebsorgans auf das Arbeitsorgan. Damit die Maschine ihren Zweck erfüllen kann, erfolgt gleichzeitig die Anpassung der übertragenen Energie. Dies kann u. a. durch Ändern der Bewegungsform, der Drehzahlen, der Drehrichtung sowie Umlenken und Aufteilen des Energieflusses erfolgen.

Weitere Beispiele: Wellen, Ketten, Riemen, Gestänge, Elektroleitungen

Arbeitsorgane

Arbeitsorgane sind Funktionsorgane, die die zugeleitete Energie zur Verrichtung von Arbeit nutzen, um den Zweck der Maschine zu realisieren.

Rührstäbe

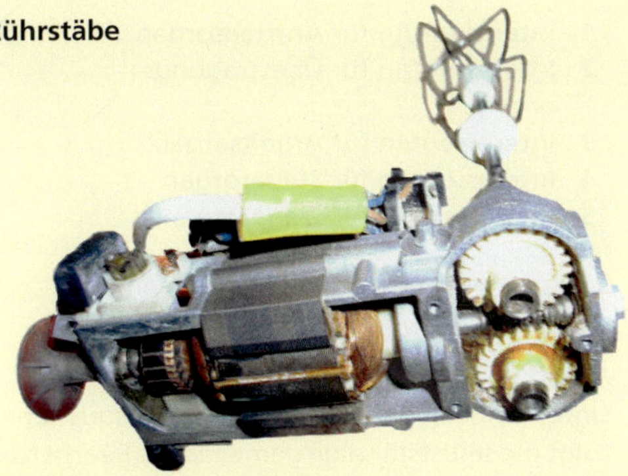

Die **Rührstäbe** verändern durch Drehung die Konsistenz flüssiger Nahrungsmittel. Für festere Nahrungsmittel werden sie gegen die stabileren Knethaken ausgetauscht.

Weitere Beispiele: Bohrer, Antriebsräder, Sägeblatt, Heizplatte

Steuerorgane

Steuerorgane sind Funktionsorgane, die Eingriffe in Energieflüsse erlauben.

Stufenschalter

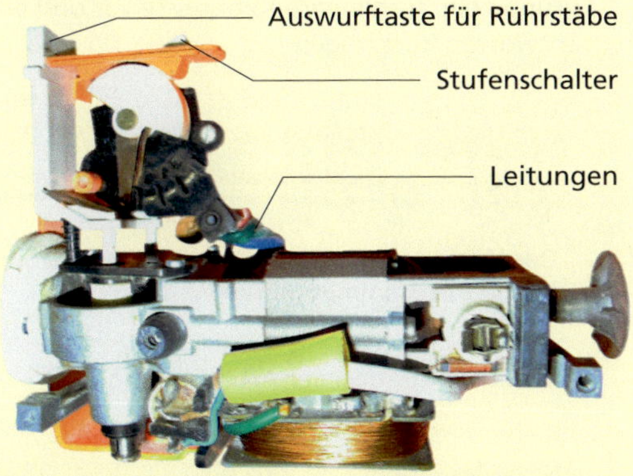

Der **Stufenschalter** ermöglicht das Ein- und Ausschalten der Maschine sowie das Einstellen unterschiedlicher Drehzahlen des Motors. In Gefahrensituationen kann die Maschine schnell ausgeschaltet werden.

Weitere Beispiele: Hebel, Taster, Fernsteuerung

Trägerorgane

Trägerorgane sind Funktionsorgane, die alle übrigen Funktionsorgane in ihrer Lage halten und deshalb Kräfte aufnehmen müssen.

Maschinengehäuse aus Kunststoff

Ein **Maschinengehäuse** garantiert die funktionsrichtige Lage aller Teile. Es muss robust sein, die Maschine vor Staub und den Bediener vor Unfällen schützen. Rotierende Teile werden verdeckt. Isolierende Materialien (z. B. Kunststoff) verhindern Stromunfälle. Die äußere Gestalt der Maschine wird durch das Gehäuse maßgeblich mitbestimmt.

Weitere Beispiele: Gestelle, Ständer, Karosserie, Achsen, Lager

Arbeitsmethode „Gruppenpuzzle"

Bei stärker untergliederten Themen wie „Die Funktionsorgane einer Maschine" kann man als Einzelner schnell den Überblick verlieren. Arbeitsmethoden der Teamarbeit können helfen.

Bildung der Stammgruppen

Besprechung in der Stammgruppe

Bildung von Expertengruppen

Arbeit in der Expertengruppe

Vortrag in der Stammgruppe

Bildung von Stammgruppen
Eine Stammgruppe ist eine Lerngruppe. Hier erfahren alle Mitglieder die notwendigen Informationen aus den Wissensgebieten. Bei fünf Funktionsorganen sollte daher jede Stammgruppe mindestens fünf Mitglieder umfassen.

Besprechung in den Stammgruppen
Alle Stammgruppen erhalten denselben Arbeitsauftrag: Umfassende Informationen zu den fünf Funktionsorganen zusammenzustellen. Jedes Mitglied entscheidet sich für ein Funktionsorgan.

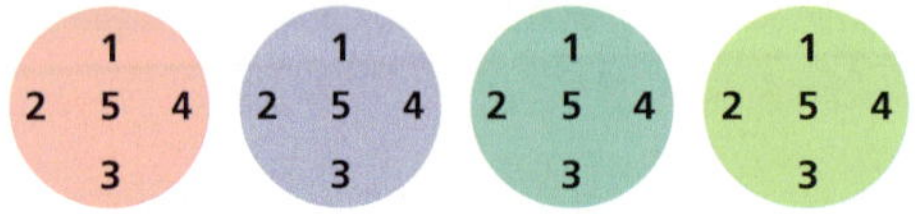

1 Interessent/in für Antriebsorgan
2 Interessent/in für Übertragungsorgan
3 Interessent/in für Arbeitsorgan
4 Interessent/in für Steuerorgan
5 Interessent/in für Trägerorgan

4 Stammgruppen mit je 5 Teilnehmern

Bildung von Expertengruppen
Aus allen Stammgruppen finden sich die Experten für die entsprechenden Funktionsorgane zusammen und bilden je eine neue Gruppe, die Expertengruppe.

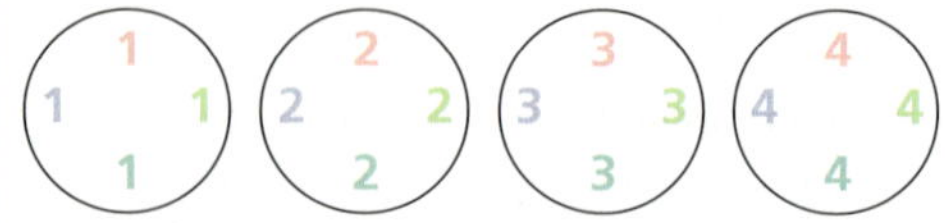

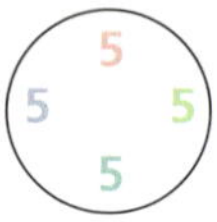

1 Interessent/in für Antriebsorgan
2 Interessent/in für Übertragungsorgan
3 Interessent/in für Arbeitsorgan
4 Interessent/in für Steuerorgan
5 Interessent/in für Trägerorgan

5 Expertengruppen mit je 4 Teilnehmern

Arbeit in der Expertengruppe
Unter Einbeziehung von Informationsquellen erfolgt die selbstständige gemeinsame Bearbeitung des gewählten Funktionsorgans. Die „Experten" fertigen Notizen an, die dann die Mitglieder der jeweiligen Stammgruppe bekommen.

Vortrag in der Stammgruppe
Die Experten finden sich wieder in ihrer Stammgruppe ein, tragen ihre Kenntnisse vor und beantworten Rückfragen.

Das Wissen der Experten wird in den Stammgruppen zusammengefügt.

Abschluss-Situation der Arbeitsmethode

2.4 Zahnradgetriebe

Getriebe als Übertragungsorgan

Übertragungsorgane können die zu übertragende Energie an die notwendigen Bedingungen für das Arbeitsorgan anpassen.

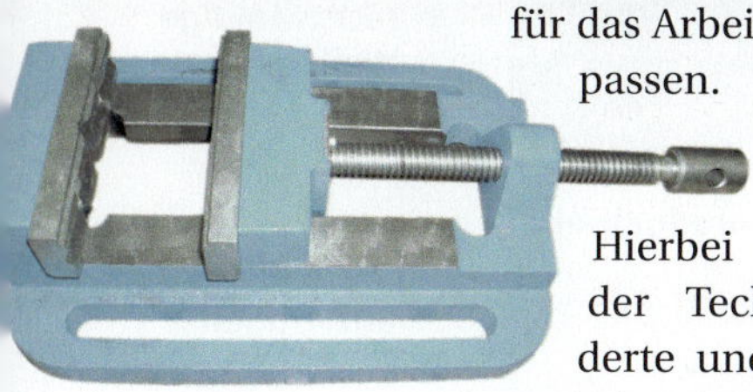

Hierbei müssen in der Technik Hunderte und Tausende von Anpassungsvarianten realisiert werden. **Getriebe** erfüllen diese Anforderungen, denn es gibt sie in zahlreichen konstruktiven Ausführungen. Sie zählen deshalb zu den bedeutendsten Übertragungsorganen.

Systematik der Getriebe

Eine mögliche Einteilung der Getriebe erfolgt nach dem gemeinsamen Merkmal, eine Bewegung zu übertragen. Diese Bewegung kann durch das Getriebe verändert werden.

Bewegungsform ändernde Getriebe können drehende Bewegungen in geradlinige oder hin- und hergehende Bewegungen umwandeln oder umgekehrt. Im Gegensatz dazu gibt es auch Getriebe, die die Drehbewegung als Bewegungsform beibehalten. Bei diesen werden Drehmomente, Drehzahlen und Drehrichtungen verändert und damit den Notwendigkeiten am Arbeitsorgan angepasst. Damit diese Anpassung bei verschiedenen Bedingungen erfolgen kann, werden dazu meist Schaltgetriebe eingesetzt.

Bewegungsform ändernde Getriebe

Zahnstangengetriebe

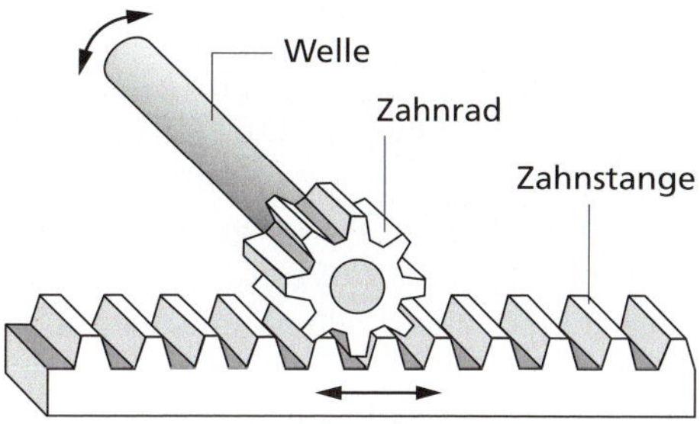

Kurbelgetriebe (Otto-Motor)

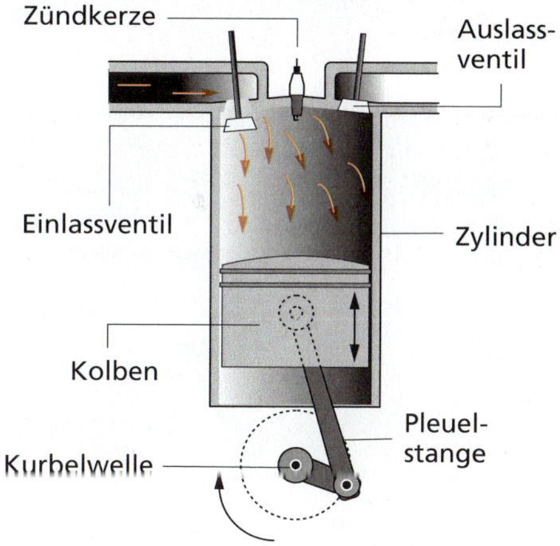

Schraubengetriebe

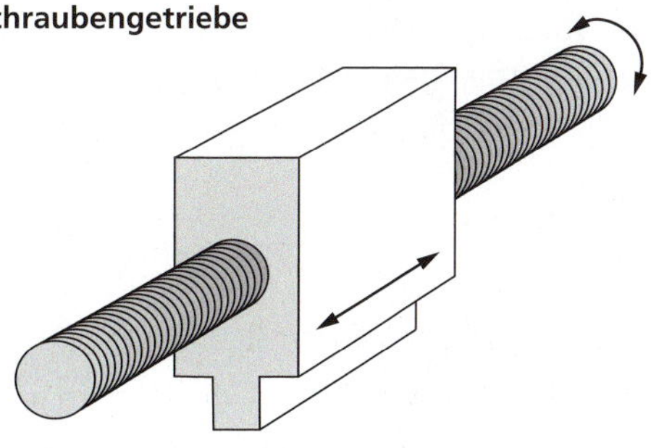

Kurvengetriebe

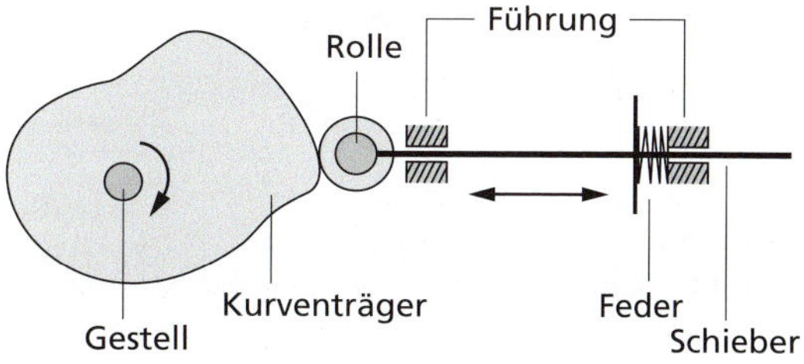

Bewegungsform beibehaltende Getriebe

Riemengetriebe

Kettengetriebe

Reibradgetriebe

Zahnradgetriebe

Einteilung der Zahnradgetriebe

Kegelradgetriebe

- Drehbewegung übertragen
- Drehzahl ändern
- rechtwinklige Wellenanordnung

Schneckenradgetriebe

- Drehbewegung übertragen
- Drehzahl stark herabsetzen
- kreuzende Wellenanordnung
- selbsthemmend

Stirnradgetriebe

- Drehbewegung übertragen
- Drehzahl ändern
- parallele Wellenanordnung
- schalt- und nicht schaltbar

Zahnradgetriebe stellen die am häufigsten eingebauten Getriebe dar, u. a. in Kraftfahrzeugen, in Analoguhren und in Werkzeugmaschinen. Für den Einbau eines Zahnradgetriebes werden neben den Rädern auch Wellen und Lager benötigt.

Wellen als Bestandteil eines Getriebes

Wellen sind im Zahnradgetriebe und einigen weiteren Getriebearten ein sehr wichtiges Bauteil. Sie müssen drei Aufgaben realisieren:

- das Übertragen der Energie,
- das Übertragen der Drehbewegung,
- das Tragen von Bauteilen, z. B. der Zahnräder.

> M **Wellen** sind Übertragungsorgane, die Drehbewegungen weiterleiten und Bauteile aufnehmen können.

Die konstruktive Gestaltung der Wellen richtet sich nach dem jeweiligen Einsatzfall. So können

Längenänderungen (Teleskopwelle) oder Lagedifferenzen vom Lager (Gelenkwelle) ausgeglichen werden. In Getrieben kommen vor allem runde, glatte Wellen zum Einsatz.
Ihr Durchmesser richtet sich nach der zu übertragenden Energie und dem verwendeten Material. Bei einfachem Stahl (geringe Festigkeit) muss ein großer Wellendurchmesser verwendet werden. Beim Einsatz von hochwertigen Stählen (hohe Festigkeit) kann man Masse und Materialmenge der Wellen verringern.

> **M** Die Verwendung hochwertiger Stahlsorten reduziert aufgrund höherer Festigkeit den Wellendurchmesser.

Die Energieübertragung beansprucht Wellen auf Verdrehung (Torsion). Bei einer zu hohen Beanspruchung wird die Welle dann zerstört, wenn sie für die Übertragung einen zu kleinen Durchmesser besitzt oder die Festigkeit des Materials zu gering ist. Die inneren Kräfte können den Verdrehungskräften keinen ausreichenden Widerstand entgegensetzen.

Häufige Wellenarten in Getrieben

runde, glatte Welle

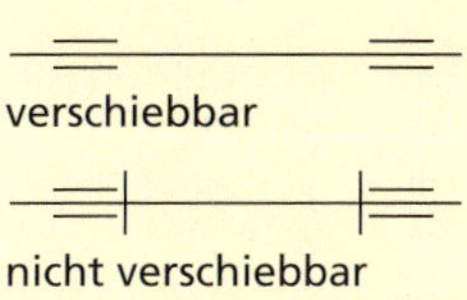

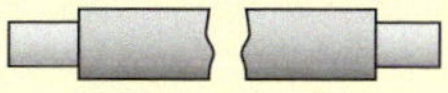

Gelenkwelle

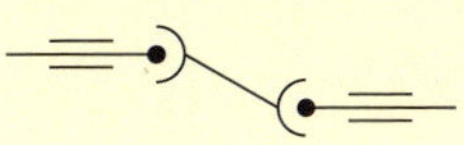

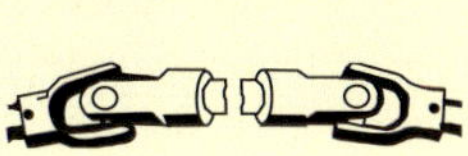

Teleskopwelle

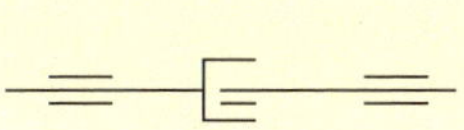

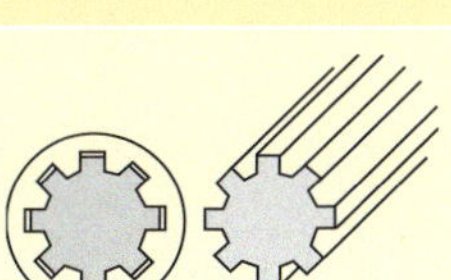

Weitere Wellenarten sind u. a. die gekröpfte Welle, Hohlwelle, Profilwelle und biegsame Welle.

Lager als Bestandteil eines Getriebes

Damit Wellen in ihrer Lage bleiben, müssen sie in passende Bohrungen am Gehäuse gesteckt werden. Bei höheren Umdrehungen steigt durch die zunehmende Haftreibung die Temperatur. Dies kann zum „Verschweißen" der Welle mit dem Gehäuse führen. Um dieses Problem zu lösen, muss die nicht zu verhindernde Reibung vermindert werden.

Arten der Reibung

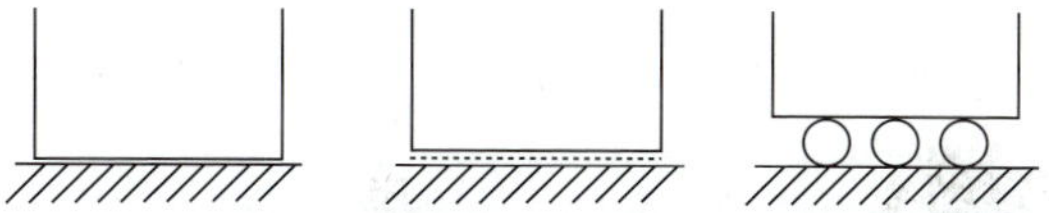

Haftreibung	Gleitreibung	Rollreibung
• trockene Haftung • sehr große Reibung	• Gleitmittel (Schmiermittel) • mittlere Reibung	• Punktauflage • geringe Reibung

Statt der auftretenden Haftreibung sollte die Gleit- oder die Rollreibung wirksam werden. Dazu sind spezielle Bauteile, die Lager, erforderlich.

Aufbau von Gleit- und Wälzlager

Gleitlager

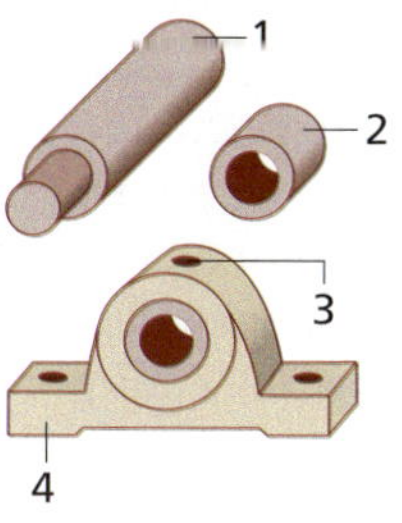

1 Welle
2 Lagerbuchse
3 Schmiervorrichtung
4 Lagergehäuse

Wälzlager

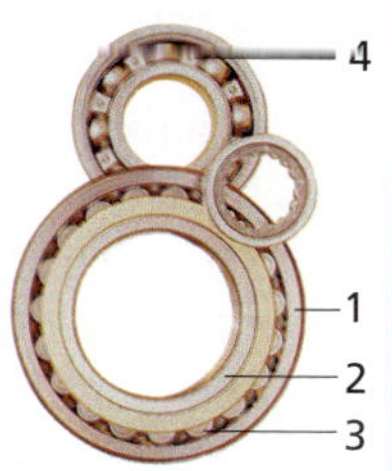

1 Außenring
2 Innenring
3 Wälzkörper
4 Käfig

Lager können die Reibung nicht verhindern, sondern nur vermindern. Deshalb wird das **„Prinzip der gezielten Zerstörung“** angewendet. Dieses Prinzip besagt, dass durch Abrieb die billigeren Teile (Lager) statt der teureren Welle verschleißen sollen. Nach der erwarteten Laufleistung werden die Lager dann ausgetauscht, die Welle wird weiter verwendet.

M **Lager** dienen als Trägerorgane zum Stützen und Führen von Wellen und zur Verminderung der Reibung.

Spezifische Vorteile von	
Gleitlager	**Wälzlager**
einfacher Aufbau	geringste Reibungswerte
geringe Stoßempfindlichkeit	wartungsarm
kleinste Abmessungen möglich	Massenproduktion durch genormte Größen

Gleitlager besitzen einen deutlich höheren Reibungswert als Wälzlager. In der Mehrzahl benötigen sie Schmiermittel und müssen aufwändig gewartet werden. Dennoch setzt man Gleitlager auch heute noch ein, z. B. bei Verbrennungsmotoren.

Stirnradgetriebe

Die Anpassung der Antriebsenergie durch Übertragungsorgane soll am Beispiel der Stirnradgetriebe verdeutlicht werden. Wie alle Zahnradgetriebe übertragen sie die Drehbewegung, indem die Zähne formschlüssig ineinander greifen. Das heißt, dass sich die Zähne des antreibenden Rades in die Zahnlücken des getriebenen Rades nur dann schieben können, wenn die **Zahnprofile** übereinstimmen und so ein optimales Abwälzen an den **Zahnflanken** ermöglicht wird.

M **Stirnradgetriebe** übertragen die Drehbewegung durch das Ineinandergreifen der Zahnprofile formschlüssig.

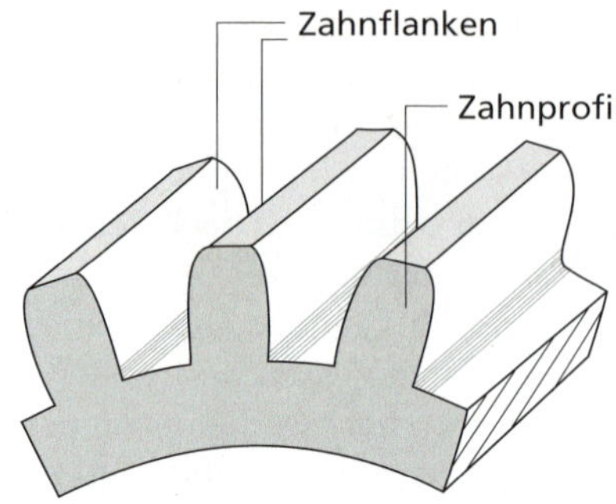

1 Zahnprofil und Zahnflanken am Zahnrad

Wichtige Kenngrößen

Stirnradgetriebe können in Anzahl und Größe verschiedene Stirnräder besitzen. Für ihre Größenbestimmung (Dimensionierung) sind umfangreiche Kenntnisse nötig, damit die vom Antriebsorgan abgegebene Energie entsprechend den Anforderungen des Arbeitsorgans angepasst wird.

Für die Berechnung kompletter Stirnradgetriebe sind neben dem **Teilkreisdurchmesser** (d_0), der **Zähnezahl** *(z)* und der Drehzahl *(n)* folgende Kenngrößen notwendig:
- Wellenabstand *a* (mm),
- Übersetzungsverhältnis *i*.

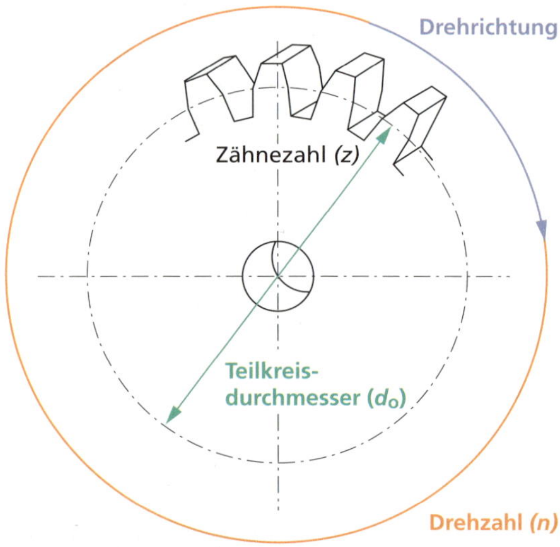

2 Kenngrößen am Stirnrad

M Der **Wellenabstand** gibt die Entfernung parallel liegender Wellen in Millimeter an.

M Das **Übersetzungsverhältnis** stellt die Drehzahlen von An- und Abtrieb in Beziehung, so dass erkennbar ist, wievielmal schneller oder langsamer sich die Antriebswelle dreht.

Für den Entwurf neuer Getriebe oder zur Überprüfung von deren Größen können zeichnerische Darstellungen genutzt werden. Da Stirnräder eine komplizierte Form besitzen, werden sie vereinfacht als Sinnbilder dargestellt.

M **Sinnbilder** sind Zeichennormen für eine vereinfachte Darstellung.

Arbeitsmethode „Anfertigen sinnbildlicher Darstellungen von Stirnradgetrieben"

- Durchführen der Textanalyse
- Berechnen des Wellenabstandes
- Zeichnen der Wellen
- Zeichnen der Lager
- Zeichnen der Gehäuse
- Zeichnen der Zahnradpaare
- Bezeichnen der Stirnräder und An- bzw. Abtrieb
- Eintragen des Energieflusses

Unsere Aufgabe besteht darin, die sinnbildliche Darstellung eines nicht schaltbaren Stirnradgetriebes mit einem Antriebsrad von $d_{01} = 60$ mm und einem Abtriebsrad von $d_{02} = 30$ mm zu zeichnen.

Durchführen der Textanalyse
Antrieb: Stirnrad $d_{01} = 60$ mm
Abtrieb: Stirnrad $d_{02} = 30$ mm

Berechnen des Wellenabstandes
Wellenabstand: $a = r_{01} + r_{02}$
$a = 30 \text{ mm} + 15 \text{ mm}$
$a = 45 \text{ mm}$

Zeichnen, Bezeichnen und Eintragen

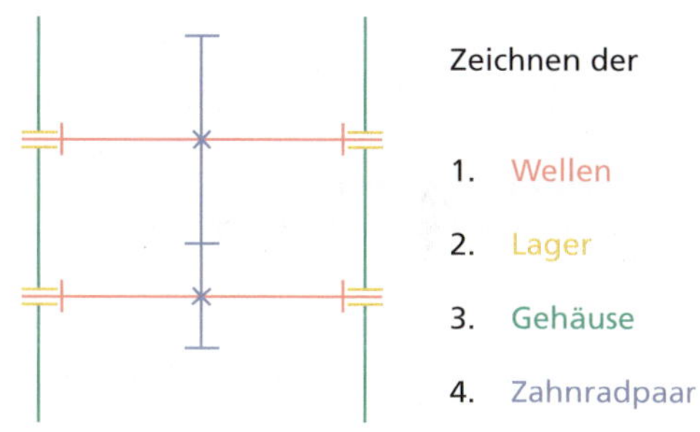

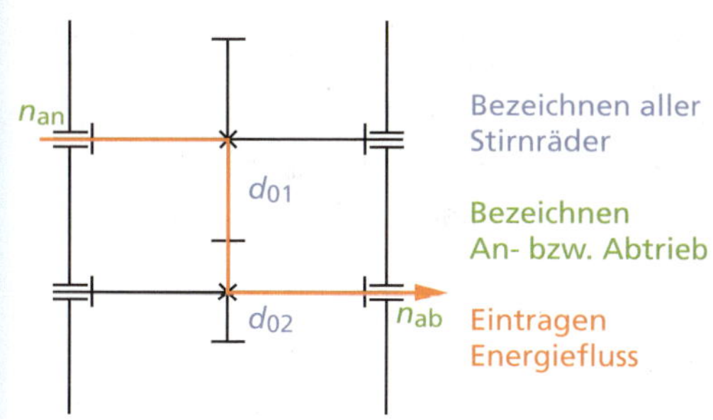

Hinweise
- Kontrolliere die Berechnung des Wellenabstandes!
- Bei einstufigem Getriebe sind die Stirnräder in der Wellenmitte einzutragen!
- Zwei Wellen brauchen vier Lager. Stelle die Lager gleich groß dar!
- Beachte, dass Stirnräder kreisrund sind! Deshalb muss der obere und untere Teil des Stirnrades dasselbe Maß besitzen!
- Der Antrieb wird entweder mit n_1 oder n_{an} und der Abtrieb mit n_2 oder n_{ab} beschriftet!

Drehrichtung ändern

Die Drehrichtung von Stirnradgetrieben lässt sich einfach ändern. Die Richtung des getriebenen Rades resultiert aus der Anzahl der in unmittelbarem Eingriff stehenden Stirnräder.

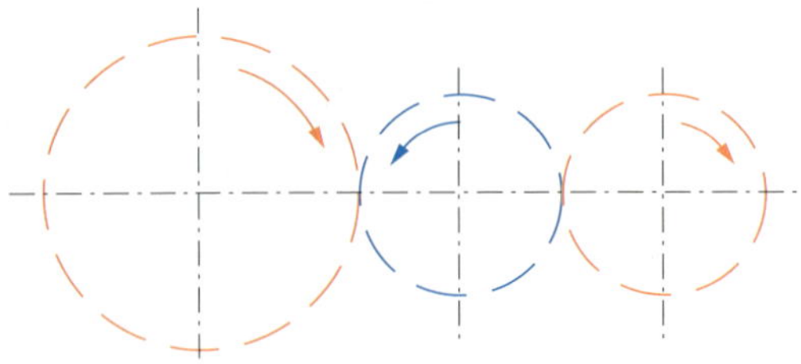

Drehrichtungsänderung

Gleichlauf liegt vor, wenn eine ungerade Anzahl von Stirnrädern im unmittelbaren Eingriff steht.

Gegenlauf liegt vor, wenn eine gerade Anzahl von Stirnrädern im unmittelbaren Eingriff steht.

Eine **elektrische Nähmaschine** kann verschiedene Nahtformen herstellen, die zerreißfest und gleichmäßig sind. Die Haltbarkeit der Naht wird jedoch eingeschränkt, wenn der Faden am Ende einfach abgeschnitten wird. Dieses Problem lässt sich dadurch lösen, dass die Nähnadel am Ende der Naht noch einmal rückwärts über die Naht geführt wird und so die erste Naht festnäht (Doppelnaht). In diesem Falle muss also das Übertragungsorgan die Drehrichtung ändern, damit der Stoffschieber sich in die entgegensetzte Richtung bewegt.

Drehzahlen ändern

Das Bereitstellen der benötigten Abtriebsdrehzahlen ist eine Aufgabe von Stirnradgetrieben. Aus der konstanten Antriebsdrehzahl des Motors können verschiedene Abtriebsdrehzahlen bereitgestellt werden.

Die **Drehzahl** gibt Auskunft über die Anzahl der Umdrehungen pro Minute (n in min^{-1}).

Aus der Größe des Übersetzungsverhältnisses kann abgeleitet werden, wievielmal schneller oder langsamer sich die **Antriebswelle** dreht. Deshalb muss sie die Drehzahlen von An- und Abtrieb in Beziehung setzen.
Für die Berechnung des Übersetzungsverhältnisses (i) gelten folgende Formeln:

$$i = \frac{n_{an}}{n_{ab}} \qquad i = \frac{n_1}{n_2}$$

Das **Übersetzungsverhältnis** lässt sich als Bruch oder Dezimalbruch angeben und besitzt keine Einheit.

Der Motor einer Bohrmaschine liefert eine Drehzahl von 2 245 min^{-1}. Für das Bohren von Holz soll sich das Arbeitsorgan (Spiralbohrer) mit einer Drehzahl von 710 min^{-1} drehen. Berechne das Übersetzungsverhältnis! Vergleiche die Drehzahlen von Motor und Spiralbohrer!

Gegeben:
$n_1 = 2245\ min^{-1}$
$n_2 = 710\ min^{-1}$
Gesucht:
i
Lösung:

$$i = \frac{n_1}{n_2}$$

$$i = \frac{2245\ min^{-1}}{710\ min^{-1}}$$

$i = 3{,}16$
Antwort:
Das Übersetzungsverhältnis beträgt 3,16. Der Motor dreht sich etwa dreimal schneller als der Bohrer.

Wie groß ist bei der gleichen Bohrmaschine das Übersetzungsverhältnis, wenn für das Bohren von Metall eine Abtriebsdrehzahl von 4 490 min^{-1} bereitgestellt werden soll?
Gegeben:
$n_1 = 2\ 245\ min^{-1}$
$n_2 = 4\ 490\ min^{-1}$

Gesucht:

i

Lösung:

$i = \frac{n_1}{n_2}$

$i = \frac{2245\ \text{min}^{-1}}{4490\ \text{min}^{-1}}$

$i = 0{,}5$

Antwort:

Das Übersetzungsverhältnis beträgt 0,5. Der Motor dreht sich genau halb so schnell wie der Bohrer.

> M Eine größere Antriebs- als Abtriebsdrehzahl ergibt ein Übersetzungsverhältnis > 1.

> M Eine kleinere Antriebs- als Abtriebsdrehzahl ergibt ein Übersetzungsverhältnis < 1.

Die durch das Übersetzungsverhältnis abgeleitete Änderung der Drehzahlen ergibt sich aus den unterschiedlichen Teilkreisdurchmessern der beiden im Eingriff stehenden Stirnräder. Bei gleicher Zahngröße hat dies jedoch aufgrund ungleicher Kreisumfänge *($u = \pi \cdot d$)* unterschiedliche Zähnezahlen zur Folge.

> M Bei Stirnradpaaren stehen Drehzahl, Teilkreisdurchmesser, Zähnezahl und Übersetzungsverhältnis im Zusammenhang.

$$i = \frac{d_{02}}{d_{01}} = \frac{z_2}{z_1}$$

Daher sind Berechnungen der Übersetzungsverhältnisse auch aus Teilkreisdurchmessern bzw. Zähnezahlen möglich.

Energieflüsse umlenken

Während des Betriebes von Maschinen können sich die Bedingungen und damit auch die Anforderungen an das Arbeitsorgan ändern. Um unterschiedliche Abtriebsdrehzahlen bereitzustellen, wird das Stirnradgetriebe konstruktiv auf mindestens zwei Getriebestufen zu einem **Schaltgetriebe** erweitert.

1 Schaltgetriebe

> M Zu einer **Getriebestufe** gehören die Stirnräder, die im Eingriff stehen können.

Da sich auf zwei Wellen zwei Getriebestufen mit verschiedenen Übersetzungsverhältnissen nicht gleichzeitig drehen können, werden bewegliche Stirnräder (Schiebe- oder Kuppelräder) benötigt. Diese werden mittels einer **Schaltvorrichtung** horizontal bewegt. Dadurch können die im Eingriff stehenden Zahnradpaare gewechselt werden.

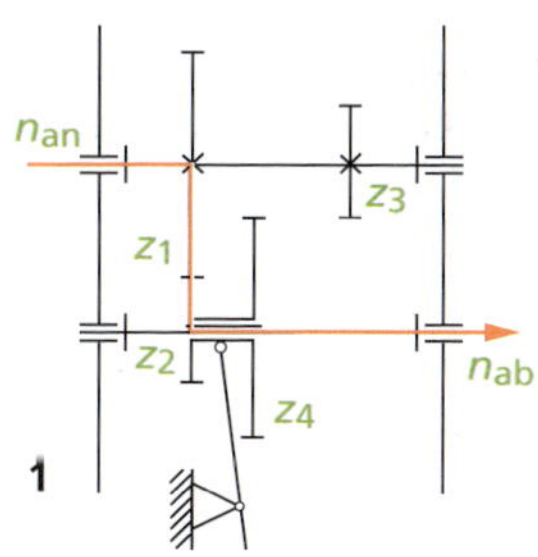

1

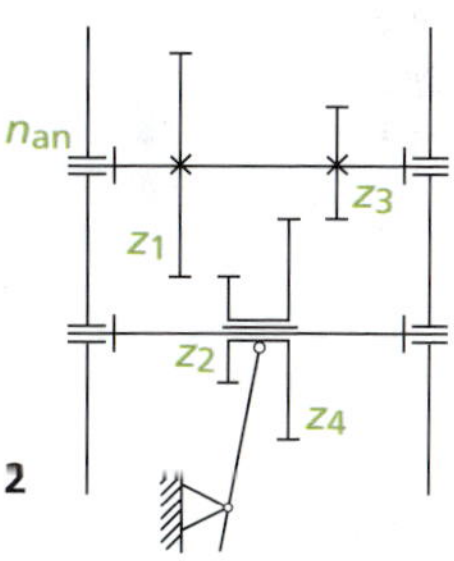

2

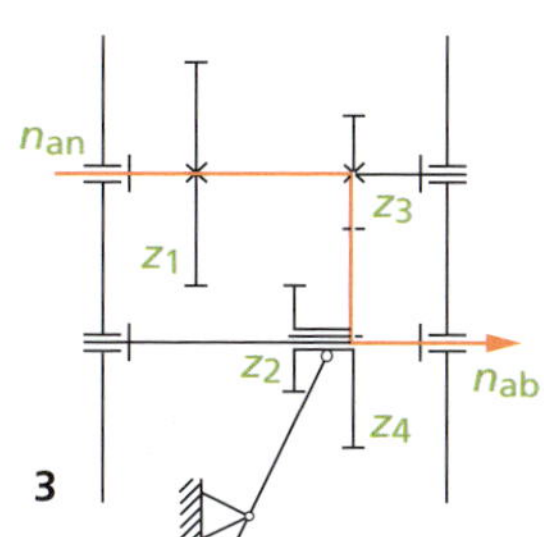

3

Sinnbildliche Darstellung eines Schaltgetriebes mit zwei Getriebestufen:

1 Energiefluss des ersten Ganges
2 Leerlauf (kein geschalteter Gang)
3 Energiefluss des zweiten Ganges

M

Das Gesamtübersetzungsverhältnis von Schaltgetrieben lässt sich aus dem Produkt der einzelnen Übersetzungsverhältnisse berechnen.
$i_{ges} = i_1 \cdot i_2 \ldots i_n$

Mit einer **Bohrmaschine** sollen unterschiedliche Materialien, wie Holz und Metall, bearbeitet werden. Aus Erfahrungen des Werkunterrichtes und des Haushalts wissen wir, dass Holz ein weicheres Material als Metall ist. Deshalb sollte man Weichholz mit einer langsameren (Stufe 1) und Metall mit einer höheren Drehzahl (Stufe 2) bohren. Um dies mit einer Maschine zu realisieren, befindet sich an einer **2-Gang-Bohrmaschine** ein Umschalter, der bei Betätigung Stirnräder im Inneren der Bohrmaschine bewegt.

Schaltgetriebe

Schaltgetriebe gibt es nicht nur bei Stirnradgetrieben, sondern auch bei Kettengetrieben. Beim Fahrradhändler werden z. B. zwei Schaltungsarten für Fahrräder angeboten.

Schaltgetriebe am Fahrrad

Kettenschaltung | Nabenschaltung

Beispiel Fahrradkauf
Der Kunde entscheidet sich für ein Modell mit der zur Zeit im Trend liegenden **Kettenschaltung.** Sportliche Fahrer und Fahrerinnen sind damit in der Lage, eine Antriebsdrehzahl von etwa 60 min^{-1} zu erreichen.

Der Nutzeffekt der aufgebrachten Leistung hängt sowohl von der Fahrsituation, dem gewählten Gang als auch von den Reibungsverlusten zwischen den Zahnflanken und der Kette sowie in den Lagern der Gangschaltung ab.

Sehr gute Fahrräder besitzen derzeit eine Kettenschaltung mit 27 Gängen. Diese gestattet eine flüssigere Fahrweise als Schaltungen mit weniger Gängen, erfordert aber auch ständig die Wahl des optimalen Ganges.

Ein Problem dieser Schaltungsart ist die relativ ungeschützte Bauweise. So können während des Fahrens Schmutzpartikel in die Kette gelangen und somit deren Funktion beeinflussen. Eine schonende Fahrweise, gute Pflege und regelmäßige Wartung haben einen entscheidenden Einfluss auf die Lebensdauer der Fahrradkette und der Schaltung. Eigengewicht und Reibung sind geringer als bei der Nabenschaltung.

Auch für ein Modell mit **Nabenschaltung** kann sich der Kunde entscheiden. Vergleichbar mit den derzeit besten Kettenschaltungen ist die seit 1996 existierende Hochleistungsgetriebenabe mit 14 Gängen. Sie ist für Mountainbikes und sportliche Tourenfahrten gedacht. Soll das Fahrrad vorrangig für Freizeittouren, im Stadtverkehr und im Alltagsbetrieb Verwendung finden, sind 7- oder 5-Gang-Nabenschaltungen eine preiswertere Alternative.

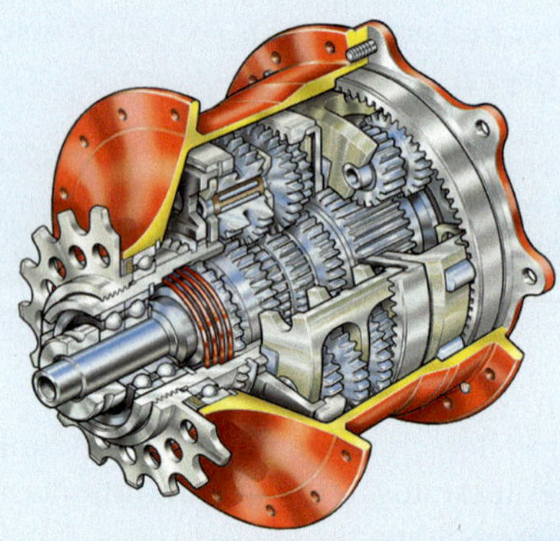

14-Gang-Nabenschaltung

Die Ganganzeige ist übersichtlich und ausschließlich durch einen Schaltdrehgriff leicht zu bedienen. Eine Gangvorwahl lässt sich auch im Stand durchführen. Die Nabenschaltung bietet im Gegensatz zur Kettenschaltung einen Rücktritt. Der Pflege- und Wartungsaufwand dieser Schaltungsart ist durch die kompakte Bauweise gering. Nachteilig ist das bis zu 250 g höhere Eigengewicht.

2.5 Bewerten von Haushaltstechnik

Notwendigkeit

Der Einsatz von Haushaltstechnik kann den individuellen Aufwand für anfallende Arbeiten stark reduzieren. Dies betrifft insbesondere die aufzuwendende Zeit und die einzusetzende Muskelkraft. Darüber hinaus können auch ein effizienter Energieverbrauch oder die besonders schonende Behandlung von Kleidung und Raumtextilien bedeutsam sein.

Alle Haushaltsmaschinen und -geräte sind für spezielle Einsatzfälle konzipiert.
Deshalb unterscheiden sie sich u. a. in:
- dem Zweck,
- dem Bedienungskomfort,
- dem Funktionsumfang,
- Größe, Form und Farben,
- den Oberflächenstrukturen,
- den verwendeten Materialarten,
- dem notwendigen Reinigungs-, Pflege- und Wartungsaufwand,
- der Erweiterbarkeit,
- dem Preis,
- den Betriebskosten.

Diese Kriterien können z. B. helfen, zu entscheiden, ob zur Grundausstattung eines Haushaltes ein kleiner Kühlschrank, eine Kühl-Gefrierkombination oder ein Kühl- und ein Gefrierschrank gekauft werden.

Den Kauf besonders langlebiger, teurer und oft benutzter Haushaltstechnik sollte man gründlich vorbereiten. Um einen hohen Nutzen für sich zu erzielen, kann man einen Vergleich durchführen, in dessen Mittelpunkt die gewünschten Anforderungen steht.

Dazu ist es notwendig, dass man genaue Vorstellungen über Merkmale, wie Abmessungen, Farbe und Mindestausstattung, entwickelt. Bei der Entscheidung können u. a. der Fachhandel und die Verbraucherberatungsstellen helfen.

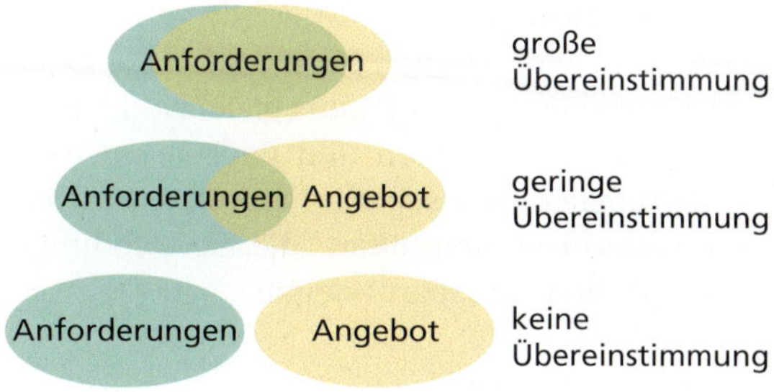

1 Notwendigkeit eines Vergleiches

Küchenherd

Der Küchenherd dient vor allem zum Kochen, Backen, Braten, Grillen und weiteren Zubereitungsverfahren. Da die Angebotspalette des Handels groß ist, muss man sich über die Ausstattungsmerkmale informieren und diese vergleichen.

Fachbegriffe kurz erläutert

Heißluft / Umluft
Mittels eines eingebauten Ventilators wird die Wärme bzw. Hitze im Backofen gleichmäßig verteilt. Dadurch ist das gleichzeitige Backen bzw. Braten auf mehreren Ebenen möglich. Es wird Zeit und Energie gespart.

Infrarotgrill
Durch die intensive Strahlungshitze wird ein zügiges Grillen, Toasten und Überbacken ermöglicht. Es gibt Geräte, bei denen die Grillfläche variiert werden kann.

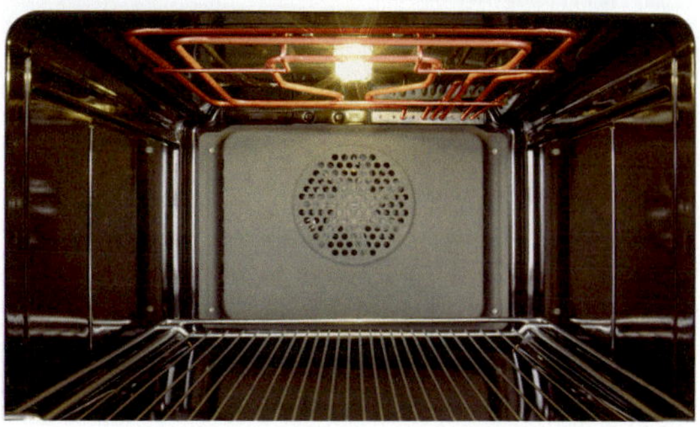

2 Backofen eines Herdes mit Infrarotgrill und Umluft-Ventilator

Ober- und Unterhitze
Die Wärme wird von den Heizkörpern der Ober- und Unterseite des Backofens gleichzeitig abgegeben. Damit ist Braten und Backen auf einer Ebene möglich. Der separate Einsatz von Ober- und Unterhitze vergrößert die Verwendungsmöglichkeiten und spart Energie.

Restwärme-Anzeige
Es wird angezeigt, ob eine oder mehrere Kochzonen noch heiß sind. Diese Anzeige beugt versehentlichen Verbrennungen vor. Gleichzeitig kann die Restwärme genutzt werden (z. B. zum Warmhalten).

Spezial-Emaille
Eine fast porenfreie, säurebeständige und äußerst haltbare Backofeninnenfläche kann schon bei Raumtemperatur mit feuchtem Schwamm und üblichen Reinigungsmitteln von Speise- und Fettresten gereinigt werden.

Zweikreis-Kochzone
In dieser speziellen Kochzone sind zwei unterschiedlich große Kochfelder integriert. Damit vergrößert sich für den Anwender die Möglichkeit, passgerechtes Kochgeschirr, welches die Kochzonen vollständig abdeckt, zu benutzen. Somit geht weniger kostbare Energie verloren.

1 Zweikreis-Kochzone und Restwärmeanzeige am Kochfeld

Datenblätter

Angebot 1 „Elektroherd"

- 2 Gusseisenplatten Ø 14,5 cm
- 2 Gusseisenplatten Ø 18 cm (davon 1 Blitzplatte)
- beleuchteter, pflegeleichter Backofen
- Backofenvolumen: 57 Liter
- Ober- und Unterhitze (getrennt schaltbar)
- Infrarotgrill
- Zubehör: Backblech, Fettpfanne, Rost
- Energieverbrauch: 0,98 kWh
- 50 × 60 × 85 cm (B × T × H)
- Preis: 229,95 Euro

Angebot 2 „Allgasherd"

- 1 Stark-, 2 Normal- und 1 Hilfsbrenner
- alle Brennstellen mit Funkenzündung
- Sicherheitsabschaltung
- stabile Guss-Topfträger
- Gasgrill und Gasbackofen je 2 700 W
- Backofentür mit Doppelverglasung
- Spezial-Email im Backofenraum
- Zubehör: Backblech, Fettpfanne, Rost
- 60 × 60 × 85 cm (B × T × H)
- Preis: 489,95 Euro

Angebot 3 „Einbau-Elektroherd"
- 4 Blitz-Glaskeramik-Kochfelder, dabei 2 Zweikreis-Kochzonen (Ø 12 cm auf Ø 21 cm und Ø 17 cm auf Bräterzone 17 × 26,5 cm umschaltbar)
- Restwärme-Anzeige
- 5 Beheizungsarten
- Heißluft
- Backofenvolumen: 52 Liter
- Energieeffizienzklasse A
- Energieverbrauch: 0,78 kWh, bei Heißluft 0,75 kWh
- 56 × mind. 55 × 60 cm (B × T × H)
- Preis: 629,95 Euro

Aufgaben

Kapitel 2.1

1. a) Vervollständige die Tabelle durch Eintragen weiterer Beispiele!

Bedeutung der Elektrizität im Haushalt	
Elektrische Haushaltstechnik	**Nichtelektrische Alternative**
Glühlampe	Kerze

   b) Beschreibe deine Vorstellungen über die Zeit, in der es keine elektrische Energie im Haushalt gab. Nutze auch die Lehrbuchseite 41!
   c) Fertige eine Schautafel zum Thema „Haushaltsführung vor 150 Jahren" an!

2. Beschreibe die Funktion und Benutzung einer Petroleumlampe unter Verwendung der Abbildung auf Seite 41!

3. Entwickle eine Übersicht zu den drei Arbeitsgängen, die eine Wäscherin um 1850 ausführen musste, um Wäsche zu waschen!

4. Stelle die Entwicklung der Waschmaschine in einer Tabelle zusammen! Verwende Abbildungen und Informationen aus dem Internet!

5. Beschreibe einen der angegebenen automatischen Abläufe aus der Tabelle auf Seite 47! Nutze bei Bedarf dazu den Textaufbau des Beispiels „Toilettenspülung" als Muster!

Kapitel 2.2

6. Vervollständige eine selbst entwickelte Tabelle, die jeweils mindestens zwei weitere Beispiele zu der in der Übersicht auf Seite 67 dargestellten Haushaltstechnik enthält!

7. a) Recherchiere im Internet oder in Lexika nach Texten, die die Funktion (insbesondere den Startvorgang) einer Leuchtstofflampe beschreiben!
   b) Begründe den im Gegensatz zur Glühlampe höheren Wirkungsgrad!

8. Entwirf eine Schautafel zum Elektroherd, zum Mikrowellengerät oder zum Allesschneider! Verwende den Lehrbuchtext und Fotos aus dem Internet!

Kapitel 2.3

9. Bildet Stamm- und Expertengruppen nach der Arbeitsmethode „Gruppenpuzzle" zum Thema „Maschinen und ihr allgemeiner Aufbau"! Verwendet zur Aufgabenlösung das Kapitel 2.3 und weitere Textquellen!

10. a) Stelle das Blockschema für einen Staubsauger dar!
    b) Beschreibe die Funktion der einzelnen Funktionsorgane!

11. a) Stelle das Blockschema für einen Waschautomaten dar!
    b) Beschreibe die Funktion der einzelnen Funktionsorgane!

Kapitel 2.4

12. Entwickle eine Übersicht! Diese soll Maschinen oder Geräte und ihre jeweiligen Getriebearten enthalten.

13. Ordne die selbst gewählten Beispiele aus Aufgabe 6 den Maschinen oder den Geräten zu! Begründe deine Zuordnung!

14. Bereite einen Kurzvortrag zum Thema „Wellen als Übertragungsorgane“ unter Verwendung des Lehrbuchtextes und von Originalteilen oder Fotos aus dem Internet vor!

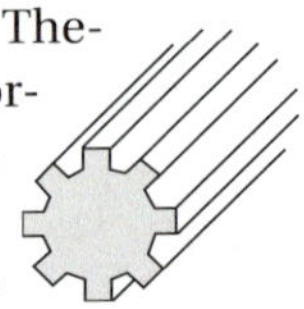

15. Veranschauliche mit Wägestücken und Federkraftmesser in einer Demonstration die unterschiedlichen Arten der Reibung!
    a) Entwickle dazu eine entsprechende Experimentierreihe durch Skizzieren der einzelnen Experimentieraufbauten!
    b) Entwirf eine Tabelle für die Ergebnisse des Experimentes!
    c) Bereite deine Demonstration vor, indem du die Experimentierreihe durchführst!
    d) Demonstriere deinen Mitschülern die unterschiedlichen Reibungsarten in einem Vortrag!

16. Beschreibe den Unterschied zwischen kraft- und formschlüssigen Verbindungen!

17. Zeichne die sinnbildliche Darstellung eines einstufigen Stirnradgetriebes, dass die Antriebsdrehzahl halbiert! Gib dazu die Teilkreisdurchmesser und den Wellenabstand in Millimeter an! Bezeichnungen und Einträge nicht vergessen!

18. Die Antriebsdrehzahl des Motors einer Bohrmaschine beträgt $1\,800 \text{ min}^{-1}$. Für das Bohren in Kunststoff ist eine Abtriebsdrehzahl von 450 min^{-1} erforderlich. Berechne das Übersetzungsverhältnis! Werte dein Ergebnis!

19. Eine Maschine benötigt eine dreifach schnellere Drehzahl am Arbeitsorgan als die vom Motor bereitgestellte Drehzahl von $1\,400 \text{ min}^{-1}$.
    a) Muss der Teilkreisdurchmesser des Abtriebsrades größer oder kleiner werden?
    b) Notiere die Teilkreisdurchmesser der beiden Stirnräder für zwei Stirnradpaare, die die Bedingung einer Verdreifachung der Drehzahl erfüllen können!
    c) Überprüfe diese Lösungen aus b) durch zwei Berechnungen!
    d) Zeichne die beiden sinnbildlichen Darstellungen inklusive Bezeichnungen und Einträge!
    e) Welche konstruktive Veränderung müsste vorgenommen werden, wenn die Motordrehrichtung nicht geändert werden soll?

20. Es soll die sinnbildliche Darstellung eines Stirnradgetriebes mit zwei Getriebestufen gezeichnet werden.

    a) Bestimme die Anzahl der benötigten Wellen!
    b) Zeichne die sinnbildliche Darstellung bei beliebigen Stirnraddurchmessern!
    c) Dreht sich das letzte Stirnrad schneller oder langsamer als der Antrieb?
    d) Wie groß ist die Gesamtübersetzung deines entworfenen Getriebes?

21. Für die auf Seite 61 abgebildete sinnbildliche Darstellung eines 2-Gang-Schaltgetriebes liegen folgende Daten vor:
    $z_1 = 80$ $z_2 = 20$
    $z_3 = 30$ $z_4 = 70$
    $n_{an} = 1\,420 \text{ min}^{-1}$
    a) Berechne die Abtriebsdrehzahl für den ersten und zweiten Gang!
    b) Zeichne die beiden sinnbildlichen Darstellungen für den ersten und zweiten geschalteten Gang!

Kapitel 2.5

22. Formuliere zwei typische Anforderungsprofile, die den Kauf von angebotenen Küchenherden begründen könnten. Nutze die Seiten 63 und 64, Kataloge oder das Internet!

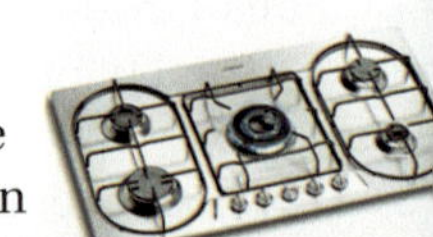

Das Wichtigste im Überblick

Blockschema einer Maschine

Steuerorgan
erlaubt einen Eingriff in die Energieflüsse.

INPUT →

Antriebsorgan
stellt die Energie durch Umwandlung bereit.

→ **Übertragungsorgan**
leitet die Energie weiter und passt sie an.

→ **Arbeitsorgan**
verrichtet die Arbeit mithilfe der zugeführten Energie.

→ OUTPUT

Trägerorgan
hält alle Funktionsorgane in Lage und nimmt Kräfte auf.

Jede **Maschine** besitzt fünf Funktionsorgane.
Technische Systeme, denen mindestens ein Funktionsorgan fehlt, sind **Geräte.**

Haushaltstechnik

Reinigungstechnik

Beleuchtungstechnik

Messtechnik

Lagertechnik

Unterhaltungstechnik

Zubereitungstechnik

sonstige Haushaltstechnik

Kommunikationstechnik

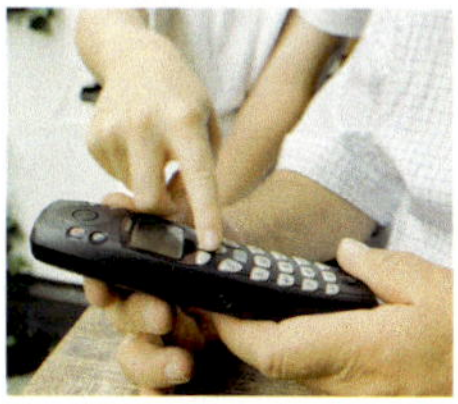

Funktionen von Getrieben

Weiterleiten von Bewegungen

Bewegungsform beibehaltende Getriebe
(Drehzahländerung
Drehrichtungsänderung)

Riemengetriebe

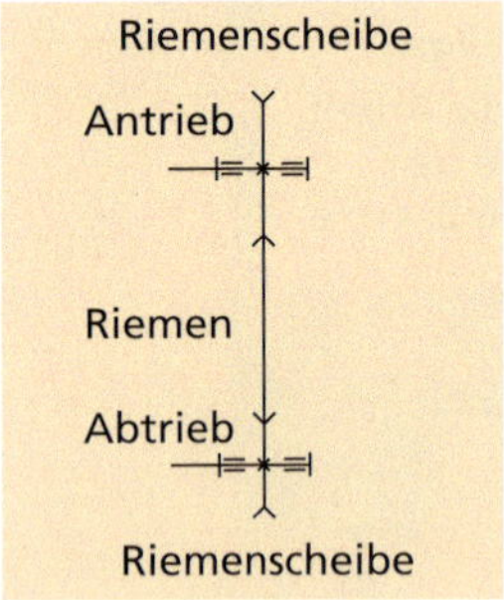

Stirnradgetriebe

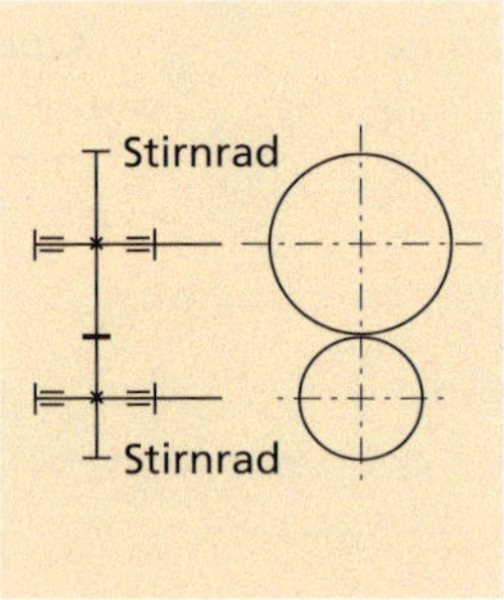

Kegelradgetriebe

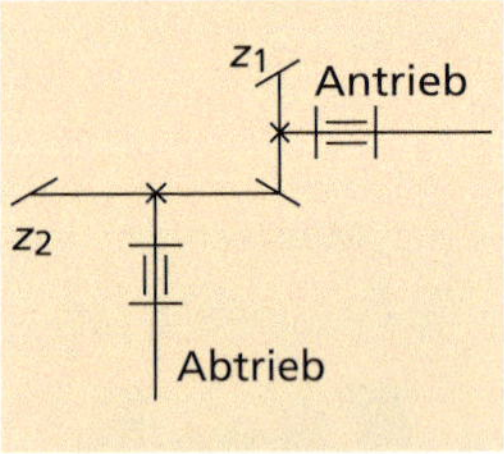

Schneckengetriebe

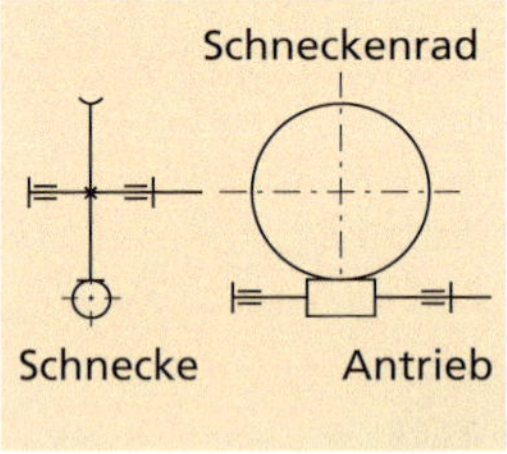

Bewegungsform ändernde Getriebe
(Änderung der Bewegung)

Drehbewegung ⟷ geradlinige Bewegung

Schraubengetriebe

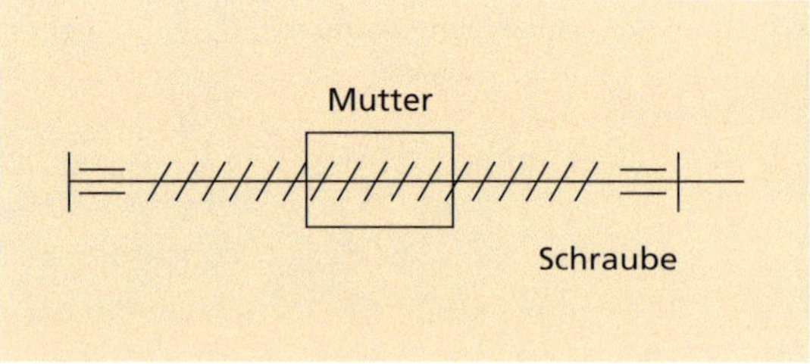

Schubkurbelgetriebe

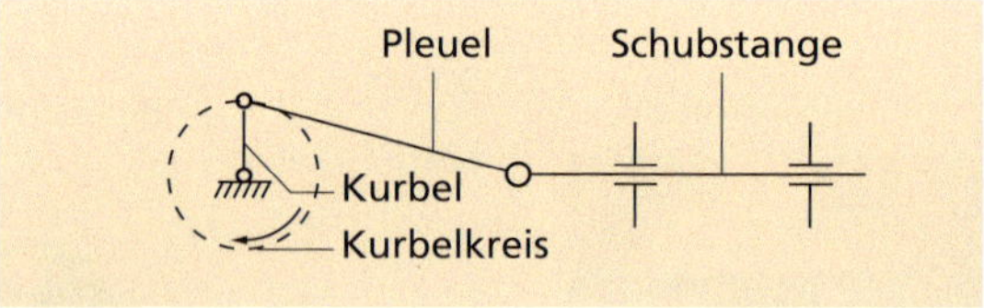

Formen der Kraftübertragung

formschlüssige Bewegungsübertragung
z.B. in Kraftfahrzeugen

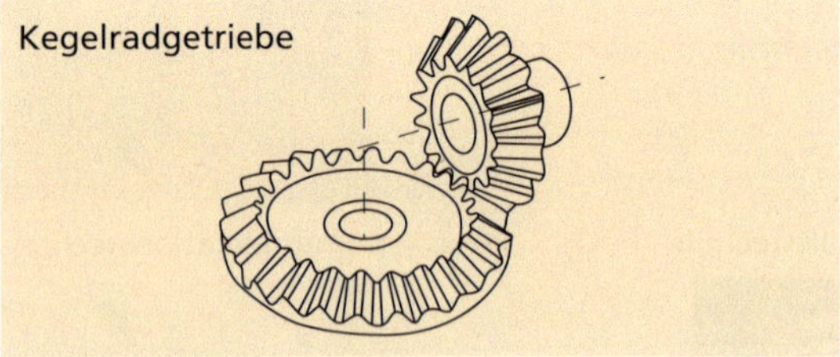

kraftschlüssige Bewegungsübertragung
z.B. in der Nähmaschine

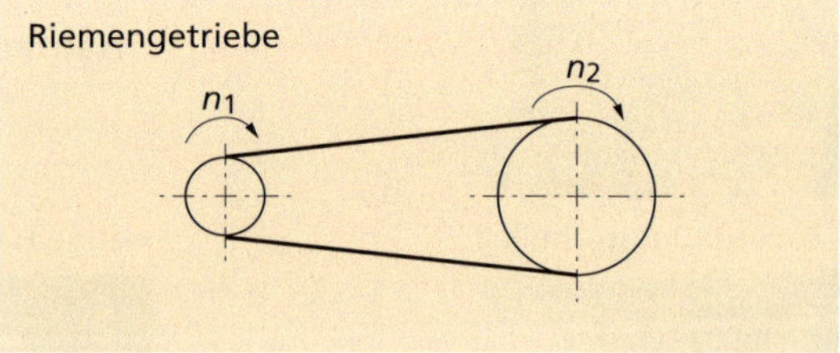

Die **Drehzahl** ist vom Durchmesser der Getrieberäder abhängig.
Übersetzung ***i*** ins Schnelle: Antriebsdrehzahl < Abtriebsdrehzahl
Übersetzung ***i*** ins Langsame: Antriebsdrehzahl > Abtriebsdrehzahl

3 Information und Kommunikation im Haushalt

Elektroniker/in – Informations- und Telekommunikationstechnik

Voraussetzungen sind:

- logisches Denken und Ideenreichtum,
- Hand- und Fingergeschick,
- Gewissenhaftigkeit,
- gute Leistungen in Physik, Chemie, AWT und Englisch.

Was?

Es werden Lösungsvorschläge und Sicherheitskonzepte entworfen. Elektroniker/innen installieren Systeme der Sicherheits- und Kommunikationstechnik wie Telefon- und Alarmanlagen oder Überwachungssysteme. Für Kunden werden Störungen analysiert, defekte Anlagen wieder instand gesetzt und Wartungsarbeiten durchgeführt.

Womit?

Zur Lösung der Arbeitsaufgaben sind Arbeitsmittel, wie Bohrmaschine, Schraubendreher, Zangen, Mess- und Prüftechnik, Computer und ein Kraftfahrzeug notwendig. Kabel, Stecker und weitere Ersatzteile, aber auch Schrauben und Dübel aus den verschiedensten Materialien kommen zum Einsatz.

Wo?

Gearbeitet wird vorrangig beim Kunden, z. B. in Geldinstituten, Krankenhäusern, Sportstätten, Bildungseinrichtungen, Unternehmen und selbstverständlich auch in Privathaushalten.

Ausbildungszeit

Die Berufsausbildung dauert aufgrund der umfangreichen fachlichen Wissens- und Könnensvermittlung 3,5 Jahre.

Berufliche Perspektiven

Spezialisierung

Auf der Grundlage einer abgeschlossenen Berufsausbildung als Elektroniker/in – Informations- und Telekommunikationstechnik kann man sich u. a. als Techniker für die Radio- und Fernsehtechnik in Reparaturwerkstätten oder als Berater in Kundendienstabteilungen von Herstellerfirmen sowie im Fachhandel für den Bereich Unterhaltungselektronik bewerben.

Existenzgründung

Man kann auch einen eigenen Handwerksbetrieb gründen. Dazu ist entweder eine erfolgreich abgelegte Meisterprüfung die Voraussetzung oder eine sechsjährige Gesellentätigkeit im Elektrotechnikerhandwerk, davon mindestens vier Jahre in einer leitenden Stellung.

Vor dem Schritt in die Selbstständigkeit sollte man sich gründlich beraten lassen. Weiterbildungs- und Existenzgründerkurse vermitteln umfangreiche Kenntnisse zum Steuer- und Arbeitsrecht, zur Buchhaltung, zu Finanzierungs- und Versicherungsfragen und zum Zeitmanagement.

3.1 Geschichte der Nachrichtenübertragung

Kommunikation zwischen Menschen

Der Mensch ist ein in der Gemeinschaft lebendes Wesen. Somit ist er darauf angewiesen, sich mit seinen Nachbarn zu verständigen. Vor Urzeiten erfolgte dies über **Gebärden.** Dazu musste man seinen Kommunikationspartner auf kurzer Distanz ansehen, damit Gebärden, Gestik und Mimik erkannt werden konnten. Missverständnisse traten dennoch recht häufig auf.

> **M** Der Begriff **Kommunikation** bedeutet Verbindung, Verständigung und Austausch.

Der aufrechte Gang, die frei werdenden Hände und der Gebrauch natürlicher Werkzeuge (Holzstücke, Steine, Muscheln und Geweihe) ermöglichten dem Menschen, über Tausende von Jahren die notwendigen Erfahrungen zu sammeln, um eines Tages selbst Werkzeuge aus Holz und Stein herzustellen. Damit konnten dann Holz, Häute und Knochen bearbeitet werden. Die Verständigung der Steinzeitmenschen untereinander wurde komplexer, so dass sich eine **Sprache** entwickeln musste.

Die Verständigung über eine Sprache verbesserte die Kommunikation zwischen den Mitgliedern einer Sippe entscheidend, so dass Missverständnisse seltener wurden. Man musste sich auch nicht mehr unmittelbar gegenübersitzen und ansehen. Mit lauter Stimme stellte die Verständigung über 20 oder 30 m kein Problem dar. Die Geschichte der Nachrichtenübertragung begann.

Nachrichtenübertragung mit einfachen Hilfsmitteln

Schon bald gelang es dem Menschen, die erste Naturkraft zu beherrschen: das Feuer. Damit war es über wesentlich größere Strecken möglich, Nachrichten zu übertragen. Die Bedeutung der **Feuersignale** musste jedoch vorher abgesprochen werden.

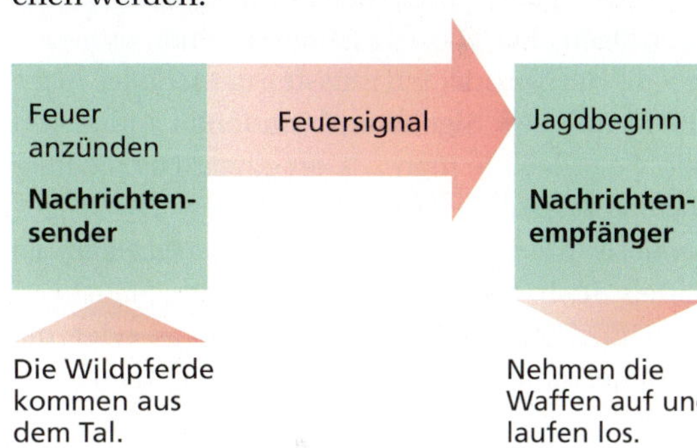

> **M** Bei einer **Nachrichtenübertragung** schickt der **Sender** eine Nachricht mittels **Signale** an den **Empfänger.**

Wieder gingen Tausende Jahre ins Land. Die Sippen wurden größer und begannen sich zu teilen. Dadurch entstand eine neue Situation: Um Nachrichten zu übermitteln, mussten größere Entfernungen überbrückt werden. Diese konnten z. B. durch eine (Feuer-) **Signalkette** überwunden werden.

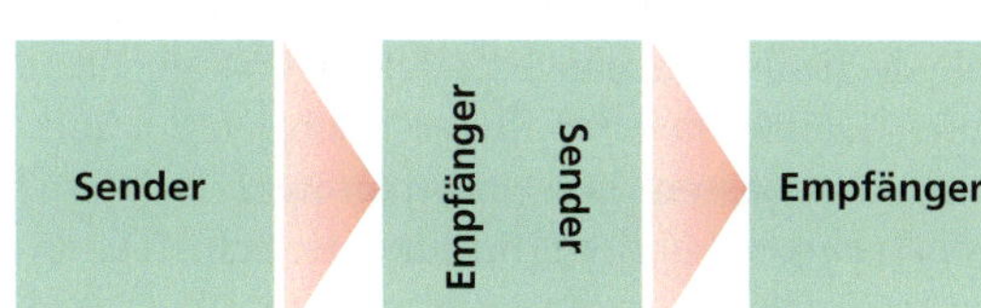

1 Auch Rauchzeichen können Signale sein.

Ein Feuersignal konnte jedoch nur eine Nachricht übertragen. Für die Übertragung einer größeren Anzahl von Nachrichten mussten demzufolge mehrere Signale bzw. **Signalkombinationen** vorhanden sein. So errichtete man z. B. an einem Ort mehrere Feuerstellen, die in unterschiedlicher Anzahl entzündet wurden. Andere Möglichkeiten stellten die mittels Tuch oder Felldecke erzeugten Rauchzeichen der Prärieindianer Nordamerikas oder die Trommelsignale afrikanischer Ureinwohner dar.

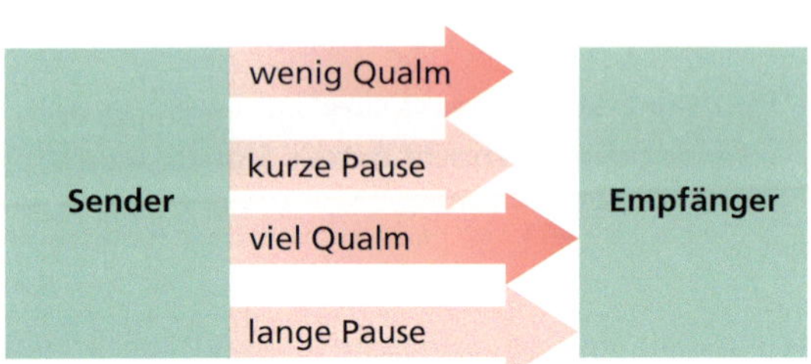

M Signalkombinationen erlauben die Übertragung von Nachrichten mit unterschiedlichen Inhalten.

Selbstverständlich gab es auch die Möglichkeit, durch Laufboten oder Reiter Nachrichten überbringen zu lassen. Die Übertragungszeit dauerte jedoch länger. Mit der Erfindung der Schrift konnten Nachrichten in gespeicherter Form übertragen werden.

Optische Signale

Das Prinzip der Kombination optischer Signale wurde noch Ende des 18. Jahrhunderts angewendet. In den Wirren der Französischen Revolution (1789) war eine schnelle Kommunikation für das Militär wichtig. CLAUDE CHAPPE (1763–1805) erfand 1792 einen **Zeigertelegrafen.** Die unterschiedlichen Stellungen der Arme und des Flügels erlaubten 92 Varianten. Diese wurden jeweils einem bestimmten Schriftzeichen zugeordnet, so dass jede beliebige Nachricht übermittelt werden konnte.

Die erste damit ausgestattete Telegrafenlinie der Welt wurde 1794 zwischen Paris und Lille (210 km), bestehend aus 23 Telegrafenstationen, errichtet.

Bald gab es ähnliche optische Telegrafenlinien zur militärischen Nachrichtenübertragung auch in Deutschland, Italien, England, Schweden und Russland.

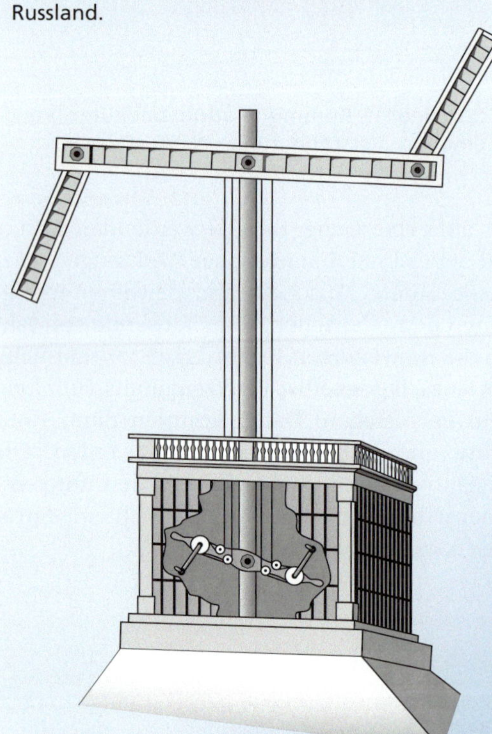

Chappe-Telegraf (Zeigertelegraf) auf dem Louvre zu Paris, 1792

Schneller, einfacher, weiter, mehr

Die bisher erwähnten Möglichkeiten der Nachrichtenübertragung besaßen zahlreiche Nachteile. Ständige Bereitschaft, große Aufmerksamkeit, Wetterabhängigkeit, besondere Lichtverhältnisse sowie relativ kurze Distanzen und lange Übertragungszeiten für größere Nachrichtenmengen genügten nicht mehr den Anforderungen der sich entwickelnden Industriegesellschaften.

Schnelle Signalfolgen, die sich leicht verteilen und übertragen lassen, waren nötig. Die Forschungsergebnisse bedeutender Wissenschaftler (B. FRANKLIN, C. COULOMB, A. AMPÈRE und A. VOLTA) Ende des 18./Anfang des 19. Jahrhunderts. zur Naturerscheinung Elektrizität schufen dafür die nötigen Voraussetzungen.

So konnten die Signale erzeugt werden, indem man die Bewegung elektrisch geladener Teilchen mittels einfacher Schaltelemente unterbrach. Leitungen realisierten deren Übertragung, und Batterien waren seit 1800 durch ALESSANDRO VOLTA (1745–1827) als Energiequelle bekannt.

1837 konstruierte WILLIAM COOK (1806–1879) einen elektrischen Nadel-Telegrafen, der sende- und empfangsseitig mit fünf Leitungen verbunden werden musste. SAMUEL MORSE (1791–1872) kombinierte kurze Zeit später ein kurzes bzw. langes Signal unterschiedlich häufig miteinander und ordnete diese Signalketten den Buchstaben und Satzzeichen zu.

Morsesignalkette „einmal kurz" – „zweimal kurz" – „dreimal kurz"

Dieses nach ihm bezeichnete Morsealphabet konnte mit einem elektromagnetischen Morseapparat über nur eine einzige Leitung gesendet bzw. empfangen werden. Die erste derartige kommerzielle Telegrafenleitung wurde im Mai 1844 auf der Bahnstrecke Washington – Baltimore (64 km) errichtet. Der damalige Erfolg der Telegrafen beruhte auf einer deutlich größeren Übertragungsleistung bei geringem Materialaufwand.

> **M** Das **Morsealphabet** stellt eine einfache aus Signalen bestehende Verschlüsselung von Schriftzeichen dar.

Eine noch einfachere Kommunikation als die ständige Signalverschlüsselung ist ohne Zweifel die elektrische Übertragung des gesprochenen Wortes. PHILIPP REIS (1834–1874) erfand 1861 einen funktionierenden Telefonapparat. Dessen schlechte Wiedergabequalität und weitere Mängel erforderten weitere Veränderungen. Erst 1876 baute ALEXANDER GRAHAM BELL (1847–1922) ein Telefon, mit dem man die menschliche Sprache drahtgebunden über größere Entfernungen übertragen konnte. Die Erfindung des Mikrofons 1878 durch DAVID HUGHES (1831–1900) verbesserte das bellsche Telefon nochmals.
In New York gab es 1879 schon 1 000 Telefonteilnehmer, aber das erste Transatlantik-Telefonkabel wurde erst 1956 verlegt.

> **M** Das **Telefonieren** ermöglicht eine einfache Nachrichtenübertragung mittels menschlicher Sprache.

Der größte Nachteil der vorhandenen elektrischen Nachrichtentechnik bestand in der Notwendigkeit, Übertragungsleitungen zwischen Sender und Empfänger zu verlegen. 1886 gelang HEINRICH HERTZ (1857–1894) der Nachweis von elektromagnetischen Wellen. Darauf aufbauend konnte 1896

1 Fernsprecher von PHILLIP REIS

Alexander Popow (1858–1906) unter Verwendung von Sende- und Empfangsantennen ein erstes drahtloses Funktelegramm 250 m weit übertragen. Guglielmo Marconi (1874–1937) überbrückte 1897 eine Entfernung von 3,2 km und fünf Jahre später sogar den Atlantik per Funk. Die Funktelegrafie eroberte die Welt.

> M Die **Funktelegrafie** beruht auf dem drahtlosen, weltweit möglichen Senden und Empfangen elektromagnetischer Wellen.

Zu Weihnachten 1906 wurde durch Reginald Fessenden (1866–1932) die erste Funkamateursendung in Massachusetts/USA im Umkreis von 300 km ausgestrahlt. Am 2.11.1920 nahm in Pittsburg/USA der erste **Hörrundfunksender** seinen Dauerbetrieb auf, 1923 folgte der erste Sender in Deutschland.

Telegrafie, Telefonie und Hörrundfunk konnten nur Zeichen oder Töne übertragen. Aber Bilder und Filme sollten bald folgen. August Karolus (1893–1972) gelang im Jahre 1924 die mechanische Bildtelegrafie (Bildabtastung mittels einer riesigen Spirallochscheibe), d. h., seine Erfindung ermöglichte die Funkübertragung von Bildern.

Manfred von Ardenne (1907–1997) demonstrierte 1931 auf der Deutschen Funkausstellung eine vollelektronische Fernsehanlage mit braunschen Röhren im Sender und Empfänger. Nun konnten handliche Fernsehgeräte gebaut werden. Die erste Direktübertragung in der Geschichte des Fernsehrundfunks erfolgte 1936 in Berlin. Ab 1952 war Farbfernsehen technisch möglich.

> M Der **Fernsehrundfunk** ermöglicht die drahtlose gemeinsame Übertragung von Zeichen, Tönen, Bildern und Filmen.

Neue Dimensionen der Kommunikation

Der technische Fortschritt und die Zunahme wirtschaftlicher und privater Aktivitäten erforderten eine verbesserte Nachrichtenübertragung. Notwendig wurden u. a.:
- größere Sende- und Empfangsbereiche,
- höhere Qualitäten in der Ton- und Bildübertragung,
- der Aufbau globaler Kommunikationsnetze,
- der Umstieg von der Analogtechnik zur Digitaltechnik,
- die Einbeziehung der Computertechnik und
- die Verstärkung der Nachrichtensicherheit.

Damit diese Ziele erreicht werden konnten, wurde nach neuen technischen und technologischen Lösungen gesucht.

Entwicklung der Nachrichtentechnik in den letzten 50 Jahren (Auszug)

Basistechnologie	**Einführungsjahr**
Nachrichtensatellit Intelsat 1	1965
Internet	1969
E-Mail	1971
Glasfaserkabel (Lichtwellenleitertechnik)	1977
satellitengestützte Fernsehfunkübertragungen	1983
digitale Telefonfestnetze (ISDN)	1988
Mobiltelefonnetze	1992
World Wide Web	1993
Digitaler Fernsehrundfunk (DVB)	1994
Funknetze für Computer (WLAN)	2001
Internettelefonie (IP-Telefonie)	2004

Glasfaserkabel ermöglichen bei sehr geringem Durchmesser die Übertragung vieler Tausend Telefongespräche und Fernsehprogramme. 1997 wurde die Verlegung eines 27 000 km langen Unterseekabels zwischen Großbritannien und Japan abgeschlossen. Die im Inneren befindlichen vier Glasfasern besitzen jeweils einen Durchmesser von 0,0012 mm. Sie können insgesamt 600 000 Telefongespräche übertragen.

Die Verbindung von Millionen Computern zu einem globalen Netz und die Verbesserung der eingesetzten Technik ermöglichte vollkommen neue Wege der Kommunikation. Jeder kann mit dem **Internet** sofort weltweit Zeichen, Sprache, Musik, Fotos, Tabellen, Diagramme, Zeichnungen, Filme oder Sendungen jedem zur Verfügung stellen oder beziehen. Man benötigt dazu nur einen Computer und die Verbindung zu einem Kommunikationsserver. Recherchieren, Kaufen bzw. Verkaufen, Radiohören, Fernsehen und (Bild-)Telefonieren ergänzen das traditionelle Schreiben, Rechnen und Zeichnen am Computer.

M Das **Internet** ist ein weltweites Datenübertragungsnetz, das traditionelle Übertragungstechniken vereint.

Mit **Mobilfunktelefontechnik** kann man ortsunabhängig telefonieren. Dadurch ist der Teilnehmer auch bei wechselnden Standorten immer erreichbar. Gegenwärtig findet die Verschmelzung der Telefonie mit Internettechnologien statt. Immer größere Übertragungsraten ermöglichen einen erweiterten Funktionsumfang, wie den schnellen Empfang spezieller Internetseiten, Fotos und Filme.

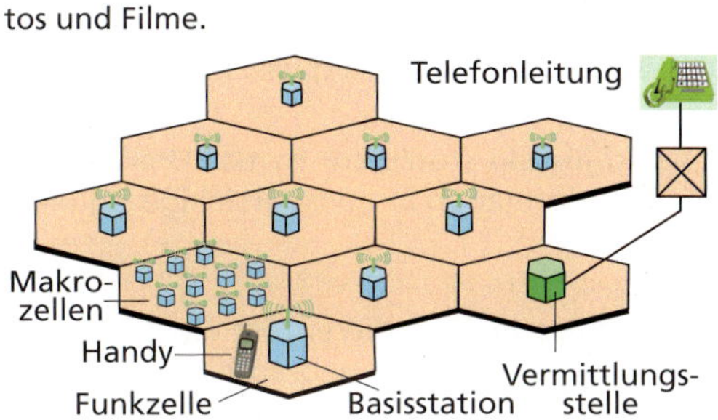

Entwicklung der Funktelefonnetze in Deutschland

	Telefonnetz	Merkmale
analog	A-Netz (1950–1977)	Handvermittlung, geringe Netzdichte
analog	B-Netz (1972–1994)	Selbstwahl, schlechter Empfang
analog	C-Netz (ab 1985)	automatische Teilnehmersuche
digital	D- und E-Netz (ab 1992)	hohe Auslastung der Frequenzen
digital	GSM (ab 1992)	weltweites Netz, Datenübertragung bis 10 KBit/s
digital	Breitband-Netz (UMTS; GPRS) (ab 2004)	weltweites Netz, Datenübertragung 384 KBit/s – 2 GBit/s

1 Antennen zur Übertragung von Fernsehsendern und Telefongesprächen

3.2 Prinzipien der Informationsübertragung

Grundbegriffe

Die Voraussetzungen für eine erfolgreiche Informationsübertragung kann man schon an einem einfachen Beispiel aus den Urzeiten der Menschen beschreiben.

Der Vorgang beginnt mit der Aufnahme von Informationen aus der Umwelt. Dies können z. B. Ereignisse, Temperaturen, Geräusche oder auch Geräuschlosigkeit sein.
In unserem Beispiel (s. Abb. oben) knurrt dem Urmenschen ohne Nahrung plötzlich der Magen. Er erhält also die Information: Ich habe Hunger.

> M **Informationen** sind Mitteilungen, Nachrichten, Daten und Messgrößen.

Da unser Urmensch nicht über Nahrung verfügt, muss er sich jemanden suchen, der Nahrung besitzt. Er benötigt demnach einen Kommunikationspartner.

> M **Informationsübertragung** benötigt immer je einen Informationssender und -empfänger.

Unser Urmensch ohne Nahrung muss seinem Kommunikationspartner verständlich machen, dass er Hunger hat und um Nahrung bittet. Mithilfe der Gebärden versucht er Kontakt mit einem Gruppenmitglied aufzunehmen. Dabei sendet er optische (Handbewegungen) und akustische (Töne) **Signale** an seinen Gesprächspartner aus und macht damit auf sein Problem aufmerksam.

Einteilung der Signale nach Art des Trägers

Signal	Träger	physikalische Größe
optisch	Licht	Beleuchtungsstärke
akustisch	Luft	Frequenz
elektrisch	Elektrizität	Spannung
thermisch	Wärme	Temperatur
chemisch	Stoffe	Konzentration

> M Signale sind Wertevorräte einer physikalischen Größe, die eine Nachricht beinhalten und über ein Transportmedium weitergeleitet werden.

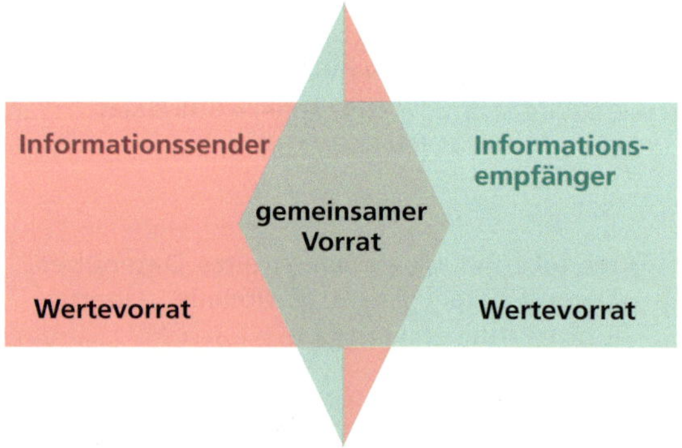

Deshalb müssen **Sender** und **Empfänger** einen gemeinsamen **Wertevorrat** besitzen. Der Gesprächspartner muss in der Lage sein, die empfangenen Signale zu verstehen. Signale sind demzufolge immer verschlüsselte Informationen. Daraus folgt auch, dass Informationen vor der Nachrichtenübertragung verschlüsselt und nach der Übertragung entschlüsselt werden müssen.

> M **Verschlüsseln** (codieren) ist das Umwandeln einer Information in transportfähige Signale.

> M **Entschlüsseln** (decodieren) ist das Rückwandeln von Signalen in gebrauchsfähige Informationen.

1 Morsetelegrafen ermöglichten das Wandeln der verschlüsselten Informationen in elektrische Signale.

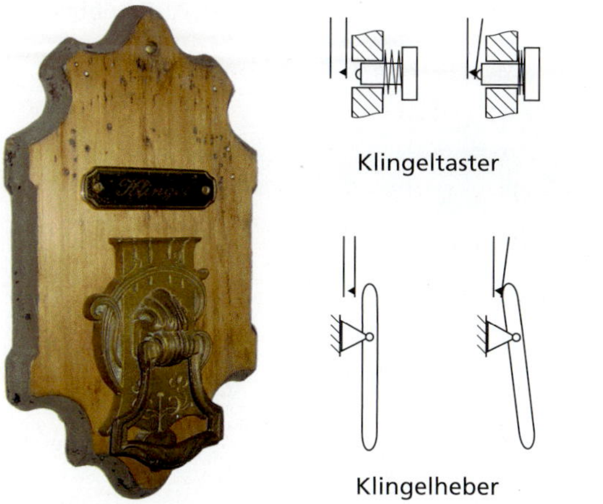

2 Funktionsweise eines Klingelhebers (Berliner Mietshaus um 1900) im Vergleich zum Klingeltaster.

Informationskette

Die bisherigen Aussagen verdeutlichen, dass eine Kommunikation nur zustande kommt, wenn bestimmte Voraussetzungen vorhanden sind:

- Es müssen Kommunikationsteilnehmer (Informationssender und Informationsempfänger) vorhanden sein.
- Die Kommunikationsteilnehmer müssen über einen gemeinsamen Wertevorrat verfügen, der die Verständigung untereinander ermöglicht.
- Der Informationssender ist in der Lage, die zu übertragenden Informationen in Signale zu wandeln.
- Zwischen den Kommunikationsteilnehmern gibt es die Möglichkeit, Signale über einen Träger zu transportieren.
- Der Informationsempfänger ist in der Lage, die empfangenen Signale in für ihn nutzbare Informationen zu wandeln.

Diese Voraussetzungen müssen nun in eine zeitliche Reihenfolge gebracht werden. Beides beschreibt die Informationskette.

M

Eine **Informationskette** stellt die zeitliche Reihenfolge einer Kommunikation dar.

Einseitige Informationsübertragung

Das technische Kommunikationssystem „Hausklingel" veranschaulicht eine einfache Möglichkeit der Informationsübertragung. Zur Signaleingabe verwendet man einen Taster, die Signalausgabe erfolgt mittels Klingel.

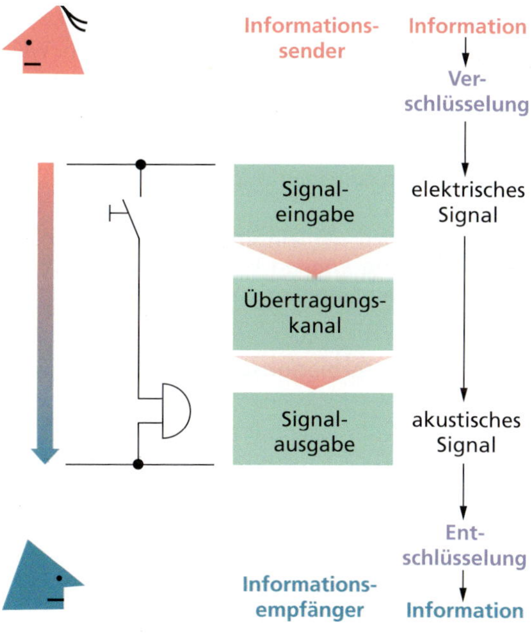

3 Prinzip der einseitigen Informationsübertragung

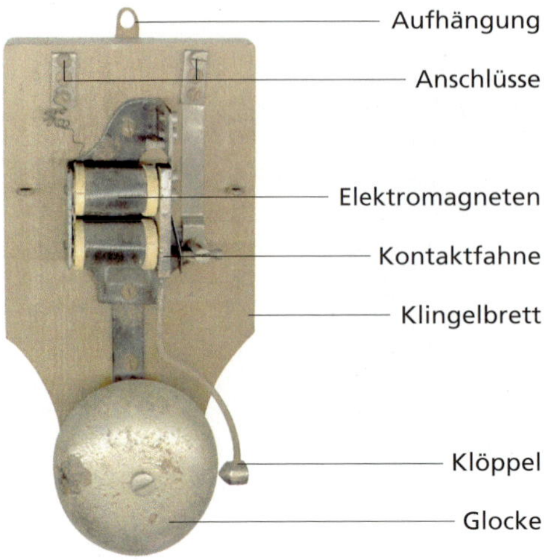

1 Geöffnetes Klingelgehäuse (um 1930)

2 Der audiovisuelle Chat, seit 2003 möglich, ist eine moderne Form der zweiseitigen Kommunikation.

Die dargestellte Klingelanlage besitzt einen einseitigen Signalfluss. Der Informationssender verschlüsselt mithilfe des Klingeltasters die Information „Ich bin da" in das elektrische Signal „Stromkreis geschlossen". Dieses wird durch Leitungen zur Klingel übertragen und dort mit einem akustischen Signal „Klingelton" hörbar gemacht. Dieser Klingelton muss abschließend vom Informationsempfänger zu einer nutzbaren Information, z. B. „An der Tür steht jemand" gedeutet werden. Weiter gehende Informationen, wie „Wer steht an der Tür" oder „Das ist bloß ein Klingelstreich" erhält der Informationsempfänger nicht. Der Signalfluss verläuft nur in eine Richtung.

> **M** Beim Prinzip der **einseitigen Informationsübertragung** können beide Teilnehmer nur Sender oder Empfänger sein.

Zweiseitige Informationsübertragung

Ein bedeutender Nachteil der einseitigen Informationsübertragung besteht darin, dass ein Kommunikationsteilnehmer nur sendet und der andere nur empfängt. Der Informationssender kann sich noch nicht einmal sicher sein, ob der Empfänger die Information auch wirklich empfangen hat und ob die verschlüsselte Information auch richtig entschlüsselt wurde.

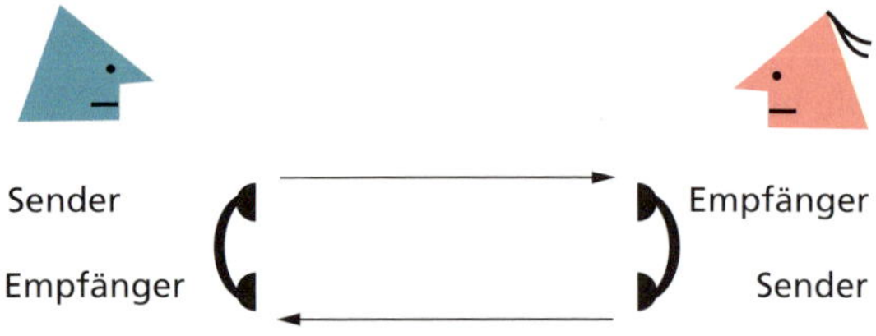

3 Prinzip der zweiseitigen Informationsübertragung

Deshalb wurden Übertragungsmöglichkeiten entwickelt, die durch einen zusätzlichen Rückkanal gekennzeichnet sind. Damit ist die Signalübertragung in beide Richtungen möglich. Gleichzeitig ändert sich der Status der Kommunikationsteilnehmer, da nun der Informationsempfänger die Möglichkeit besitzt, Informationssender zu werden.

> **M** Beim Prinzip der **zweiseitigen Informationsübertragung** sind beide Teilnehmer Sender bzw. Empfänger.

Mehrseitige Informationsübertragung

Das Prinzip der zweiseitigen Informationsübertragung kann auf mehr als zwei Kommunikationspartner zur gleichen Zeit ausgedehnt werden. Dies ist beispielsweise erforderlich, wenn man

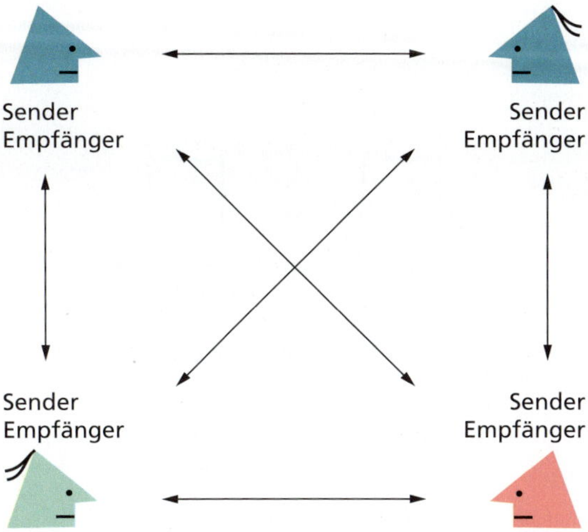

1 Prinzip der mehrseitigen Informationsübertragung

während eines Dialoges den Rat einer dritten Person benötigt. Beim Telefonieren wird in diesem Falle von einer Konferenzschaltung gesprochen.

M Beim Prinzip der **mehrseitigen Informationsübertragung** sind beliebig viele Teilnehmer Sender und Empfänger.

Internet-Videokonferenzschaltungen mit bis zu vier gleichzeitig teilnehmenden Personen gibt es seit 2005.

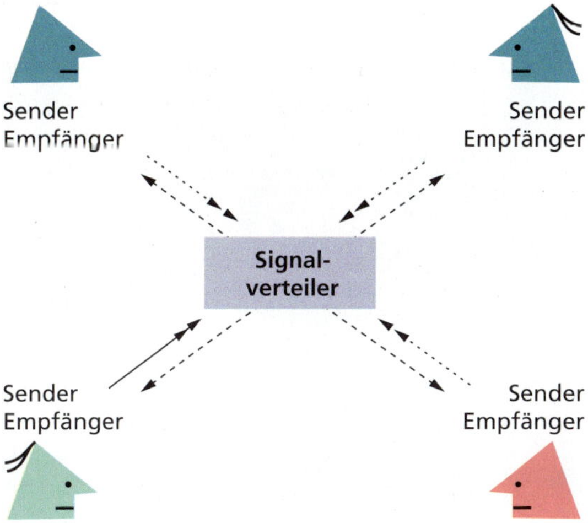

2 Möglichkeit technischer Umsetzung der Informationsverteilung bei Videokonferenzen

Signalübertragung

Während der Signalübertragung können so genannte **Störsignale,** die den zu übertragenden Signalen (Nutzsignale) entgegenwirken, auftreten. Störsignale können die **Nutzsignale** beeinflussen und sogar so überlagern, dass sie nicht mehr zu empfangen sind.

Es gibt mehrere Möglichkeiten, die Übertragung der Nutzsignale und deren eindeutige Identifizierung an der Signalausgabe sicherzustellen.

Ein einfaches Mittel ist die **Signalverstärkung.** Wenn mein Gesprächspartner mich wegen plötzlich auftretender Nebengeräusche nicht gut hören kann, dann spreche ich einfach lauter. In der Technik werden dann sehr häufig Verstärkerschaltungen eingesetzt.

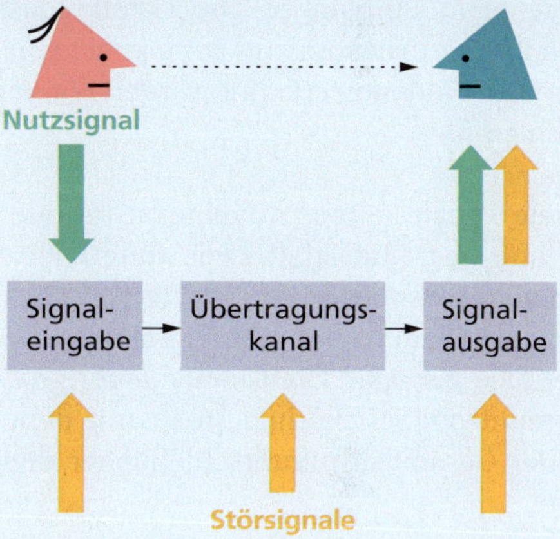

Einfluss der Störsignale bei der Informationsübertragung

Eine andere Möglichkeit ist der Einsatz der **Rauschunterdrückung.** Dabei wird das Störsignal im Übertragungskanal herausgefiltert und nur das Nutzsignal verstärkt (z. B. in Radio- und Fernsehgeräten).

Eine dritte Möglichkeit besteht darin, dass man die Information über unterschiedliche Kanäle gleichzeitig überträgt und anschließend „zusammensetzt". Vergleichbar ist dies mit dem zeitgleichen Gebrauch mehrerer Medien (z. B. statt Texte jetzt Texte, Bilder und Töne).

Analoge und digitale Signale

Für die Informationsübertragung kann die Wahl der Signalart entscheidend für die **Kommunikationssicherheit** sein. Nach der Menge des Wertevorrates werden Signale in analoge und digitale Signale unterteilt.

> **Analoge Signale** verfügen über einen unendlichen Wertevorrat innerhalb eines Wertebereiches.

> **Digitale Signale** verfügen über einen endlichen Wertevorrat innerhalb eines Wertebereiches.

Analoge Signale können jeden beliebigen Wert annehmen. Es gibt also eine unendliche Wertemenge beim Empfänger. Die Gefahr, dass sie durch ihre Vermischung mit Störsignalen nicht in jedem Fall eindeutig erkannt werden können, ist jedoch groß.

Digitale Signale können nur eine bestimmte Werteanzahl, im Mindestfall zwei, innerhalb eines Wertebereiches besitzen. Der technische Aufwand zum Identifizieren dieser Signale ist daher wesentlich geringer. Die Chance einer größeren Kommunikationssicherheit steigt mit dem Sinken der Gesamtzahl unterschiedlicher digitaler Werte.

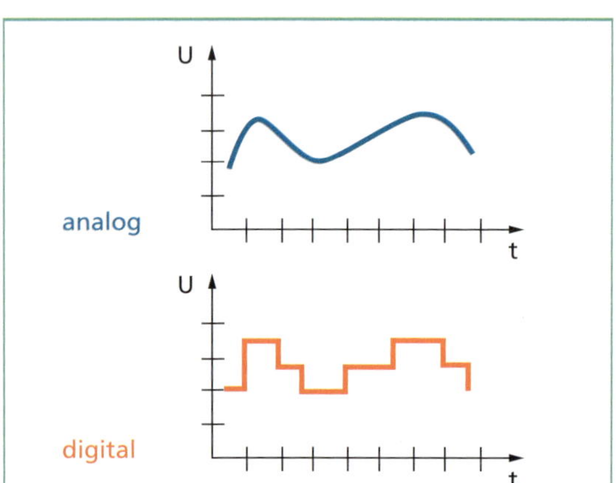

1 Wertevorrat von analogen (unendliche Wertemenge) und digitalen (endliche Wertemenge) Signalen

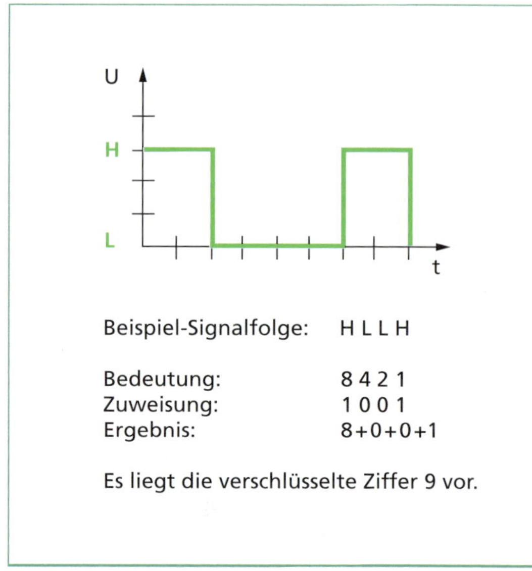

2 Verschlüsselung der Ziffer 9 mittels binärer Signale

Hierin begründet sich u. a., warum die Digitaltechnik immer mehr Einzug in die Kommunikationstechnik hält und binäre Signale die Grundlage bilden. Dabei werden ausschließlich zwei digitale Signale (**Low** = kein Stromfluss und **High** = Stromfluss) genutzt.

> **Binäre Signale** besitzen mit **L** und **H** nur zwei Informationswerte. Sie bilden die Grundlage moderner Digital- und Computertechnik.

3 Schneidroboter realisieren automatische Abläufe auf der Basis binärer Signale.

3.3 Entwickeln, Aufbauen und Erproben einer Signalanlage

Signalanlagen ermöglichen das Verschlüsseln von Informationen mittels technischer Vorrichtungen. Diese werden unter Berücksichtigung vorhandener Bedingungen entwickelt. Ein erstes Ergebnis könnte beispielsweise ein Schaltplan sein. Dieser theoretische Lösungsentwurf muss auf seine praktische Tauglichkeit überprüft werden. Dazu können Experimente im Labor oder vor Ort durchgeführt werden. Sie können Fehler aufdecken und durch deren Behebung zur Systemoptimierung beitragen.

M **Experimente** ermöglichen die praktische Überprüfung eines Entwurfes auf Zweckerfüllung.

Theoretische Grundlagen

Die Entwicklung elektrotechnischer Schaltungen erfordert Kenntnisse über deren normgerechte zeichnerische Darstellung, damit die eigenen Gedanken fixiert und von anderen verstanden werden. Außerdem ist es hilfreich, wenn Grundschaltungen und Schaltungsarten bekannt sind.

Schaltzeichen

Schaltzeichen sind genormte grafische Symbole, die jeweils ein elektrisches oder elektronisches Bauteil darstellen. Beinhaltet das Symbol mehrere Bauteile oder komplette Schaltungen oder handelt es sich um eine allgemeine Kennzeichnung eines Bauteiles, wird von Schaltsymbolen gesprochen.

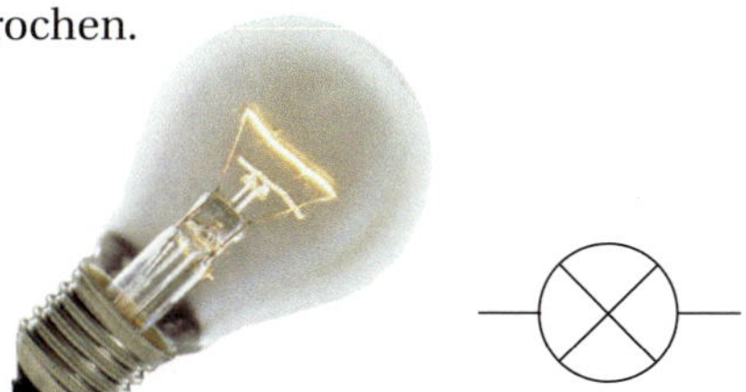

1 Bauteil und Schaltzeichen

Schaltzeichen (Auswahl) nach DIN 40900			
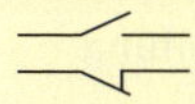	Schalter – Schließer – Öffner	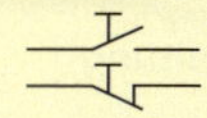	Taster – Schließer – Öffner
	Glühlampe		Klingel
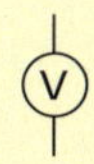	Spannungs-messer	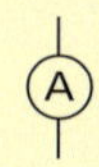	Strom-messer
	Sicherung		Verstärker (Schalt-symbol)

Schaltpläne

Schaltpläne sind Skizzen oder Zeichnungen, die die Anordnung von Schaltzeichen oder Schaltsymbolen darstellen. Sie bilden die Arbeitsgrundlage für theoretische Überlegungen, den experimentellen Aufbau oder die Installation der Schaltung.

Schaltpläne am Beispiel der Ausschaltung	
Bauschaltplan	**Stromlaufplan**
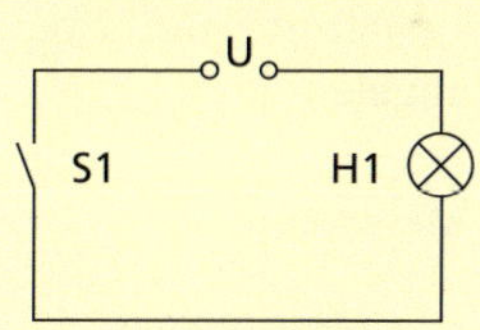	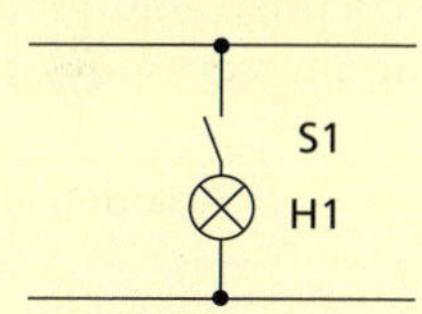

In jedem Schaltplan erfolgt die Bezeichnung der Spannungsquelle und der Bauteile mit Buchstaben und fortlaufender Ziffer. So werden z. B. Schalter auf diese Weise mit „S“, Signaleinrichtungen mit „H“ und Sicherungen mit „F“ gekennzeichnet.

Schaltungsarten

Mehrere Schaltelemente oder Betriebsmittel können in einem Stromkreis unverzweigt bzw. verzweigt angeordnet werden.

Verhalten von Betriebsmitteln in den Schaltungsarten	
Reihenschaltung	**Parallelschaltung**
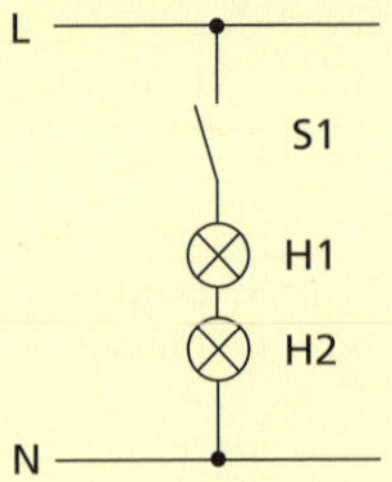	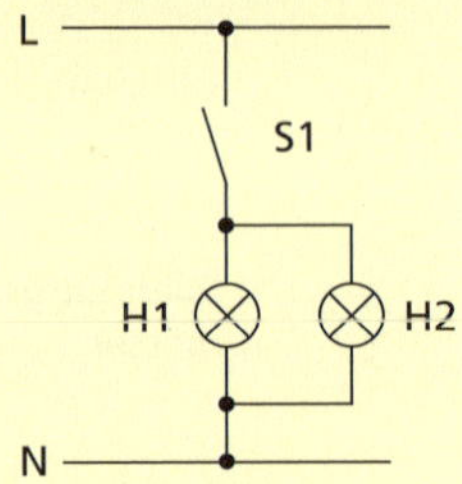
unverzweigt	verzweigt
$I = I_1 = I_2$	$I = I_1 + I_2$
$U = U_1 + U_2$	$U = U_1 = U_2$
$R = R_1 + R_2$	$\frac{1}{R} = \frac{1}{R_1} + \frac{1}{R_2}$

Die unterschiedlichen Gesetzmäßigkeiten von Spannung und Stromstärke haben Auswirkungen auf das Verhalten der Betriebsmittel.
In der **Reihenschaltung** müssen sich alle Betriebsmittel die Gesamtspannung teilen, in der **Parallelschaltung** entsprechen die Teilspannungen der Gesamtspannung.
Die richtige Anordnung von Strom- und Spannungsmesser wird daraus abgeleitet.

Anordnung der Messgeräte	
Messung der Stromstärke	**Messung der Spannung**
$I = I_1 = I_2$	$U = U_1 = U_2$
Reihenschaltung	Parallelschaltung
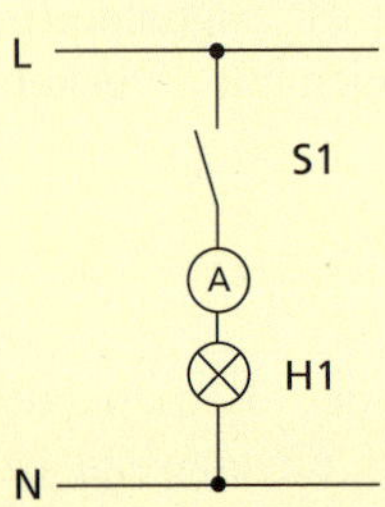	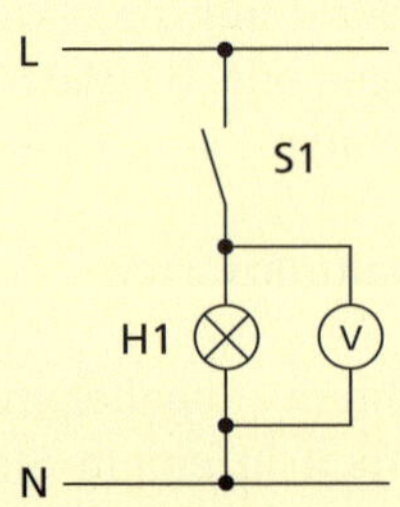

Arbeitsmethode „Fallstudie"

Fallstudien umfassen das selbstständige Finden von Lösungsansätzen zu einem Praxisfall. Nach deren näheren theoretischen und praktischen Untersuchungen wird abschließend die beste Lösung optimiert und präsentiert. Diese kann eine experimentelle Bestätigung erfordern.

- Was sind die Probleme?
- Welche Lösungsmuster bieten sich an?
- Welche Lösungsansätze ergeben sich?
- Was sind deren Stärken und Schwächen?
- Welche der Ansätze sind besonders geeignet?
- Welche Optimierungsmöglichkeiten gibt es?
- Wie sollen die Ergebnisse präsentiert werden?

Beispiel einer technischen Problemstellung

Signalanlagen dienen dazu, die Kommunikation von Informationssendern und -empfängern zu verbessern. Es wird eine einfache zuverlässige Signalanlage benötigt, die eine Übertragung des Morsealphabets oder eines anderen Verschlüsselungscodes ermöglicht. Sender und Empfänger können sich weder direkt sehen noch hören. Der Sender will sicher gehen, dass die gesendeten Signale übertragen worden sind. Deshalb sollen die gesendeten Signale beim Sender und Empfänger angezeigt werden.

Was sind die Probleme?
Welche Bedingungen wurden formuliert?
- Es gibt einen Sender und einen Empfänger.
- Sender und Empfänger können nicht miteinander sprechen, sich sehen oder hören.

Welche Anforderungen werden gestellt?
- Die Anlage soll einfach und zuverlässig sein.
- Die Signalanlage soll einen Verschlüsselungscode übertragen.
- Der Sender will angezeigt bekommen, dass das Signal erfolgreich abgeschickt wurde.

Welche Lösungsmuster bieten sich an?
- Für die Signalübertragung wird ein Übertragungskanal benötigt. Träger können u. a. Licht, Schall, Elektrizität und Wärme sein.
- Die Signalausgabe ermöglicht dem Menschen die Wahrnehmung der übertragenen Signale. Es gibt u. a. optische, akustische und thermische Signale.

Welche Lösungsansätze ergeben sich?
Aufgrund der Anforderungen an die Signalanlage ist die Signalübertragung mittels Elektrizität ein Lösungsansatz, der im Folgenden betrachtet wird.

Welche elektrischen Bauteile sind erforderlich?
- Ein Bauteil zur Signaleingabe:
  Ein handbetätigter Taster unterbricht beim Loslassen selbstständig den Stromfluss.
- Zwei Bauteile zur Signalausgabe:
  Akustische Signalausgaben erfordern z. B. Kopfhörer, damit die Arbeitsumgebung des Empfängers nicht dauerhaft belästigt wird. Eine Glühlampe zeigt die Signale optisch an. Ein mechanischer Zeiger würde zusätzliche Wandler (Elektromagneten) erfordern.
- Bauteile zur Signalübertragung:
  ein- oder mehradrige elektrische Leitungen.
  Zusammenfassung:
  - Die zu entwickelnde Schaltung benötigt
  - eine Spannungsquelle,
  - einen Taster,
  - zwei Glühlampen und
  - eine noch nicht näher bestimmbare Anzahl von Leitungen.

Welche Schaltungsarten sind bekannt?
- Reihen- und Parallelschaltung

Welche Lampengrundschaltungen sind bekannt?
- Aus-, Serien- und Wechselschaltung

Welche Anordnungsmöglichkeiten der Bauteile sind denkbar?
Die einfachste Lampengrundschaltung ist die Ausschaltung (Senderseite = Taster, Empfangsseite = Lampe). Sie muss lediglich um eine Lampe erweitert werden. Diese dient beim Sender zur Anzeige der Signalübertragung und befindet sich in der Nähe des Tasters. Aufgrund der beiden Schaltungsarten sind vier Kombinationsmöglichkeiten und damit vier Schaltpläne denkbar.

Anordnungsmöglichkeiten der Senderlampe	
Anordnung zum Taster	**Anordnung zur Empfängerlampe**
Senderlampe in Reihe zum Taster	Senderlampe in Reihe zur Empfängerlampe
Senderlampe parallel zum Taster	Senderlampe parallel zur Empfängerlampe

Anordnungsmöglichkeiten der Senderlampe H1 zum Taster S1

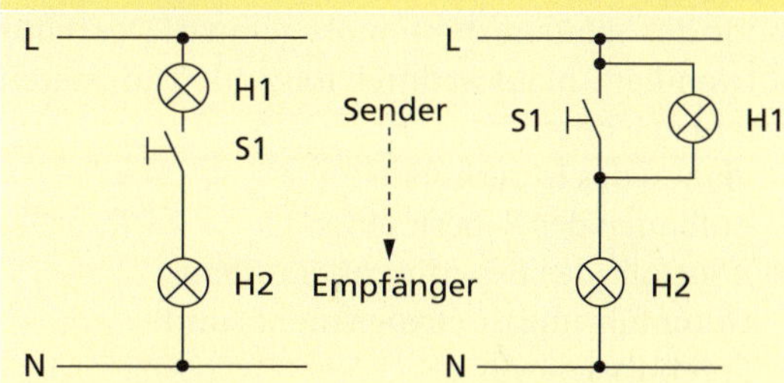

Anordnungsmöglichkeiten der Senderlampe H1 zur Empfängerlampe H2

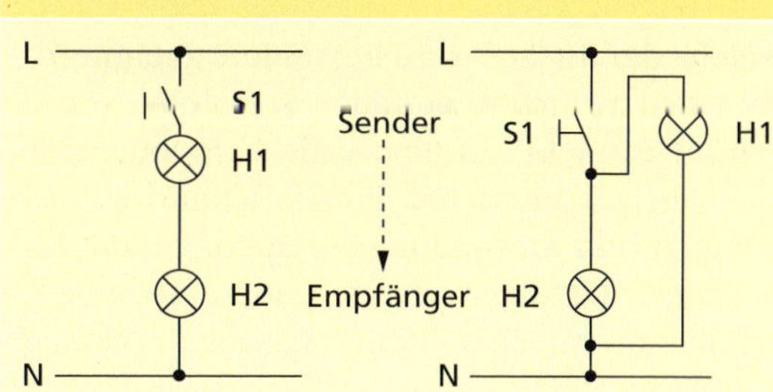

Was sind deren Stärken und Schwächen?
Von den vier Möglichkeiten kann nur eine in der Praxis eingesetzt werden. Deshalb muss ein Vergleich stattfinden. Zunächst sollten theoretische Überlegungen in Form von Vermutungen erfolgen.

Vergleich der Anordnungsmöglichkeiten	
Reihenschaltung	**Parallelschaltung**
H1 in Reihe zu H2 benötigt nur wenig Leitungsmaterial.	H1 parallel zu H2 erfordert durch Leitungsverzweigungen mehr Leitungsmaterial.
Volle Funktionstüchtigkeit ist in beiden Fällen gewährleistet (sichere Signalkontrolle).	S1 parallel zu H1 gewährleistet keine Funktionstüchtigkeit (ständiges Leuchten beider Lampen).
H1 und H2 müssen sich die Spannung teilen (U = U1 + U2).	An jeder Lampe liegt die volle Gesamtspannung an.
Lampen leuchten mit halber Lichtmenge.	Lampen leuchten mit voller Lichtmenge.

Die Richtigkeit der Vermutungen kann nur auf praktischem Wege bestätigt oder widerlegt werden. Dazu wird in diesem Fall die Arbeitsmethode des Schülerexperiments genutzt. Der dafür notwendige Ablauf ist durch folgende Tätigkeiten gekennzeichnet:
- Planen des Experiments,
- Aufbauen des Experiments,
- Kontrolle des Experimentieraufbaus,
- Durchführung des Experiments und
- Ergebnissicherung.

Durch die Experimente konnten die aufgeführten Vermutungen bestätigt werden.

Welche der Ansätze sind besonders geeignet?
Bei der zu realisierenden Signalübertragung kommt es nicht auf eine volle Lampenleistung an. Deshalb muss die Parallelschaltung nicht zwingend zur Anwendung kommen. Ein deutlich geringerer Leitungsverbrauch und eine einfache Installation sprechen für den Einsatz der Reihenschaltung. Die Position von H1 beim Informationssender ist dabei unerheblich.

Welche Optimierungsmöglichkeiten gibt es?
Reduzierungen
Grundsätzlich andere Möglichkeiten der Signalübertragung (z. B. im Funkbereich bei sehr großen Entfernungen oder im Internet bei Nutzung vorhandener Leitungsnetze) könnten Reduzierungseffekte bei der zu verlegenden Übertragungsleitung bringen.

Verbesserungen
Bei der entworfenen Anlage könnten sich die einseitige Nachrichtenübertragung und das ständige Beobachten der Anzeigenlampe durch den Empfänger als Nachteil erweisen, deshalb:
- Einbau eines Rückkanals,
- Einbau eines Hauptschalters für die Anlage,
- Einbau einer zweiten Signalausgabe.

Lösungsvarianten nach erfolgter Optimierung

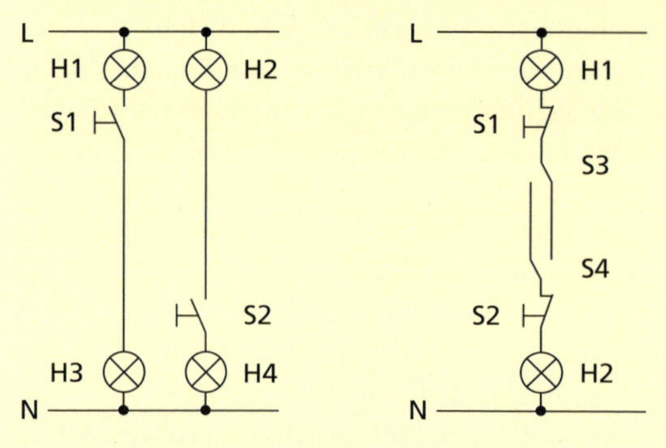

Die linke Lösungsvariante besitzt einen zusätzlichen Rückkanal. Die rechte Variante enthält jeweils einen Hauptschalter (S3 und S4). Als Signaleingabetaster (S1 und S2) werden Öffner verwendet. Bisher verwendete Taster waren Schließer. Diese ermöglichen aber keine Signalübertragung, da sie ständig geöffnet sind. Beide Varianten müssen selbstverständlich auch hier wieder durch Schülerexperimente praktisch überprüft werden.

Wie sollen die Ergebnisse präsentiert werden?
Die Präsentation der Ergebnisse einer Fallstudie sollte mindestens zwei ebenbürtige Lösungen umfassen. Bei technischen Aufgabenstellungen werden Funktionsdemonstrationen empfohlen. Schautafeln, Handzettel oder multimediale Präsentationen fassen die wesentlichen Ergebnisse des Referates zusammen.

3.4 Bewerten gebräuchlicher Kommunikationssysteme

Kommunikationssysteme

Die Kommunikation zwischen Sender und Empfänger kann auf unterschiedliche Art und Weise erfolgen. Heute werden dazu meistens technische Systeme genutzt. Die moderne Kommunikationstechnik eröffnet dem Anwender sehr viele Möglichkeiten.

M **Kommunikationssysteme** umfassen die Gesamtheit aller Möglichkeiten, um Informationen austauschen, bearbeiten und übertragen zu können.

Kommunikationssysteme sind an Medien gebunden, die die zu übertragenden Informationen darstellen. Zu den Medien zählen u. a. Sprache, Symbole, Schriftzeichen, Töne, Musik, Fotos, Filme, Bilder, Zeichnungen, Texte und Abbildungen. Diese Fülle erfordert unterschiedliche technische Geräte und Anlagen. Die erzeugten Signale sollen überwiegend austausch- und speicherbar sein sowie eine sehr gute Wiedergabequalität aufweisen. Digitale Signale erfüllen diese Anforderungen am besten.

M **Daten** sind nach festen Regeln verschlüsselte Informationen, die von technischen Systemen erzeugt, gespeichert, verarbeitet und transportiert werden können.

Kommunikationszentrum Computer
(Kabelverbindung – Funkverbindung – Nutzung von Satelliten)

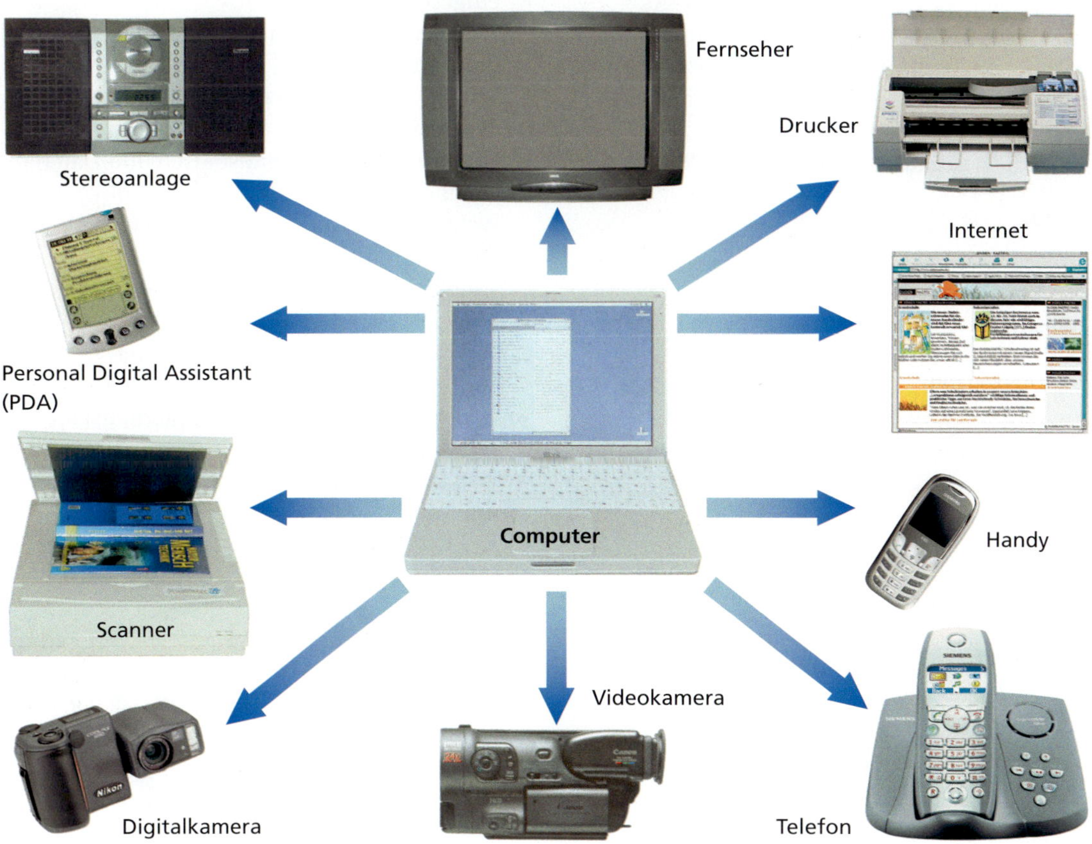

Auf dieser Grundlage ist es möglich, dass unterschiedliche Kommunikationssysteme miteinander kombinierbar sind. Daraus ergibt sich die Notwendigkeit, dass ein technisches Gerät als Kommunikationszentrum wirksam wird.

Im klassischen Sinne ist solch ein Zentrum z. B. ein Telefon. Telefonische Kontakte entstehen u. a. durch Bekannte, Annoncen, Umfragen oder Radio- und Fernsehsendungen. Das vorrangig übertragene Medium ist die menschliche Sprache.

Heute müssen **Kommunikationszentren** multifunktional und multimediafähig sein. Sie bilden praktisch die Schnittstelle zwischen den einzelnen Komponenten unterschiedlicher Kommunikationssysteme (Beispiel Computer). Die Art der Datenübertragung kann dabei sehr unterschiedlich sein, die kabellosen Signalübertragungen bieten dabei viele Vorteile.

Gegenwärtig können neben dem Computer noch weitere Geräte als Kommunikationszentren bezeichnet werden.

Mögliche Ausstattungen von Multifunktionsgeräten	
Handy	**MP3-Player**
Telefon	Musikplayer
Kamera	Fotoanzeige
Internetzugang	Externer Datenspeicher
E-Mail	Kamera
SMS (Kurznachrichtenversand)	Anschluss an Fernsehgeräte
MMS (Bilddatenversand)	Anschluss an Stereoanlagen
Datenverwaltung	Datenverwaltung
Spiele	Spiele
Weckfunktion	Uhr
Taschenrechner	Taschenrechner

Bewertungskriterien

Noch mehr Multimediafähigkeit, Multifunktionalität, mehr Komfort und neue Zusatzgeräte und Technologien kennzeichnen die zahlreichen Produkte und Dienstleistungen der Anbieter der Kommunikationsbranche. Deshalb sollte die Entscheidung für ein Produkt oder eine Dienstleistung stets bewusst getroffen werden. Wichtige Bewertungskriterien von Kommunikationssystemen oder Systemkomponenten sind:

- Wie viele Funktionen bietet das System?
- Welche Funktionen brauche ich?
- Wie hoch ist der Einkaufspreis?
- Welche Betriebskosten fallen an?
- Welchen Übertragungskanal nutzt das zu bewertende System?
- Wie gut ist die Erreichbarkeit der Kommunikationsteilnehmer?
- Wie muss die Qualität der Empfangssignale eingeschätzt werden?
- Welchen Eindruck hinterlässt die Form und die Gestaltung?
- Wie ist die Bedienbarkeit und Menüführung organisiert?
- Wie erfolgt der Datenaustausch und Datenabgleich?
- Welche Maße und welches Gewicht besitzt die Systemkomponente?
- Welche Materialien wurden verwendet?
- Wie viele Stunden reicht der Akku?
- Welche Erweiterungsmöglichkeiten und welches Zubehör gibt es?
- Handelt es sich um eine sicherheitsgeprüfte Technik?
- Welche Dateiformate bzw. Wiedergabesysteme werden unterstützt?

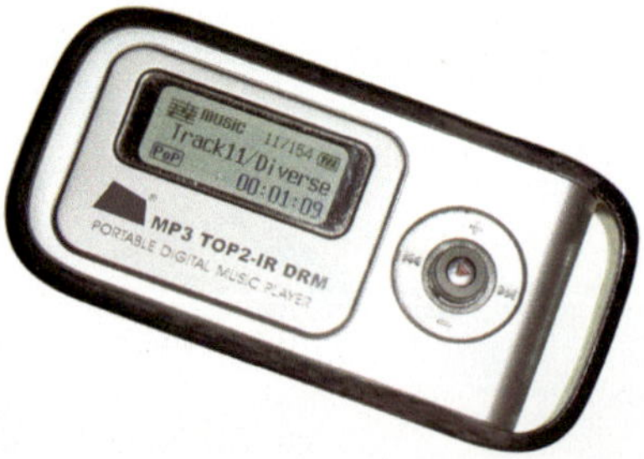

1 MP3-Player mit Radio- und Diktierfunktion

Aufgaben

Kapitel 3.1

1. Vergleiche die Kommunikationsmedien „Briefsendung“, „Telefongespräch“ und „Fernsehsendung“ miteinander!

2. a) Notiere fünf unterschiedliche Anlässe für eine Informationsübertragung!
   b) Ordne den fünf Anlässen je ein Kommunikationssystem zu!
   c) Begründe deine Wahl!

3. Vervollständige die Tabelle durch Zuordnen der im Lehrbuchtext auf den Seiten 71 bis 75 enthaltenen Kommunikationssysteme!

Medienübertragung durch Kommunikationssysteme

Zeichen	Töne	Bilder	Filme

4. Erarbeite einen Kurzvortrag zur Geschichte des Internets mithilfe des Internets!

Kapitel 3.2

5. a) Entwerfe mit einem Partner einen Verschlüsselungscode für Buchstaben und Ziffern!
   b) Stelle den Verschlüsselungscode in einer Tabelle dar!
   c) Schreibe eine codierte Nachricht an deinen Partner mit der Bitte um eine Antwort!

6. a) Vergleiche in einer Übersicht die einseitige, zweiseitige und mehrseitige Informationsübertragung!
   b) Ergänze die Übersicht mit einigen praktischen Beispielen!

7. a) Wie unterscheiden sich analoge von digitalen Signalen?
   b) Begründe, weshalb die Nutzung von binären Signalen zunimmt!

Kapitel 3.3

8. a) Entwerfe einen Schaltplan mit einer kombinierten Reihen- und Parallelschaltung von Lampen!
   b) Baue die Schaltung nach deinem Schaltplanentwurf auf!
   c) Miss die
      – Gesamtspannung,
      – Gesamtstromstärke,
      – Teilspannungen,
      – Teilstromstärken
      aller Lampen!
   d) Trage die Ergebnisse in ein Protokoll ein!
   e) Vergleiche die Ergebnisse des Schülerexperimentes mit den Gesetzmäßigkeiten in der Reihen- bzw. Parallelschaltung und kommentiere sie!

9. a) Entwerfe einen Schaltplan für die kombinierte Übertragung von optischen und akustischen Signalen!
   b) Formuliere eine Einsatzmöglichkeit aus der Praxis für deinen Entwurf!

Kapitel 3.4

10. Erarbeite eine multimediale Präsentation zum Thema „Kommunikationszentrum Computer“!

11. Vergleiche drei Geräte mit unterschiedlicher Ausstattung eines Kommunikationssystems unter Verwendung der Bewertungskriterien auf Seite 86! Nutze Informationsblätter oder das Internet!

Das Wichtigste im Überblick

Entwicklung der Datenübertragung

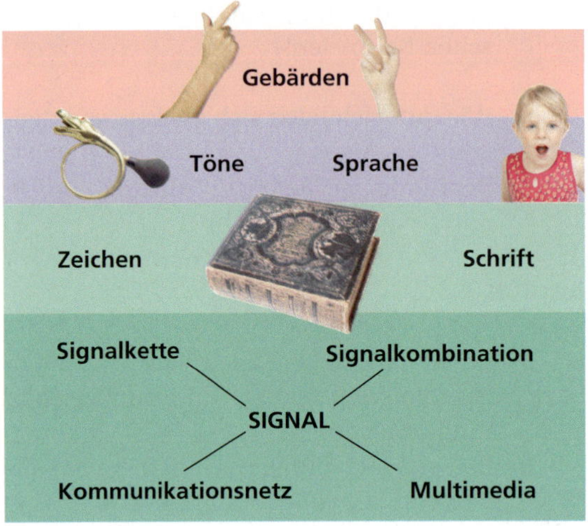

Prinzipien der Nachrichtenübertragung

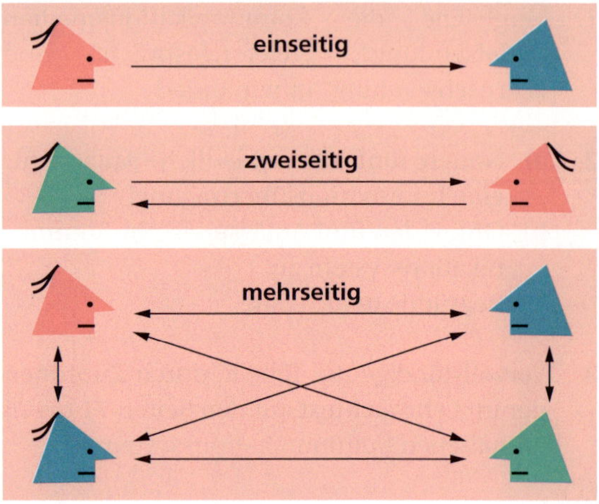

Informationskette

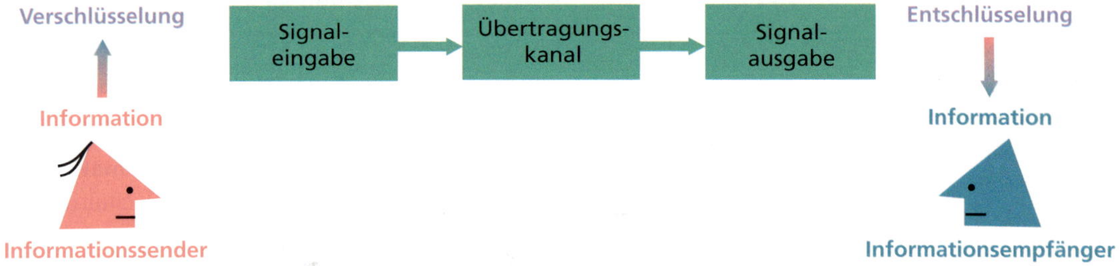

Grundvoraussetzungen der Kommunikation

Kommunikationsteilnehmer	besitzen gemeinsamen Wertevorrat, der eine Verständigung ermöglicht.
Informationssender	kann Informationen in übertragbare Signale wandeln.
Übertragungskanal	kann Signale übertragen.
Informationsempfänger	kann Signale in nutzbare Informationen wandeln.

Grundbegriffe der Nachrichtenübertragung

Information	sind Mitteilungen, Nachrichten, Daten und Messgrößen.
Signale	sind Wertevorräte einer physikalischen Größe, die eine Nachricht beinhalten und weitergeleitet werden.
Verschlüsseln	ist das Umwandeln einer Information in transportfähige Signale.
Entschlüsseln	ist das Rückwandeln von Signalen in gebrauchsfähige Informationen.

4

Transport und Verkehr

Berufskraftfahrer/in

Voraussetzungen sind:

- körperliche Leistungsfähigkeit,
- Gewissenhaftigkeit,
- gute Leistungen in Physik und AWT,
- mindestens Hauptschulabschluss,
- Führerschein.

Was?

Berufskraftfahrer/innen führen Fahrten zur Beförderung von Personen oder Gütern im Reise-, Fern- oder Nahverkehr durch. Sie beachten dabei die Vorschriften im Straßenverkehr und zur Personen- und Güterbeförderung im In- oder Ausland. Die Kontrolle des Fahrzeugs und die Vorbereitung der Transporte einschließlich der Transportpapiere gehört vor jedem Fahrtantritt zu ihren Aufgaben.

Womit?

Es sind Fahrzeuge verschiedener Art zu führen, zum Beispiel Personenkraftwagen, Lastkraftwagen, Sattelzüge, Sonderfahrzeuge für spezielle Güter oder Omnibusse.

Wo?

Berufskraftfahrer/innen sind auf Straßen und Autobahnen mit ihren Fahrzeugen unterwegs. Dabei legen sie während eines Arbeitstages viele Kilometer zurück. Oft werden Übernachtungen auf Rastplätzen notwendig.

Kraftfahrzeugmechatroniker/in

Voraussetzungen sind:

- logisches Denken,
- Hand- und Fingergeschick,
- Gewissenhaftigkeit,
- Kontaktfähigkeit,
- gute Leistungen in Mathe, Physik und AWT,
- mindestens Hauptschulabschluss.

Was?

Kraftfahrzeugmechatroniker/innen analysieren den Zustand von Straßenfahrzeugen, setzen sie instand, prüfen die eingebauten technischen Systeme oder rüsten zusätzlich Sonderausstattungen nach. Sie führen eine Funktionsprüfung durch, übergeben dem Kunden nach ausgeführten Arbeiten das Fahrzeug und weisen ihn in den Umgang mit neuen Bauteilen ein.

Womit?

Es wird überwiegend mit Hebebühnen, Mess- und Prüfwerkzeugen, modernen Diagnosegeräten, Prüfständen für Motoren oder Bremsen, Druckluftschraubern, Achsvermessungsgeräten, Schraub- bzw. Schneidwerkzeugen gearbeitet.

Wo?

Der Arbeitsplatz befindet sich in Werkstätten und im Straßenverkehr.

4.1 Transport und Verkehr gestern und heute

Mobilität zu Lande

Der Mensch war schon immer bestrebt, größere Entfernungen zurückzulegen oder Gegenstände zu transportieren. Seine Fähigkeit, einen schnellen Ortswechsel (räumliche Mobilität) zu vollziehen, ist jedoch eingeschränkt. Unter durchschnittlichen Bedingungen kann er etwa 6 km pro Stunde zurücklegen und Lasten bis zu einigen Kilogramm transportieren.

M Die **Mobilität** des Menschen ist ohne Hilfsmittel begrenzt. Es mangelt ihm an Geschwindigkeit, Kraft und Ausdauer.

Bereits vor unserer Zeitrechnung begann der Mensch damit, diese natürlichen Nachteile auszugleichen.

Aus der Astgabel wurde etwa 6000 v. Chr. der Schlitten, welcher – durch Tiere wie Esel, Stiere oder Hunde gezogen – zum Lastentransport diente. Aus diesem Transportmittel wurde der Ski als hölzernes Fortbewegungsmittel entwickelt.

Das Rad

Von besonderer Bedeutung für die Mobilität der Menschen war die Erfindung des Rades um 3500 v. Chr. im östlichen Mittelmeerraum. Mithilfe von Rädern, die an einem Gestell angebracht wurden (Holzkarren), ließen sich Güter leichter und weiter transportieren.

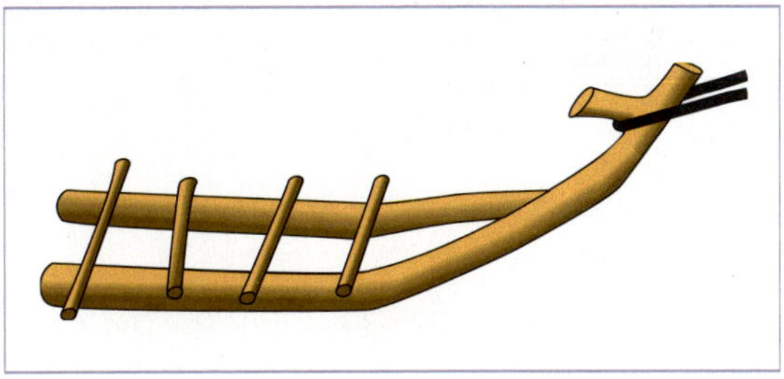

1 Das erste Transportmittel auf dem Land bestand aus einer gezogenen Astgabel.

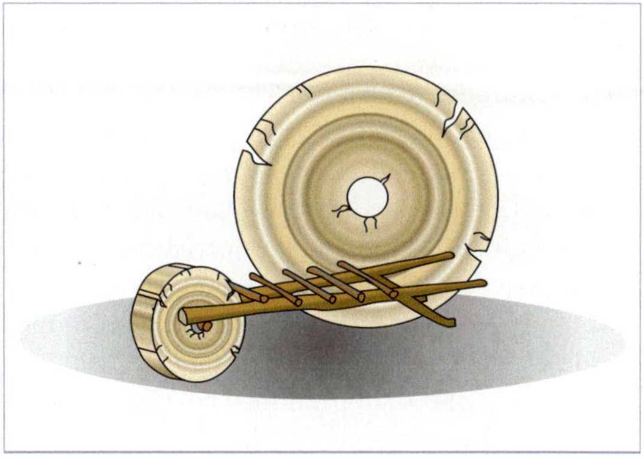

2 Das Rad als Lösung von Transportproblemen

M Die Erfindung des Rades verbesserte die Transportmöglichkeiten entscheidend.

Konstruktiv veränderte sich das Rad im Laufe der Zeit vom Scheibenrad zum Bretterrad. Etwa 1800 v. Chr. wiesen von Pferden gezogene Wagen zu Kriegszwecken erstmalig Speichenräder auf. Mit dem Bau der ersten Straßen standen im Römischen Reich ab 300 v. Chr. ständige und schnellere Transportverbindungen zur Verfügung.

Ochsenkarren und Pferdekutsche wurden in der Folgezeit zu bestimmenden Transportmitteln auf dem Lande. Letztere ermöglichten das Reisen über größere Entfernungen und dienten ab dem 18. Jahrhundert auch dem Posttransport.

3 Römischer Kampfwagen im Einsatz (Reliefabbildung)

Fahrrad

Erste Laufräder wurden 1755 in Deutschland, 1790 in Frankreich und 1794 in Österreich gebaut. Karl Friedrich Drais (1785–1851) entwickelte 1813 das erste lenkbare Laufrad, mit dem er Touren bis 100 km Länge unternahm.

Während schneller Fahrten mit den Laufrädern wurde entdeckt, dass man die Balance trotz angehobener Füße halten kann. Dies führte Mitte des 19. Jahrhunderts zu Laufrädern mit Tretkurbeln. Anschließend erfundene Hochräder sollten die schlechte Übersetzung ausgleichen. Dies gelang aber erst richtig mit dem Bau von Niederrädern, die einen Kettenantrieb besaßen.

Dampfmaschine und Dampflokomotive

Jeder weiß, dass durch siedendes Wasser Dampf entsteht, der den Deckel des Topfes anhebt. Denis Papin (1647–1712) nutzte 1690 erstmals den Dampfdruck zum Heben eines schweren Eisenstücks. Thomas Newcomen (1663–1729) entwickelte 1712 die erste Dampfmaschine mit einer geradlinigen Hin- und Herbewegung, die zum Antrieb von Pumpen in Bergwerken eingesetzt wurde. Dem schottischen Feinmechaniker James Watt (1736–1819) gelang 1782 der Bau einer veränderten Dampfmaschine, die nun die Hin- und

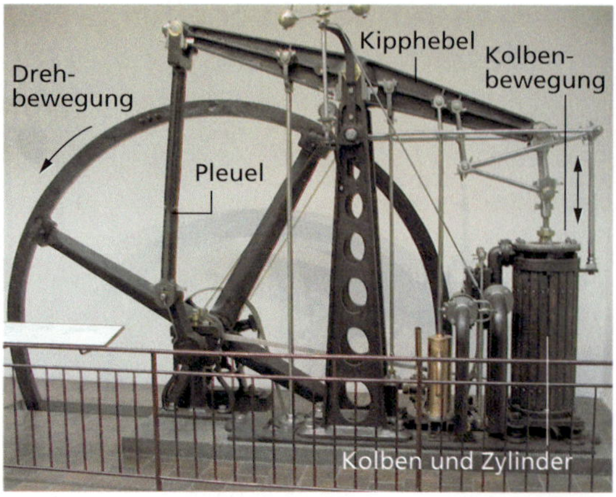

1 Umwandlung der Kolbenbewegung in eine Drehbewegung

Herbewegung des Kolbens (u. a. durch Pleuel und Planetengetriebe) in eine Drehbewegung umwandelte. Damit entwickelte er eine wesentliche Grundlage für moderne Antriebe.

> **M** Die Erzeugung einer Drehbewegung durch **Dampfmaschinen** veränderte die Antriebstechnik grundlegend.

Die von Dampfmaschinen erzeugte Drehbewegung ermöglichte 1801 den Bau einer Dampfkutsche. Rund 30 Jahre später wurden dampfbetriebene Lokomobile zum Pflügen oder Dreschen in der Landwirtschaft eingesetzt. Im Jahre 1803 verwendete man erstmals in einem englischen Kohle-

2 Ein tonnenschweres Lokomobil im Größenvergleich

bergwerk statt der bisher üblichen Pferde eine Dampflokomotive für den Transport auf Schienen. Bis die erste öffentliche Eisenbahnlinie der Welt (Stockton–Darlington, Länge 39 km) eröffnet wurde, sollte es bis zum September 1825 dauern.

Die von ROBERT STEPHENSON (1803–1859) konstruierte und gebaute „Rocket" leitete den Siegeszug der Dampflokomotive ein. Das englische Eisenbahnnetz wurde bis 1848 auf 10 000 km erweitert, was zu einer stürmischen Entwicklung von Produktion, Handel und Transport führte. Ähnlich rasant verbreitete sich die Eisenbahn, seit ihrer ersten Fahrt 1835 von Nürnberg nach Fürth, auch in Deutschland.

Schmalspurbahn im Norden

Die Mecklenburg-Pommersche Schmalspurbahn (MPSB) wurde 1892 in Friedland gegründet. Die verwendete Spurweite von 600 mm ist bis heute die schmalste in Deutschland. Das Schienennetz erstreckte sich auf das Großherzogtum Mecklenburg-Strelitz und die preußische Provinz Pommern. Die MPSB entwickelte sich stetig; im Jahr 1943 wurden 320 000 Personen und 340 000 Tonnen Güter befördert.
Nach 1945 wurden fast alle Gleisanlagen und viele Fahrzeuge als Wiedergutmachung infolge des Zweiten Weltkrieges an die damalige Sowjetunion übergeben. Obwohl man die MPSB später teilweise neu aufbaute, konnte sie ihre frühere Bedeutung nicht wieder erlangen.

1 STEPHENSONS „Rocket" von 1829

Kraftfahrzeuge

Mit der Erfindung des Verbrennungsmotors durch NIKOLAUS AUGUST OTTO (1832–1891) im Jahre 1867 wurde ein neuartiger, kleiner, sofort einsetzbereiter und leistungsstarker Antrieb geschaffen. Er bildete eine Voraussetzung für die Entwicklung von Kraftfahrzeugen und -rädern.

Um 1870 verwendete der Erfinder SIEGFRIED MARCUS (1831–1898) als Erster einen benzingetriebenen Motor mit selbst entwickelter magnetelektrischer Zündung und eigenem Vergaser, den er auf einem einfachen Leiterwagen zum Einsatz brachte. Dieses Gefährt war allerdings für Ausfahrten ungeeignet, da es 756 kg wog und weder über Lenkung, Kupplung und Bremsen noch einen Fahrersitz verfügte.

GOTTLIEB DAIMLER (1834–1900) und WILHELM MAYBACH (1846–1929) entwickelten den Ottomotor so lange weiter, bis dieser 1885 in einem hölzernen Motorrad (Reitrad) eingesetzt werden konnte. Im Herbst 1886 bauten sie einen in Frankreich erfolgreichen, vierrädrigen Kraftwagen. Zuvor jedoch, im Juli 1886, fuhr KARL BENZ (1844 bis 1929) in Mannheim bereits einen 18 km/h schnellen Dreiradwagen mit Ottomotor. Er gilt heute als das erste Automobil.

M GOTTLIEB DAIMLER und KARL BENZ bauten die ersten brauchbaren **Kraftfahrzeuge.**

2 Dreiradwagen von BENZ

1 Historischer Lastkraftwagen von DAIMLERCHRYSLER aus dem Jahre 1910

Ab 1913 wurde der Automobilbau in den USA durch die von HENRY FORD (1863–1947) eingeführte **Fließbandfertigung** beschleunigt. Der daraus resultierende günstige Preis für Autos erhöhte die Nachfrage. Diese ermöglichte den Beginn einer **Massenproduktion,** die man heute in vielen Bereichen der Wirtschaft vorfindet.

Heute gehört ein Pkw zu fast jedem Haushalt, häufig sind es sogar mehrere. Die Mobilität hat sich in den letzten einhundert Jahren enorm verbessert. Dazu tragen auch das Leistungsvermögen der Fahrzeuge, der Fahrkomfort und die erhöhte Sicherheit durch ständige technische Neu- und Weiterentwicklungen bei.

2 Technik eines modernen Pkw

Mobilität zu Wasser

Baumstämme, Flöße und Boote

Baumstämme unterstützten schon früh den Menschen bei der Fortbewegung im Wasser. Bereits 10 000 v. Chr. wurden mehrere Baumstämme zu einem **Floß** zusammengesetzt. Durch Aushöhlen und Ausbrennen eines dicken Baumstammes entstand das erste Boot, der so genannte **Einbaum.** Im östlichen Mittelmeer fand man Gegenstände aus der Zeit um 7500 v. Chr., die nur auf dem Seeweg dorthin gelangt sein konnten.

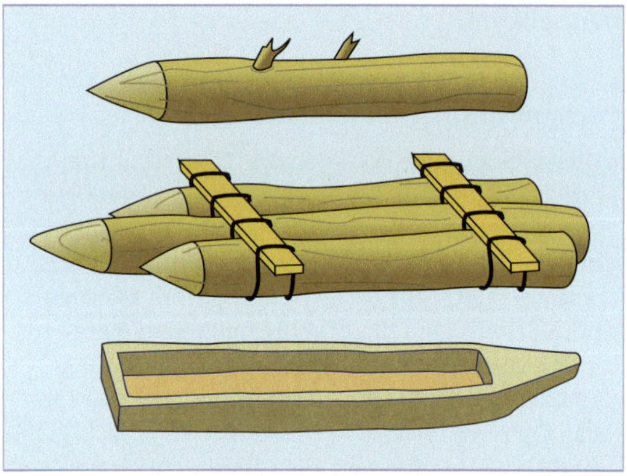

M Als erste Verkehrsmittel im Wasser verwendete der Mensch Baumstämme.

Entwicklung der Wasserfahrzeuge im Altertum	
Zeitraum	**Erfindung**
3500 v. Chr.	Holzschiffe mit Segeln in Ägypten
2000 v. Chr.	Boote mit Ruder statt Paddel
1000 v. Chr.	Segelschiffe mit Kiel, Spanten und Mastkorb (Phönizien)
265 v. Chr.	Schiffe mit vielen Ruderern (Galeeren)
300	Römische Frachtsegler (bis 300 t und 20 m Länge) erreichen eine Geschwindigkeit bis zu 6 Knoten.
700	Drachenboote der Wikinger

Schiffe und Schiffverkehr

Auf dem Seeweg konnte man schneller mehr Güter transportieren als auf dem Landweg. Da immer fernere Ziele angesteuert wurden und die Fahrten länger dauerten, mussten die **Schiffskonstruktionen** ständig verbessert werden. So wurden viereckige durch dreieckige Segel ersetzt und Schiffe mit bis zu drei Masten gebaut. Das am Boot angelaschte **Steuerruder** wurde durch ein am Bootsheck fest montiertes **Heckruder** ersetzt. Das Ruderblatt ist nun drehbar gelagert und wird mit einer Pinne bewegt.

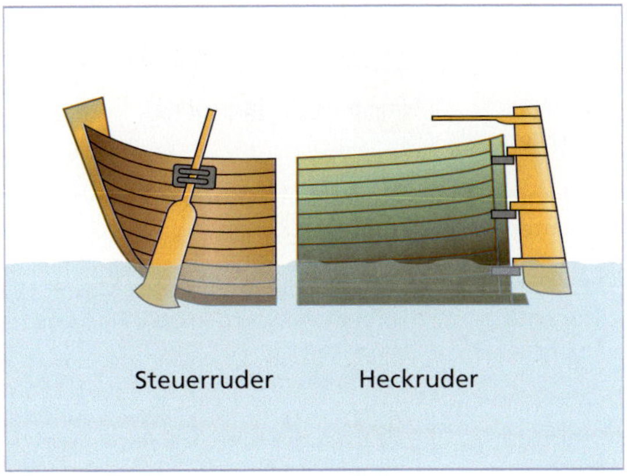

Im Ost- und Nordseeraum wurden **Hansekoggen** gebaut, bei denen die Aufbauten (Kastelle) in den Schiffsrumpf integriert waren.

1 Hansekogge aus dem 14. Jahrhundert

Die von einer **Dampfmaschine** bereitgestellte Drehbewegung veränderte die Seefahrt grundlegend. **Raddampfer** wurden durch große im Wasser befindliche **Schaufelräder** fortbewegt. Teils mit Segeln bestückt, konnten sie im Vergleich mit einem Segelschiff den Atlantik doppelt so schnell überqueren.

M Dampfbetriebene Schiffe waren unabhängig vom Wind und erreichten schnellere Fahrgeschwindigkeiten im Wasser.

Der Einsatz leistungsstarker Dampfmaschinen ermöglichte neue Bearbeitungsverfahren von Metallen. Die Eisen- und Stahlproduktion stieg an, diese Werkstoffe wurden billiger. Das Holz der Schiffsrümpfe wurde durch den stabileren Stahl ersetzt.

Gleichzeitig musste der hölzerne Radantrieb an der Wasseroberfläche an die neuen Schiffskonstruktionen angepasst werden. Dieses Problem löste Sir Francis Petty Smith (1808–1874) mit der Entwicklung eines metallenen **Schiffspropellers,** den er 1836 zum Patent anmeldete.

Dieser Antrieb besaß einen besseren Wirkungsgrad als bislang übliche Radantriebe und wurde bei Schiffsneubauten zunehmend eingesetzt. Das **Segeldampfschiff** „Great Britain" fuhr 1843 als erstes Metallschiff mit einem sechsflügeligen Schiffspropeller.

2 Segeldampfschiff H.M.S. „Great Britain"

Auf einer Rostocker Werft wurde 1851 das erste mit Propeller getriebene Dampfschiff Deutschlands gebaut. 1890 entstand auf der Boizenburger Werft das erste deutsche Motorboot mit einem 2-PS-Motor.

> **M** Neue Metallbearbeitungsverfahren ermöglichten den Bau von großen, stabilen mit **Schiffspropellern** angetriebenen Schiffen.

Mit dem Bau größerer Schiffe begann eine verstärkte Spezialisierung im Schiffsverkehr.

Schiffstypen	
Passagierschiff	Fischfang- und Verarbeitungsschiff
kombiniertes Passagier- und Frachtschiff	Schlepper
Frachter für trockene und flüssige Güter	Eisbrecher

In den USA entwickelten sich Landwirtschaft und Industrie schnell. Verstärkte Handelsbeziehungen und unzählige europäische Auswanderer ließen die Nachfrage nach regelmäßigen Schiffsverbindungen zwischen den USA und Europa ansteigen. Um 1900 baute man deshalb immer größere und schnellere **Passagierschiffe,** jede Reederei wollte die beste sein. Eine Jagd nach Geschwindigkeitsrekorden begann, die viele Opfer forderte. Das bekannteste ist die legendäre 270 m lange und 260 000 t schwere „Titanic“, die auf ihrer ersten Fahrt mit einem Eisberg kollidierte. Sie sank und 1500 Menschen mussten sterben.

Nach dem Zweiten Weltkrieg bekamen die Schifffahrtslinien durch die aufstrebende Luftfahrt ernsthafte Konkurrenz. Mit ihrer sinkenden Bedeutung verringerte sich Anzahl und auch Größe der Passagierschiffe. Zu den wenigen Ausnahmen zählt heute die 345 m lange und 72 m hohe „Queen Mary 2“. Auf dem größten Passagierschiff der Welt arbeiten 1 254 Besatzungsmitglieder für bis zu 2 620 Passagiere.

1 Die „Queen Mary 2“ macht Station in Hamburg.

Spezialisierung bei Gütertransportschiffen

Art des Frachters	Transportgut (Beispiele)
Stückgut-Frachter	– Wein, Rum, Gewürze in Behältern und Kisten
Massen-Stückgut-Frachter	– Feinbleche, Eisendraht, Maschinen in Paketen, Kisten, Kartons, Paletten – Getreide in Säcken
Schüttgut-Frachter	– Erz, Sand, Kohle, Getreide, Kies, Bauxit, Reis
Containerschiffe	– Transportgüter in genormten Containern
Fähren	– beladene Fahrzeuge – beladene Eisenbahnwaggons
Tankschiffe	– flüssige Chemikalien, Pflanzenöl, Rohöl/Erdöl

Große Seeschiffe eröffneten jedoch neue Dimensionen im Gütertransport. Spezielle **Transportschiffe** (Frachter) konnten umfangreiche Ladungen aufnehmen und so den gewachsenen Handelsinteressen gerecht werden. Besonders effektive Transporte werden heute mittels Containerschiffen durchgeführt. Die genormten Abmessungen der **Container** (quaderförmige Metallbehälter) gestatten eine optimale Raumausnutzung, da Leerräume im Laderaum und an Deck kaum auftreten. Das Be- und Entladen erfolgt im

1 Beladen eines Containerschiffes

Gegensatz zu traditionellen Verfahren sehr zeitsparend. Die gegenwärtig größten Containerschiffe können mehr als 8000 Container aufnehmen.

M Größere und schnellere Schiffe trugen zum Aufschwung des Welthandels und des Reiseverkehrs bei.

Fährverkehr

Die Anfänge einer kontinuierlich verkehrenden Schiffslinie, der so genannten „Königslinie", zwischen Saßnitz/Rügen und Trelleborg/Schweden reichen bis in das Jahr 1673 zurück. Ein Postdampfschifffahrtsvertrag wurde 1824 abgeschlossen. Nach dem Ausbau des Eisenbahnnetzes begann am 6. Juli 1909 ein Fährverkehr für Eisenbahnwaggons auf der mit 110 km kürzesten Verbindung zwischen beiden Ländern.
Nach dem Zweiten Weltkrieg gab es unter Einbeziehung der Fähre eine internationale Schnellzugverbindung zwischen Schweden und der DDR. Seit 1998 legen die Fähren im neuen Fährhafen Mukran auf Rügen an.

Im **Gütertransport** entwickelten sich vor allem **Öltanker** durch ständig größere Aufnahmekapazitäten zu „Supertankern" mit über 500 000 Tonnen Tragfähigkeit. Technische Mängel, Navigationsfehler, Unwetter oder schlecht ausgebildete Mannschaften führen häufig zu Haverien. Auslaufende Ölmengen verursachen lokale Umweltkatastrophen. Neben anderen Maßnahmen zum Schutz der Umwelt werden ab 2015 deshalb nur noch Öltanker mit einer zweiten Hülle (Doppelwand) zugelassen.

Mobilität in der Luft

Ballons und Luftschiffe

Heiße Luft steigt infolge ihrer geringeren Dichte nach oben. Stoffhüllen können die Heißluft zusammenhalten und ein angehängter Korb ermöglicht dem Menschen den Aufstieg in die Atmosphäre, was den Brüdern JACQUES ÉTIENNE (1745 bis 1799) und JOSEPH MICHAEL DE MONTGOLFIER (1740–1810) am 5.6.1783 als Erste gelang.

Noch im selben Jahr benutzte JACQUES ALEXANDRE CÈSAR CHARLES (1746–1823) Wasserstoff, der eine größere Tragfähigkeit besitzt, für eine Ballonfahrt. Allerdings lässt sich ein **Ballon** nicht steuern, er folgt somit den herrschenden Windrichtungen. Ändern sollte sich dies erst mit der Verlängerung der Ballons zu Luftschiffen, die einen Antrieb erhielten und damit lenkbar waren.

2 Ballonaufstieg der Brüder MONTGOLFIER

1 Die LZ 1 über dem Bodensee

Nach Versuchen mit Dampfmaschinen, die aber zu schwer waren, wurden ab 1890 Verbrennungsmotoren als Antriebsmaschine verwendet. FERDINAND GRAF ZEPPELIN (1838–1917) ließ im Juli 1900 am Bodensee die „LZ 1“ als erstes **Starrluftschiff,** dessen Hülle von einer Metallkonstruktion getragen wurde, aufsteigen. Weitere 24 Luftschiffe sollten bis 1914 folgen. Während des Ersten Weltkrieges wurden 79 der 101 Heeres- und Marineluftschiffe zerstört.

Das erfolgreichste Luftschiff aller Zeiten, die 230 m lange „LZ 127 Graf Zeppelin“, wurde 1928 gebaut. Es legte eine Gesamtstrecke von 2000000 km zurück. Dabei fuhr es u. a. nach Nord- und Südamerika (Linienverkehr), zum Nordpol, nach Afrika und absolvierte 1929 eine Weltumrundung. Der nachfolgende Bau, die noch größere „LZ 129 Hindenburg“ explodierte im Mai 1937 bei der Landung. Dabei fanden 35 Menschen den Tod – die **Passagierluftschifffahrt** wurde eingestellt.

Anfänge des Fliegens

Eine andere Möglichkeit der Mobilität in der Luft eröffneten Fluggleiter. Der in Anklam geborene OTTO LILIENTHAL (1848–1896) beobachtete den Flug der Vögel und versuchte diesen mithilfe selbst gebauter Flugapparate (s. Abb. unten) nachzuvollziehen. Im Verlaufe seiner 18 Jahre dauernden intensiven Studien und praktischen Versuche erkannte er die Gesetze der Aerodynamik.

M Die **Aerodynamik** ist die Lehre von der Bewegung im offenen Luftraum.

Seine **Fluggleiter** steuerte LILIENTHAL durch Verlagerung des Körperschwerpunktes. Er führte insgesamt mehr als zweitausend Flugversuche durch. Im Sommer 1896 stürzte er aus 10 m Höhe ab und verunglückte dabei tödlich.

Motorflug

Die Vorleistungen LILIENTHALS konnten die Brüder WRIGHT (WILBUR, 1867–1912; ORVILLE, 1871 bis 1948) in den USA für ihren ersten **Motorflug** am 17.12.1903 nutzen. Nach dem Bau von Gleitern ab 1899 gingen sie 1903 zum Einsatz von Motoren über. Da marktübliche Motoren nicht tauglich waren, konstruierten sie einen eigenen, nur 110 kg schweren 9-kW-Benzinmotor.

Der zeitweise mit LILIENTHAL zusammenarbeitende GUSTAV WEISSKOPF (1873–1927) gilt heute als der erste Motorflieger, da ihm schon 1901 zwei Motorflüge gelangen. Im Folgejahr flog er 11 km in mehr als 100 m Höhe. Seine Flüge gerieten aber für Jahrzehnte in Vergessenheit.

Der erste Motorflug in Europa wurde von TRAIAN VUIA (1872–1950) im Jahre 1906 vollzogen. Sein Motorflugzeug hüpfte 12 m weit. Im Oktober 1908 flog der Brite HENRY FARMAN (1874–1958) in 20 Minuten eine Strecke von 27 km.
Der bekannteste deutsche Flieger jener Zeit war HANS GRADE (1879–1946). Er entwarf seine Flugzeuge selbst, baute ein Flugzeugwerk, bildete Piloten aus und organisierte Postflüge.

Entwicklung der Luftfahrt

Jahr	Ereignis
1901	Motorflug von GUSTAV WEIßKOPF
1909	Überquerung des Ärmelkanals
1913	Flug von Frankreich nach Tunesien über das Mittelmeer (729 km)
1918	regelmäßige Luftpostlinie „Paris–St. Nazaire"
1919	Passagierflugzeug „F 13" von HUGO JUNKERS (1859–1935): 160 km/h; 500 km Reichweite; 4 Passagierplätze – Beginn der zivilen Luftfahrt
1919	Gründung der ersten staatlichen Fluggesellschaft (KLM/Niederlande)
1919	Luftlinie „Paris–London"
1919	erste private Fluggesellschaft (SCADTA/Kolumbien)
1919	Überquerung des Nordatlantik (West-Ost)
1929	Beginn des Katapultflugpostdienstes Europa–Nordamerika
1929	Weltrundfahrt der „LZ 127 Graf Zeppelin"
1929	Nachtflugbetrieb „Paris-London"
1930	Überquerung des Südatlantik
1939	funktionstüchtiger Hubschrauber
1956	erstes erfolgreiches Düsenverkehrsflugzeug „TU 104" (100 Passagierplätze)
1957	Transatlantikverkehr mit vierstrahliger „Boeing 707" (189 Passagierplätze)
1970	zweistöckiger Jumbo-Jet „Boeing 747" (385 Passagierplätze)
1972	erster Airbus A 300 (336 Passagierplätze)
1976	Liniendienst des Überschallflugzeugs „Concorde" (144 Passagierplätze)
1986	Nonstop-Weltrundflug
2005	dreistöckiger Airbus A 380 (555 Passagierplätze)

Flugzeugbau in Mecklenburg

Der Holländer ANTHONY FOKKER (1890–1939) errichtete 1913 eine Flugzeugfabrik in Schwerin, in der überwiegend Jagdflugzeuge gebaut wurden. Nach dem Ersten Weltkrieg baute FOKKER auch erfolgreich Doppel- und Dreideckerflugzeuge.

Mit ERNST HEINKEL (1888–1958) ließ ein anderer Konstrukteur ein Flugzeugwerk in Rostock bauen. HEINKEL stellte 1933 mit der „He 70" ein Flugzeug vor, das mit seiner Aerodynamik, Rekordgeschwindigkeiten (maximal 350 km/h) und dem einziehbaren Fahrwerk neue Maßstäbe im Flugzeugbau setzte. Durch den Erfolg seiner Flugzeuge wuchs das Werk bis 1939 auf 9 000 Mitarbeiter an. Besondere Verdienste HEINKELS sind das erste Düsenflugzeug („He 178" mit 700 km/h) der Welt und der Schleudersitz.

Für die Entwicklung der Luftfahrt war die Antriebstechnik mit entscheidend. Die **Kolbenmotoren** der ersten **Metallflugzeuge** erlaubten nur Reisegeschwindigkeiten zwischen 150 und 250 km/h, so dass ausschließlich kurze Entfernungen ohne Zwischenstopp möglich waren. Deshalb setzte um 1938 mit der Entwicklung neuer Antriebsaggregate die Ablösung der **Propellerflugzeuge** ein.

Turbinentriebwerke erreichen größere Schubkräfte, welche höhere Fluggeschwindigkeiten, längere Flugstrecken und den Bau größerer Flugzeuge ermöglichen.

Triebwerke

- Kolbentriebwerke (Kolbenmotor)
  - Sternmotor
  - Reihenmotor
  - Boxermotor
- Gasturbinentriebwerke (Kraftstoff-Luft-Gemisch)
  - Strahltriebwerk (Rückstoßprinzip)
  - Wellentriebwerk (Propellerturbine)

1 Strahltriebwerk

Weltraumfahrt

Die Eroberung des Weltraums war wie die der Lüfte, auch ein langwieriger Prozess. Dabei spielte die Raketentechnik eine bedeutende Rolle. Schon 970 setzten Chinesen Feuerwerksraketen ein. Spätere, bis ins 19. Jahrhundert militärisch genutzte **Feststoffraketen** hatten meist nur eine geringe Wirkung. Dennoch wurden damit wichtige Erkenntnisse gewonnen, auf die man aufbauen konnte.

KONSTANTIN ZIOLKOWSKI (1857–1935) begann 1895 mit seinen ausschließlich theoretischen Arbeiten zur künftigen Raumfahrt und beschrieb u. a. die Vorteile der **Mehrstufenrakete** und das Aussehen von Weltraumstationen.

Der Amerikaner ROBERT GODDARD (1882–1945) wendete sich erst 1912 der **Raketentechnik** zu. Nachdem er sich 1920 für den Einsatz von **Flüssigkeitsraketen** entschied, erfolgte 1926 ein erster Start (Flugdauer 2,6 s; Flughöhe 13 m). Neun Jahre später flogen seine Raketen 2300 m hoch und 4000 m weit.

Der deutsche Konstrukteur WERNHER VON BRAUN (1912–1977) begann ab 1936 in Peenemünde mit der Entwicklung militärischer Fernraketen. Im Oktober 1942 gelang der erste erfolgreiche Aufstieg der 14 m langen „A4“ (auch „V2“ genannt). In der Folgezeit wurden über 5000 dieser Flüssigkeitsraketen gebaut, die ab 1944 Ziele in Großbritannien zerstörten und dabei viele Zivilisten in den Städten töteten.

Nach dem Zweiten Weltkrieg wurden die Entwicklungen auch auf einen Güter- und Personentransport in den Weltraum ausgerichtet. Eine russische Rakete brachte 1957 den ersten künstlichen **Erdsatelliten** „Sputnik 1“ in seine Umlaufbahn. Es folgte 1961 der erste bemannte Flug durch JURI GAGARIN (1934–1968). Die amerikanischen Astronauten NEIL ARMSTRONG (geb. 1930) und EDWIN ALDRIN (geb. 1930) betraten 1969 als erste Menschen den Mond.

Mit der Schaffung von Weltraumstationen ab 1971 („Saljut“, „Skylab“,„Mir“ und „ISS“) wurden Langzeitflüge möglich. Da die Besatzungen ständig wechseln müssen, wurden spezielle Transporter notwendig. Neben den normalen **Raumkapseln** werden **Raumfähren** eingesetzt, welche als Rakete starten, als Raumschiff im All fliegen und wie Flugzeuge auf die Erde zurückkehren. Sie sind somit weitgehend mehrfach nutzbar.

M Mit der Errichtung von Weltraumstationen erreichte die Raumfahrt eine neue Qualität.

2 Raumstation MIR

Arbeitsmethode „Vortragen einer Multimediapräsentation“

Diese Art der Präsentation beinhaltet die multimediale Darstellung eines Themas. Dabei enthalten die einzelnen Übersichten inhaltliche Schwerpunkte, die der Referent/die Referentin erläutern muss. Fragen des Publikums werden beantwortet.

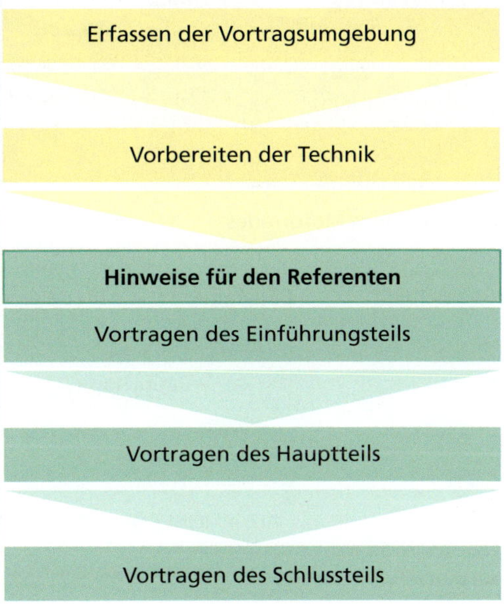

Erfassen der Vortragsumgebung

Die Vortragsumgebung sollte optimale Bedingungen zur Informationsaufnahme für das Publikum aufweisen. Der Referent/die Referentin sollten sich daher zuvor einen persönlichen Eindruck von der Raumgröße, der Akustik, den Lichtverhältnissen, den Stromanschlüssen und der Anordnung der Stühle bzw. Tische verschaffen.

Vorbereiten der Technik

- Funktionstüchtigkeit der Technik überprüfen
- Bildgröße und Bildhelligkeit einstellen
- angemessene Lautstärke beachten
- Zeigemöglichkeiten (z. B. Maus, Laserpointer) prüfen

Hinweise für den Referenten

Vortragen des Einführungsteils

- Warte, bis Ruhe im Raum eingekehrt ist und du das Gefühl hast, dass alle Anwesenden bereit sind, dir zuzuhören!
- Stelle Blickkontakt mit dem Publikum her!

Vortragen des Hauptteils

- Achte auf das richtige Tempo während des Vortragens! Bilder und akustische Elemente müssen synchron laufen.
- Nutze den Mauszeiger zum Anzeigen!
- Spreche sehr deutlich!
- Schaue auf einen Stichwortzettel nur, wenn es unbedingt notwendig ist!
- Unterbreche die einzelnen Abschnitte des Vortrages mit einer kleinen Pause von einigen Sekunden!

Vortragen des Schlussteils

- Fasse Wesentliches zusammen!
- Nutze Bilder, Übersichten, Aufzählungen bzw. Tabellen!
- Stelle einen persönlichen Bezug zum Thema her!
- Gib dem Publikum die Möglichkeit, Fragen zu stellen!
- Bedanke dich für die Aufmerksamkeit!

Hinweise für das Publikum

- Nimm deinen Hefter und einen Schreibstift!
- Konzentriere dich auf den Vortrag!
- Notiere dir auffällige inhaltliche Fehler!
- Notiere dir auffällige gestalterische Fehler!
- Überlege dir passende Fragen?

4.2 Grundsätzlicher technischer Aufbau eines Fahrzeuges

Allgemeiner Aufbau

Die Funktionsorgane eines Motorrades sind besonders gut sichtbar. Man kann leicht erkennen, dass sie aus **Baugruppen** (z. B. Motor, Getriebe, Kupplung) zusammengesetzt sind, die aus nicht weiter zerlegbaren **Bauelementen** (z. B. Schrauben, Muttern, Gehäuseteile) bestehen.

Das allgemeine Blockschema der **Funktionsorgane** (s. Seite 51) lässt sich auf alle Transportmaschinen anwenden.

1 Aufbau eines Motorrades

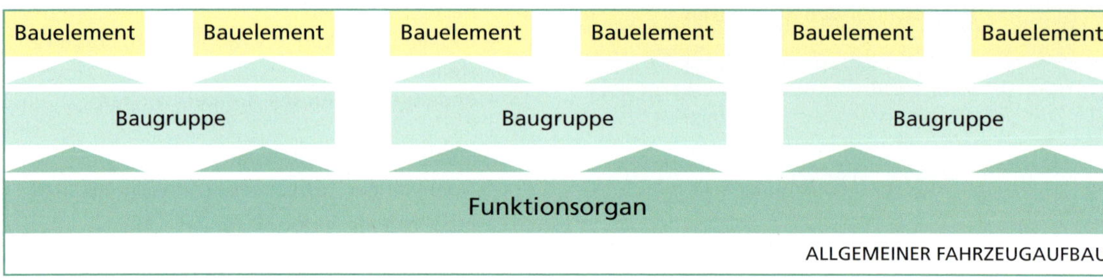

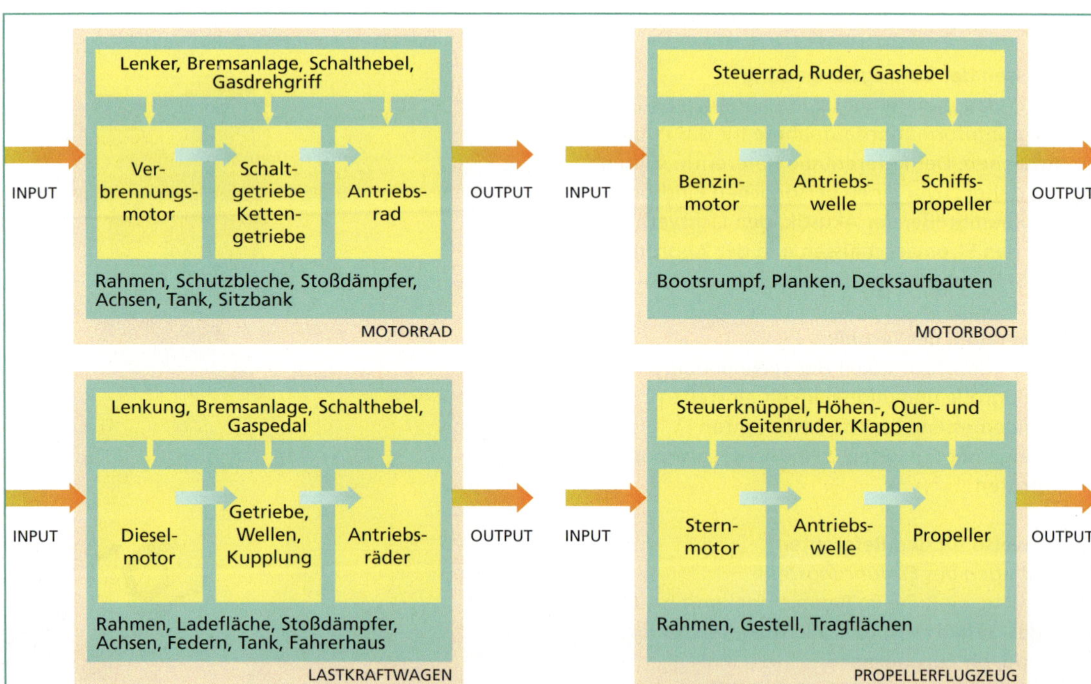

Typische Funktionsorgane

Antriebsorgan Verbrennungsmotor

Der Antrieb von Kraftfahrzeugen erfolgt überwiegend durch **Verbrennungsmotoren,** da diese den Brennstoff in einem Tank im Fahrzeug mitführen können. Alternative Antriebstechnologien befinden sich gegenwärtig noch im Entwicklungs- bzw. Teststadium.

M Der Verbrennungsmotor stellt die zur Fortbewegung benötigte Energie durch Umwandlungsprozesse bereit.

Die bedeutendsten Verbrennungsmotoren sind der Viertakt-**Ottomotor** und der Viertakt-**Dieselmotor.** Im Grundaufbau unterscheiden sich beide kaum. Der Ablauf der vier Takte eines Viertaktmotors wird als Arbeitsspiel bezeichnet und bewirkt zwei Umdrehungen der Kurbelwelle. In einer Minute kommt es je nach Betätigung des Gaspedals zu etwa 1000 bis 5000 Umdrehungen.

Vergleich von Verbrennungsmotoren

Merkmal	Ottomotor	Dieselmotor
Gemischbildung	äußere	innere
Zündung	Fremdzündung mit Zündkerze	Eigenzündung
Zündstoff	Benzin-Luft-Gemisch	Dieselkraftstoff und im Zylinder befindliche Luft
Zündtemperatur	400–600 °C	600–900 °C
Verdichtungsdruck	10–15 Bar	30–50 Bar
Wirkungsgrad	ca. 30 %	ca. 40 %

1 Blick in einen geschnittenen Verbrennungsmotor

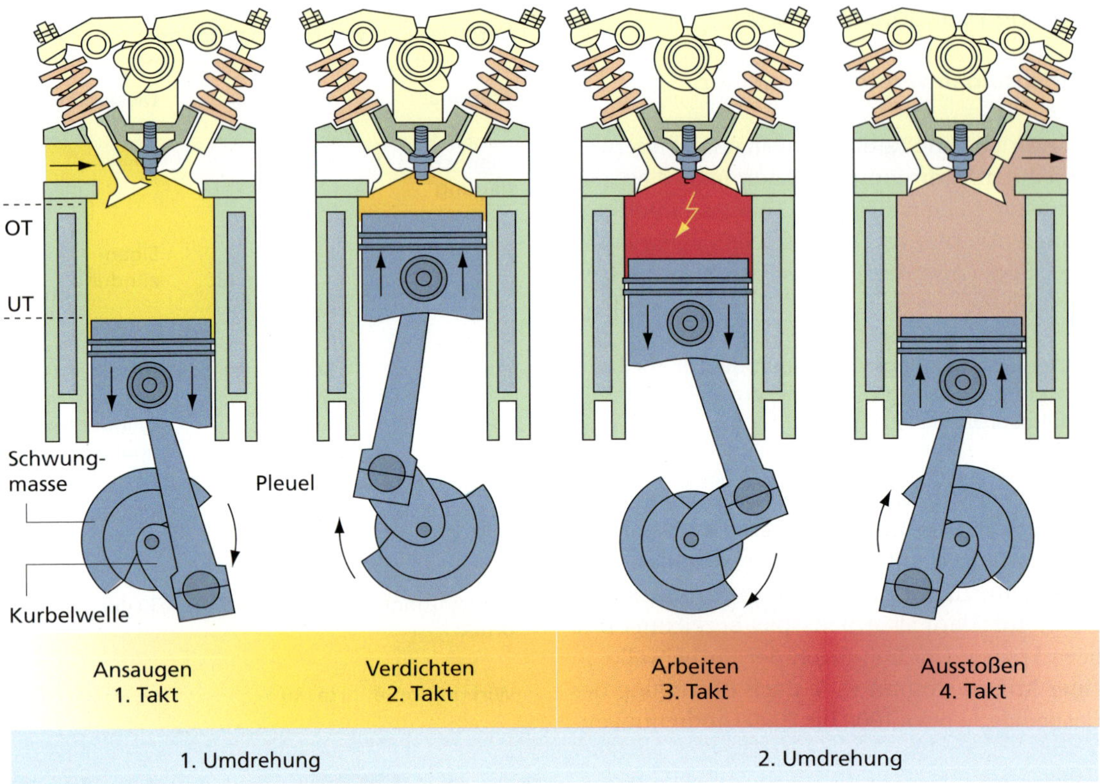

1 Arbeitsspiel eines Viertakt-Ottomotors

Übertragungsorgan Schaltgetriebe

Die vom Motor erzeugte Drehbewegung kann nicht für alle Fahrsituationen genutzt werden. Fortbewegungskraft und Fahrgeschwindigkeit sind zum Beispiel für eine Bergauffahrt anders als für die Bergabfahrt. Viele Fahrzeuge müssen rückwärts fahren können. Die Kurbelwelle dreht sich aber nur in eine Richtung. Die Anpassung an die beschriebenen Fahrsituationen übernimmt das **Schaltgetriebe.** In Kraftfahrzeugen werden manuell betätigte oder automatische Schaltgetriebe verwendet.

M Das **Schaltgetriebe** leitet die Drehbewegung vom Motor weiter und passt sie dabei den Erfordernissen an.

Die Anpassung wird durch Wandlung von Drehzahlen, Drehrichtungen und Drehmomenten erreicht. Ein **Drehmoment** entsteht, wenn über einen Hebel (Radius) an einer Welle oder einem Zahnrad eine Kraft tangential wirkt. Durch diese Umfangskraft wird das Bauteil gedreht.

Drehbewegung

Kurzzeichen: M_d
$M_d = F_u \cdot r$
Einheit: 1 Nm

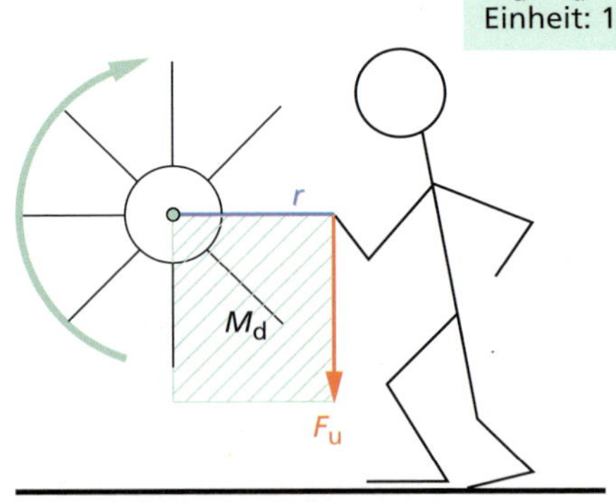

2 Entstehung eines Drehmoments

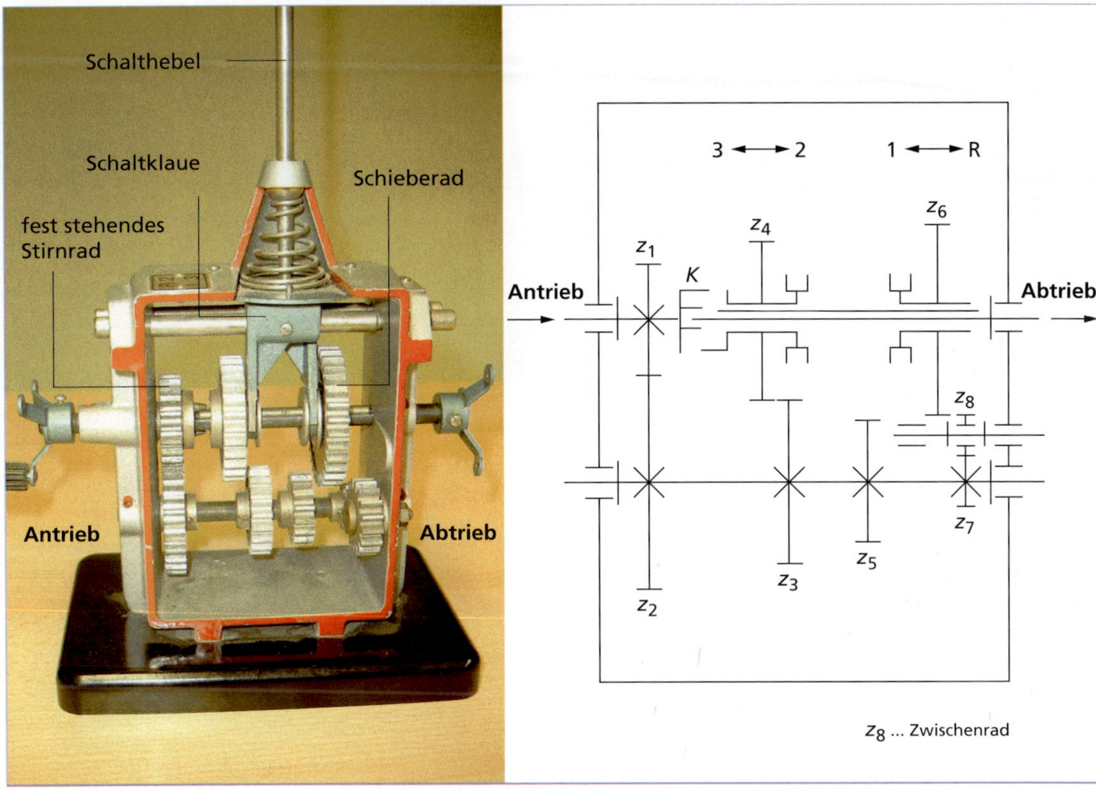

1 Prinzipdarstellung eines schaltbaren Getriebes

> **M** Das **Drehmoment** ist das Produkt aus der Umfangskraft F_u und dem senkrechten Abstand r zum Drehmittelpunkt.

Im Schaltgetriebe wird zum Anfahren im 1. Gang eine Übersetzung der Drehbewegung auf ein großes Zahnrad vorgenommen. Dies hat eine Drehmomentenerhöhung an den Antriebsrädern zur Folge, so dass die Trägheit des Fahrzeuges überwunden werden kann. Gleichzeitig werden aufgrund der **Übersetzung** nur geringe Fahrgeschwindigkeiten wirksam. Bei höheren Gängen verringert sich das Drehmoment durch Änderung der im Eingriff stehenden Zahnräder mit immer kleiner werdenden Radien, die Drehzahl wird dementsprechend größer.

> **M** Das Drehmoment ist ein Maß für die Drehwirkung einer Kraft.

Eine **Drehrichtungsänderung** wird in einem Getriebe durch ein drittes Rad erreicht (s. Abb. 1). Dieses wird **Zwischenrad** genannt und ist in einem Kfz-Getriebe für den Rückwärtsgang nötig.

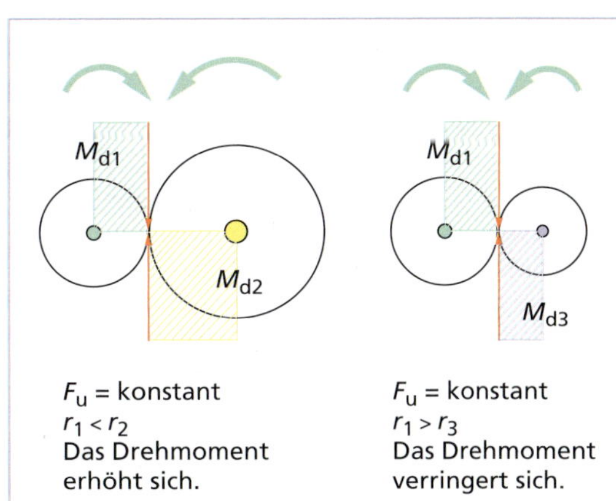

2 Veränderung des Drehmoments im Getriebe

Übertragungsorgan Kupplung

Einige Fahrsituationen von Kraftfahrzeugen, wie das Anfahren und Fahren, erfordern eine Kraftübertragung; andere, wie das Anhalten und Schalten, eine Unterbrechung des Energieflusses. Durch den Einsatz von schaltbaren Kupplungen werden die dazu notwendigen Schaltvorgänge des Getriebes erst ermöglicht.

M Eine **Kupplung** überträgt die Energie vom Motor zum Getriebe und unterbricht diesen Energiefluss bei Bedarf.

1 Blick in ein Kraftfahrzeug-Schaltgetriebe

Kupplungen

Kupplungen werden in der Technik oft zur Verbindung von Wellen verwendet. Weiterhin schützen sie bei Überlastung die teuren Baugruppen, wie Getriebe. Dazu werden z. B. Kupplungsstifte bzw. -schrauben so auswählt, das diese bei Überlastung durch Abscherung zerstört werden.

Bezeichnung	**Merkmale**
nicht schaltbare Kupplungen	
Stiftkupplung 	zur starren Verbindung fluchtender Wellen (Stifte verbinden)
Gelenkkupplung 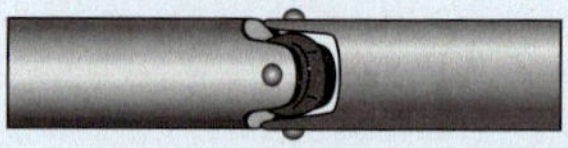	zur beweglichen Verbindung sich schneidender Wellen (Stifte verbinden)
Scheibenkupplung 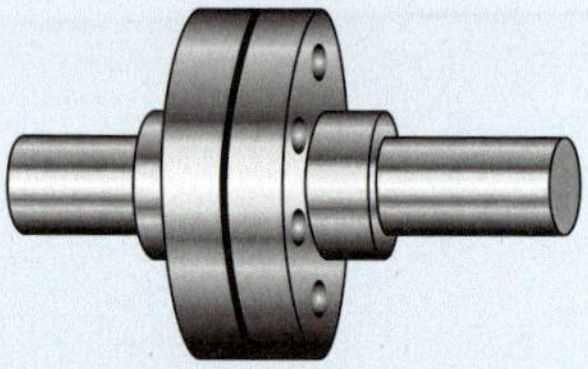	zur Übertragung großer Drehmomente (Schrauben verbinden)
schaltbare Kupplungen	
Reibscheibenkupplung 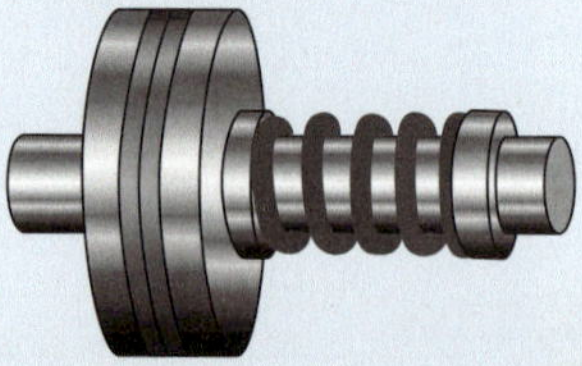	zur wahlweisen Verbindung fluchtender Wellen (Anpresskräfte einer Feder verbinden)

In Kraftfahrzeugen werden spezielle **Reibscheibenkupplungen** verwendet. Diese besitzen mehrere starke Federn, welche die notwendige Anpresskraft aufbringen, um die erforderliche Haftreibung zu gewährleisten. Beim Betätigen der Kupplung wird die axial bewegliche Kupplungsscheibe von der fest stehenden Kupplungsscheibe (mit Kupplungsbelag) getrennt. Die Anpresskraft ist nun aufgehoben und somit die Energieübertragung unterbrochen. Anschließend kann z. B. ein Schaltvorgang am Schaltgetriebe ausgelöst werden.

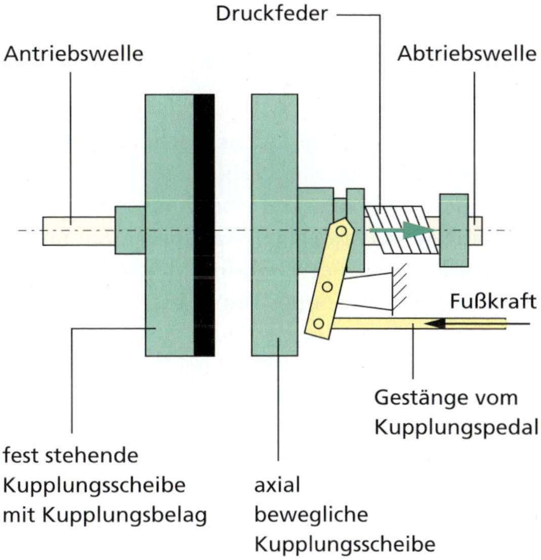

1 Reibscheibenkupplung (stark vereinfacht): ausgekuppelter Zustand – Kupplung betätigt

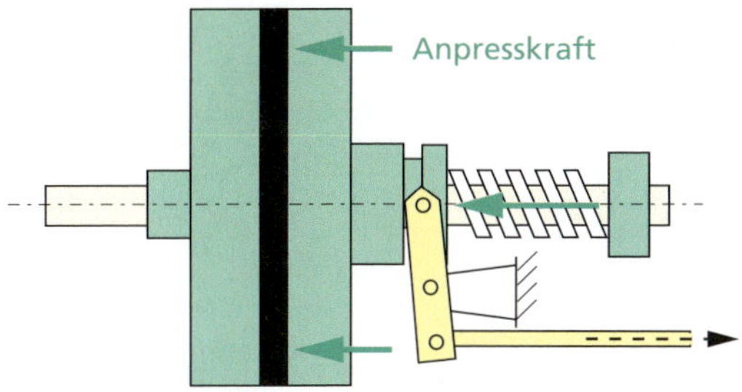

2 Reibscheibenkupplung (stark vereinfacht): eingekuppelter Zustand – Kupplung nicht betätigt

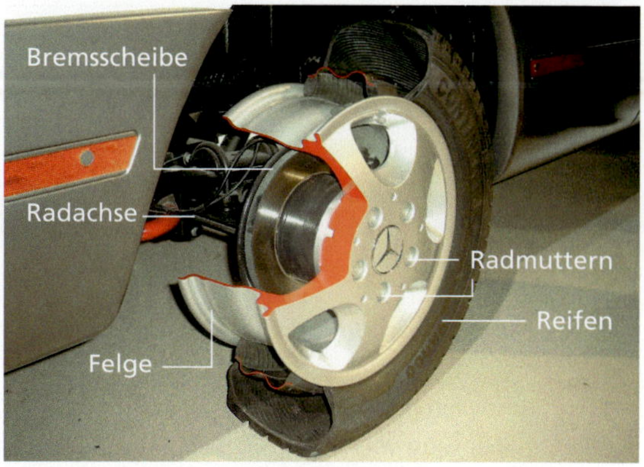

3 Schnitt eines auf der Achse montierten Rades

Arbeitsorgan Antriebsräder

Die **Antriebsräder** bilden den Endpunkt des Hauptenergieflusses am Fahrzeug. Die über Antriebsgelenke zugeführte Drehbewegung wird auf die Fahrbahn übertragen und in Fahrbewegung umgewandelt. Fahrzeuge werden achsweise über die Vorderräder, die Hinterräder oder alle Räder angetrieben.

> M **Antriebsräder** verrichten die zur Fortbewegung des Fahrzeugs notwendige Arbeit durch Reibung.

Die Wirkung der Antriebsräder hängt wesentlich von ihrer **Bereifung** ab. Elastizität des Gummis, ausreichende Profilhöhe und ein richtiger **Reifendruck** sind für die Straßenhaftung entscheidend.

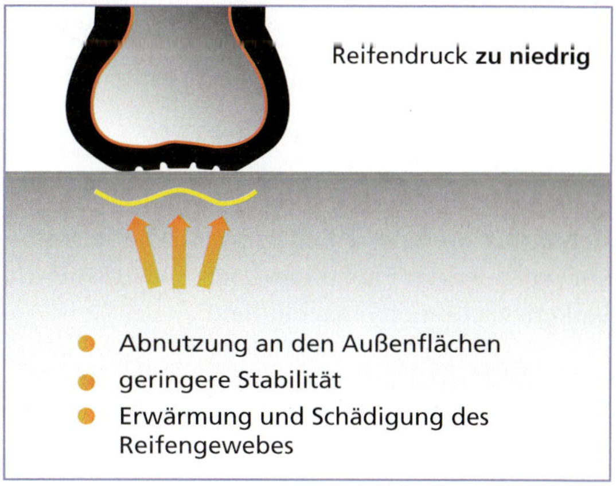

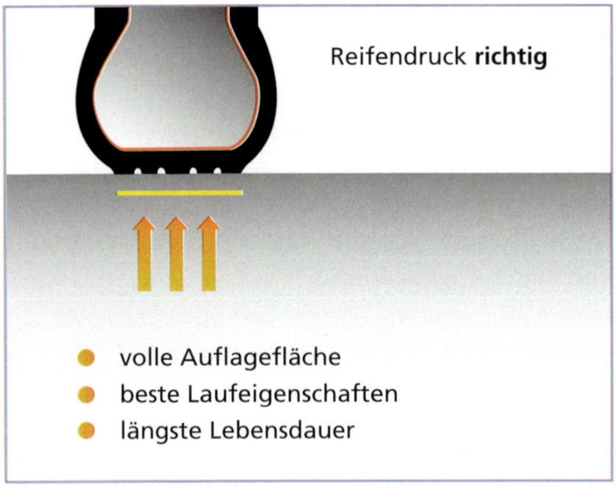

Da Reifen altern und durch den Abrieb während des Fahrens an Profilhöhe verlieren, werden ihre Haftungseigenschaften mit zunehmender Einsatzdauer geringer. Die Straßenverkehrszulassungsordnung (StVZO) schreibt eine Mindestprofilhöhe von 1,6 mm vor.

Steuerorgane Lenkung und Bremsen

Lenkung und Bremsen ermöglichen das zielgerichtete Führen des Fahrzeugs und die Reaktion auf verschiedene Fahrsituationen. Sie sind für die Verkehrssicherheit entscheidend.

M **Lenkung** und **Bremsen** steuern Fahrrichtung und Bewegungsverzögerung der Fahrzeugräder.

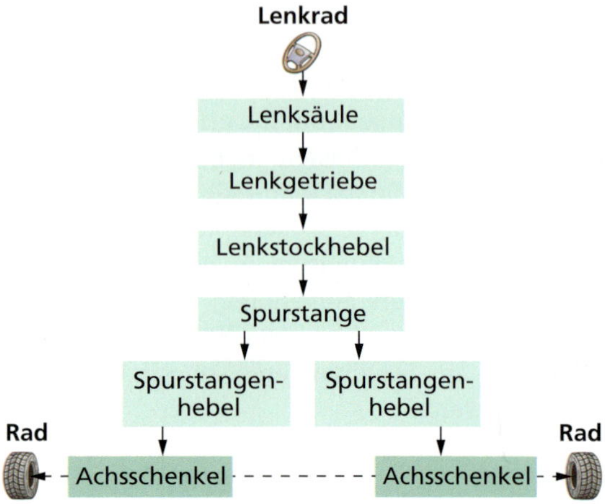

1 Prinzip einer Achsschenkellenkung

In Kraftfahrzeugen werden **Achsschenkellenkungen** verwendet. Spurstange, beide Spurstangenhebel und die Achsschenkel sind durch Kugel- oder Gummigelenke beweglich verbunden. Sie bilden ein **Lenktrapez.** Bei Lenkeinschlag schlägt das kurveninnere Rad durch Trapezänderung stärker ein. Somit können beide Räder gleichmäßig um den Kurvenmittelpunkt abrollen. Damit gewährleistet diese Konstruktion bei Kurvenfahrten, dass das kurveninnere Rad einen kürzeren Weg als das äußere Rad zurücklegen kann.

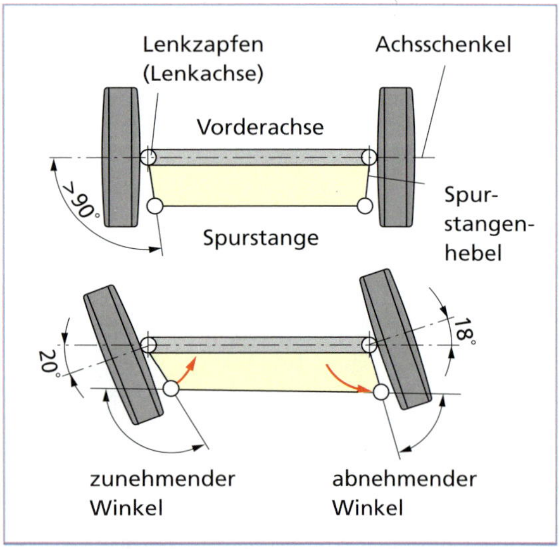

2 Radstellung bei Geradeaus- und Kurvenfahrt

1 Achsschenkellenkung für einen Lkw

2 Montagearbeiten an einer Scheibenbremse

Bremsen verringern die Fahrgeschwindigkeit durch Reibung. Ihnen kommt eine große Bedeutung für die Fahrsicherheit zu. Deshalb sind zwei voneinander unabhängig wirkende Bremsen vorgeschrieben. Die hohe Verkehrsdichte und leistungsstärker werdende Motoren erfordern immer wirksamere Bremsen. Die vom Fahrer erzeugte Bremskraft kann mechanisch, hydraulisch oder pneumatisch auf die Räder übertragen werden.

Zur Erzeugung der Reibung werden Trommel- bzw. Scheibenbremsen verwendet. Beide besitzen Bremsbeläge, die direkt auf das Rad wirken. Die Beläge bestehen aus Materialmischungen, z. B. von Stahlwolle, Kunstfasern, Kunstharzen und Kohlenstoff. Bei der **Trommelbremse** werden die Bremsbeläge von innen gegen die Bremstrommel gedrückt. Bei der **Scheibenbremse** werden meist mehrere Bremssattelpaare je beidseitig an eine Scheibe gepresst.

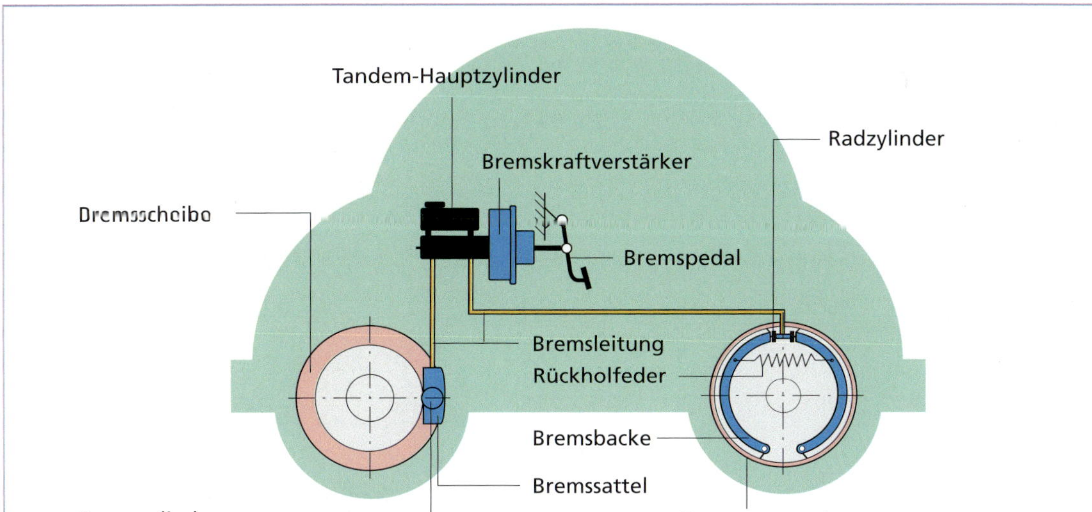

3 Aufbau einer hydraulischen Bremsanlage für Scheibenbremsen (links) und Trommelbremsen (rechts)

4.3 Personen- und Güterverkehr heute

Trends im Personenverkehr

Menschen müssen oder wollen aus den unterschiedlichsten Gründen von einem Ort zum anderen gelangen. Dies kann mit verschiedenen Transportmitteln auf dem Land, in der Luft oder auf dem Wasser erfolgen.

Der Umfang der Beförderung von Personen nimmt ständig zu. Veränderungen in der Berufswelt erfordern dies ebenso wie auch die Bedürfnisse der Menschen selbst. Ausflüge und Reisen sind zur Selbstverständlichkeit geworden. Der Lebensstandard hat sich erhöht, so dass inzwischen viele Menschen ein Auto besitzen. Ein Grund für die große Beliebtheit dieses Verkehrsmittels liegt in seiner Flexibilität, die u. a. Individualreisen zulässt.

M **Personenverkehr** ist die Fortbewegung von Personen mit oder ohne Verkehrsmittel.

Personenverkehr

öffentlich		individuell
Bus	Fähre	Fußgänger
Bahn	Flugzeug	Fahrrad
		Mokick
		Motorrad
Nahverkehr	**Fernverkehr**	PKW
Linienbus	Reisebus	Motorboot
S-Bahn	ICE	Segelboot
Fahrdienste	Passagierschiff	Motorflugzeug
Straßenbahn	Linienflugzeug	Segelflugzeug

Der motorisierte Individualverkehr entwickelte sich seit den neunziger Jahren besonders stark. Im öffentlichen Personenverkehr kann nur der Luftverkehr vergleichbare Steigerungen aufweisen. Aber auch der öffentliche Straßenpersonen- und der Eisenbahnverkehr nahmen zu.

Beförderte Personen in Deutschland

Jahr	Motorisierter Individualverkehr[1]		Öffentlicher Straßenpersonenverkehr		Eisenbahnverkehr[2]		Luftverkehr
	Mrd.	Mrd. Pkm[3]	Mrd.	Mrd. Pkm	Mrd.	Mrd. Pkm[3]	Mill.
1950	4,3	30,7	4,4	25,0	1,5	31,9	0,4
1960	15,3	161,7	6,4	48,5	1,4	40,9	4,9
1970	23,1	350,6	6,2	58,4	1,1	39,2	21,3
1980	34,2	477,4	6,7	73,9	1,2	41,0	35,9
1990	38,6	601,8	5,9	65,0	1,2	44,6	62,6
2000	51,0	758,0	7,9	77,3	2,0	75,1	120,4
2001	48,4	722,5	7,9	77,0	2,0	75,3	117,8
2002	48,2	720,6	7,9	75,5	2,0	70,8	114,0
2003	k.A.	708,0	8,1	75,9	2,0	71,2	121,0

Jahresangaben: bis einschl. 1990 früheres Bundesgebiet; 1950 ohne Saarland u. Berlin-West
[1] Quelle: deutsches Institut für Wirtschaftsförderung Prognos
[2] bis 1990 ohne S-Bahn-Verkehr in Berlin West
[3] Personenkilometer im Inland
Quelle: Statistisches Bundesamt

Trends im Güterverkehr

Unzählige Rohstoffe, Materialien und Produkte sind für die moderne Gesellschaft notwendig und müssen transportiert werden. Deshalb ist auch heute der Gütertransport unerlässlich. Die Entwicklung einzelner Transportbereiche zeigt unten stehende Statistik.

M Der **Güterverkehr** umfasst den Transport von Gütern auf Straßen, Schienen, Wasser oder in der Luft.

Für den Gütertransport wird überwiegend die Straße genutzt. Die Bedeutung der Eisenbahn ist hingegen in Deutschland eher gering.

1 Ein Schwerlasttransport mit Kraftstofftanks

Verkehrsnetze

Straßen

Straßen stellen die Grundlage des Verkehrs auf dem Land dar. Sie werden in Abhängigkeit ihrer Bauweise und dem geografischem Verlauf in verschiedene Kategorien eingeteilt. So gibt es **Bundesautobahnen, Bundesstraßen** und **Landstraßen.** Die deutschen Autobahnen haben eine Gesamtlänge von über 12000 km. Durch Straßenkreuzungen und Abzweige ist im Laufe der Zeit ein Netz entstanden, welches durch neu gebaute Straßen immer dichter wird.

2 Autobahnen sind ein wesentlicher Bestandteil des Straßennetzes.

Gütertransporte in Millionen Tonnen

Jahr	1995	1996	1997	1998	1999	2000	2001	2002	2003
Straßengüterverkehr[1]	3165,3	3008,3	2975,0	2963,1	3174,6	2997,9	2884,5	2720,2	k.A.
Eisenbahnverkehr	318,2	307,8	316,0	305,7	287,3	294,2	288,2	285,4	296,9
Binnenschifffahrt	237,9	227,0	233,5	236,4	229,1	242,2	236,1	231,7	k.A.
Seeverkehr	198,0	202,5	209,5	214,0	217,1	238,3	242,2	242,5	k.A.
Luftverkehr	1,8	1,9	2,0	1,9	2,0	2,2	2,1	2,2	2,3

[1] nur deutsche Kfz; k.A. – keine Angabe; Quelle: Statistisches Bundesamt

Flugplätze

Flugreisen erfordern heute Flugplätze, die technisch auf dem neuesten Stand sind, Service bieten und über eine gute Verkehrsanbindung verfügen. Das Netz der Flughäfen hat sich weiter verdichtet. Neben den renommierten Flughäfen Deutschlands (z. B. Frankfurt/Main, München, Hamburg, Köln-Bonn) entwickelten sich kleinere Standorte besonders in den letzten Jahren stark, so z. B. der Flughafen Leipzig-Halle.

1 Flughäfen sind Drehscheiben des Luftverkehrs.

Häfen

Häfen sind Umschlagplätze für Güter und Anlaufstationen für den Personenverkehr. Schon von weitem sind die Kräne und Anlagen sichtbar, mit denen man Schiffe schnell be- und entladen kann. Für die Schiffspassagiere gibt es in vielen Häfen moderne Terminals. Besonders effektiv ist der Umschlag von Containern, da die genormten Behälter gut stapelbar sind und die Ware in ihnen geschützt untergebracht ist.

2 Überseehäfen sind Umschlagsplätze für Waren.

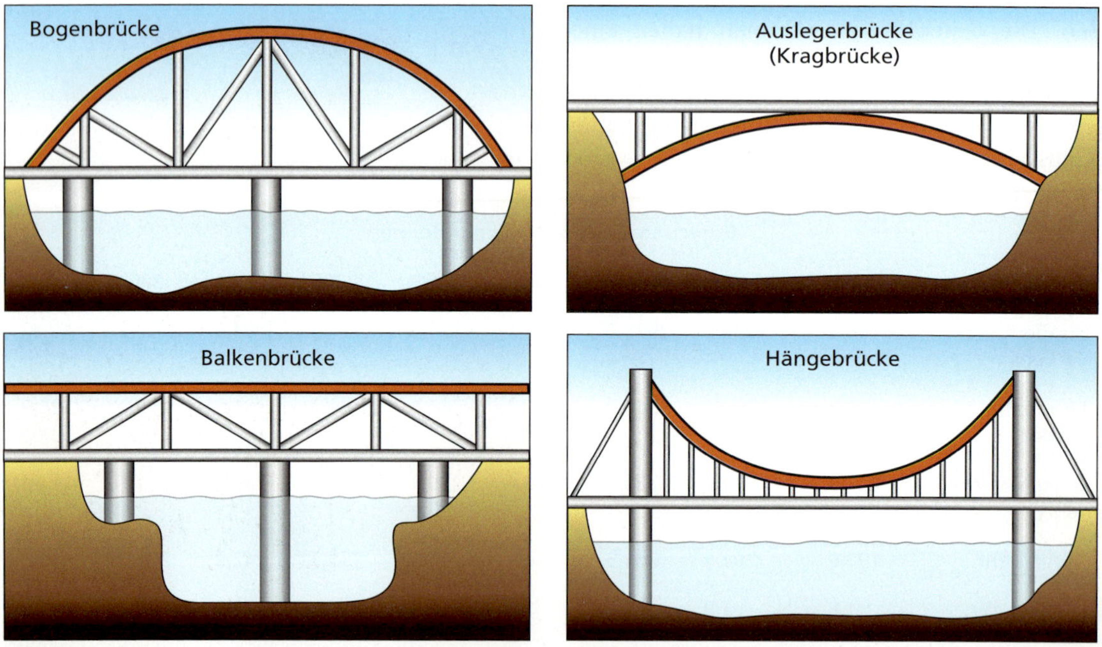

3 Verschiedene Brückentypen

1 Das ideale Autobahnkreuz – die Kleeblattform

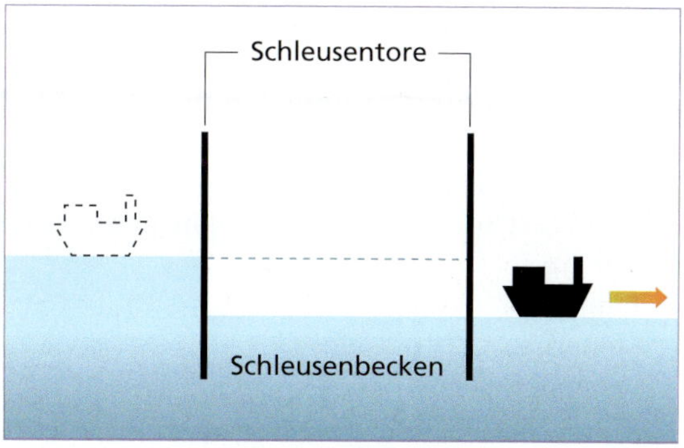

2 Talwärtsschleusung eines Schiffes

Brücken

Um Hindernisse oder geografisch bedingte Höhenunterschiede in der Landschaft zu überwinden, sind Brücken notwendig. Nur mit ihrer Hilfe können Fahrbahnen oder Schienenwege auf gleichem Höhenniveau gebaut werden. Sie ermöglichen auch die Überschneidung von Fahrbahnen auf unterschiedlichen Ebenen.

Autobahnkreuze

Kreuzen sich zwei Autobahnen, entsteht ein Autobahnkreuz. Wenn nur eine der Autobahnen durchgehend verläuft, spricht man von einem **Autobahndreieck.** Beide Formen stellen Knotenpunkte im Autobahnverkehr dar. Um Staus zu vermeiden, ist ein zügiges Durchfahren notwendig. Deshalb müssen sie gut ausgebaut sein, was eine genügende Anzahl von Spuren, lang gezogene Kurven und lange Einfädelspuren erfordert.

Schleusen

Schleusen dienen Wasserfahrzeugen zum Überwinden von Wasserhöhenunterschieden. Dies ist u. a. der Fall, wenn mehrere Gewässer über Kanäle verbunden sind. Die Lüneburger Schleuse überwindet z. B. 38 m Höhenunterschied.
Soll das Schiff talwärts geschleust werden, wird der Wasserpegel nach dem Einfahren in das Schleusenbecken auf die Höhe des unteren Gewässers abgesenkt. Danach kann es ausfahren. Beim Schleusen bergwärts wird nach dem Einfahren so viel Wasser in die Schleuse gelassen, bis der obere Wasserpegel erreicht ist und das Schiff ausfahren kann.

Pipelines

Eine Pipeline ist eine bis zu mehreren Tausend Kilometer lange Rohrverbindung für den Transport von Gasen oder Flüssigkeiten. Sie ist sehr energie- und umweltfreundlich, da ausschließlich das Transportgut bewegt wird. Allerdings sind Einspeisung und Entnahme ortsabhängig. In Deutschland werden etwa 80 % des Rohöls in Pipelines transportiert. Das Leitungsnetz hat eine Länge von über 2 000 km. Vom Rostocker Ölhafen führt z. B. eine Pipeline nach Schwedt (Jahrestransportmenge 4 Mio.), eine weitere nach Böhlen.

3 Überprüfung einer Erdöl-Pipeline

Wirtschaftlich transportieren

Auch Transportprozesse müssen unter dem Aspekt der Wirtschaftlichkeit durchgeführt werden. Für einen Pkw fallen, neben den Kosten für die vorgeschriebenen Fahrzeuginspektionen, weiter an:
- Kaufpreis,
- Steuern,
- Versicherungen.

Sie werden als **fixe Kosten** bezeichnet. Hinzu kommen **variable Kosten** für Kraftstoff, kilometerabhängige Inspektionen oder anfallende Reparaturen. Neben der Wahl eines wirtschaftlichen **Transportmittels** besitzt die **Transportoptimierung** eine zunehmende Bedeutung.

Fallbeispiel 1

Tina freut sich auf die bevorstehende Klassenfahrt. Der Abfahrtsort befindet sich in der 14 km entfernten Kreisstadt. Da auch drei Mitschülerinnen aus ihrem Wohnort an der Fahrt teilnehmen, bietet sich die Bildung einer Fahrgemeinschaft an. Tinas Vater fährt die vier Mädchen zum Treffpunkt. Die Fahrkosten teilen sie sich.

Fallbeispiel 2

Die Spedition Schröder & Sohn aus Rostock stellt einen Leerfahrten vermeidenden Tourenplan auf. Zunächst lädt der Lkw Milch in Rostock. Nach Entladung am Zielort in Neumünster werden dort technische Geräte geladen, die in Hamburg an eine kooperierende Spedition zum Weitertransport übergeben werden. In Hamburg übernimmt der Lkw von der Firma „Schröder & Sohn" Waschmittel, Möbel und Fahrräder, welche zur Spedition nach Rostock gefahren und hier zwischengelagert werden. Anschließend kann die Verteilung im Stadtgebiet erfolgen.

Fallbeispiel 3

Herr Müller möchte seine im Baumarkt gekauften 100 Mauersteine schnell geliefert bekommen. Folgende Möglichkeiten stehen zur Verfügung:

a) Sofortige Lieferung mit dem Lkw des Baumarktes.

b) Lieferung nach Sammlung weiterer Käufe anderer Kunden.

c) Beauftragen einer Transportfirma.

Um Kosten zu sparen, ist eine Lieferung nach Sammlung mehrerer Lieferaufträge für den Baumarkt die kostengünstigste Lösung.

4.4 Umwelt und Verkehr

Umweltbelastungen

Die durch technische Transportmittel gewonnene Mobilität des Menschen ist mit mehrfachen Belastungen der Umwelt verbunden. Der Anstieg des Kraftfahrzeugbestandes hat dazu geführt, dass **Abgase** heute den Hauptanteil an den Luftschadstoffen **Kohlenmonoxid** (CO) und **Stickstoffoxiden** (NO, NO_2) einnehmen.

> M Das Aussenden von Schadstoffen in die Luft wird als **Emission** bezeichnet.

Emissionsprodukte sind ebenfalls organische Verbindungen (CH) und Schwefeldioxid (SO_2). Hohe Motordrehzahlen und Fahrgeschwindigkeiten erhöhen bei **Ottomotoren** CO- und CH-Emissionen, während **Dieselmotoren** unter diesen Bedingungen verstärkt Stickstoffoxide und **Rußpartikel** ausstoßen.
Zweitaktmotoren tragen durch unverbrannte Kohlenwasserstoffe zur Umweltverschmutzung bei. Über natürlich ablaufende Prozesse gelangen die Schadstoffe zurück auf die Erde und werden durch Menschen, Pflanzen und Tiere aufgenommen **(Immission).**

1 Staus erhöhen die Umweltprobleme zusätzlich.

Auch der durch Fahrzeuge aufgewirbelte Staub belastet unsere Umwelt. Er schlägt sich auf allen in der Nähe befindlichen Oberflächen nieder und bildet langfristig eine Verkrustung. Lebewesen nehmen die Staubpartikel samt enthaltenen Schadstoffen über die Atmungsorgane auf. Weiterhin belasten mit Splitt und Salzen gestreute Straßen und Gehwege die Umwelt.

> M Fahrzeugabgase und Staub verunreinigen die Umwelt und schädigen die Gesundheit der Lebewesen.

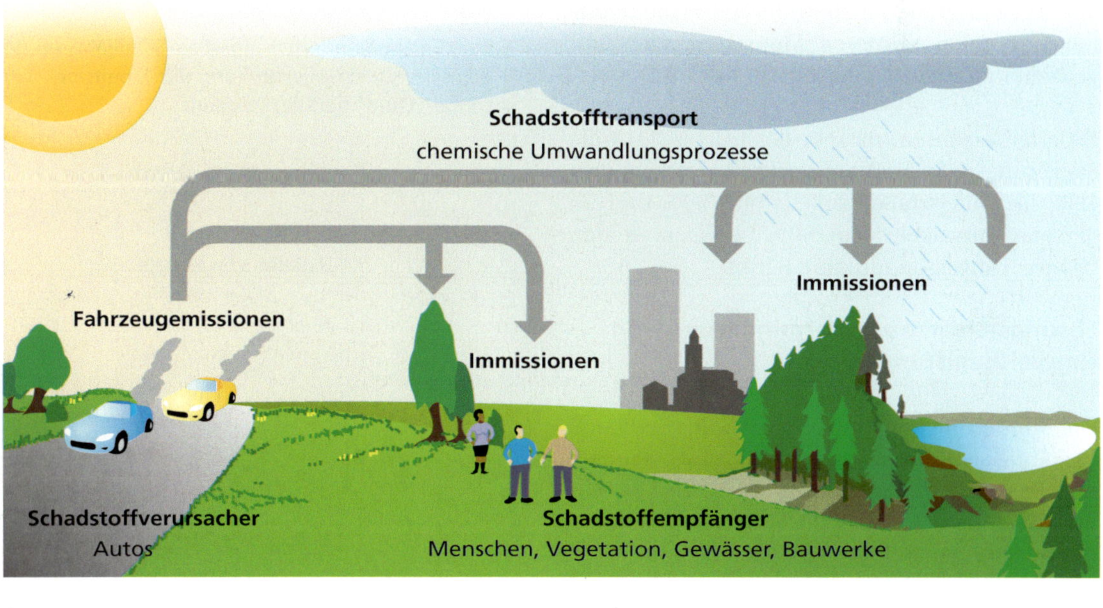

Umweltbelastungen durch

- Produktionsabfälle
- Unfälle
- Veränderung der Städte

- Rohstoff-Förderung
- Lärm
- Veränderung der Landschaft

Die beschriebenen Belastungen tragen wesentlich zum ständig fortschreitenden Treibhauseffekt bei. Bei entsprechenden Wetterlagen kann der Austausch von Luftschichten nicht erfolgen. Rußpartikel und Verbrennungsabgase sammeln sich somit verstärkt an. Dieser Smogzustand ergibt sich besonders in Ballungsgebieten und hält meistens einige Tage an. **Smog** kann bei Menschen Atemwegserkrankungen und Kreislaufstörungen bewirken.

Abgas- und Staubbelastungen sind jedoch nicht die einzigen durch Transport und Verkehr entstehenden Umweltprobleme. So gab es 2003 allein in Deutschland 2,25 Millionen Verkehrsunfälle mit 6606 getöteten Menschen. Die Zahl getöteter größerer Tiere ist nicht bekannt.

Experten erwarten, dass in der EU bis 2010 die Steigerungsraten im Personenstraßenverkehr plus 16%, im Güterstraßenverkehr plus 50% und im Personenluftverkehr plus 90% betragen werden (Quelle: Umweltbundesamt, Berlin).

Lösungsansätze zur Verminderung von Umweltbelastungen

Die Minderung der Umweltbelastung durch den Verkehr ist eine der dringlichsten Aufgaben unserer Zeit und über verschiedene Maßnahmen realisierbar. Aus der Übersicht lässt sich erkennen, dass jeder einen Beitrag dazu leisten kann.

Lösungsansätze	
Persönliche Maßnahmen	bewusster Fahrstil Fahrgemeinschaften Transportoptimierung Pflege und Wartung bewusste Transportmittelwahl
Technische Maßnahmen	3-Liter-Auto Dieselrußfilter Schallschutzwände alternative Kraftstoffe neue Materialien
Staatliche Maßnahmen	Steuerpolitik Smogverordnung Altauto-Rücknahme Ausbau Verkehrsnetze Geschwindigkeitseinschränkungen

Arbeitsmethode „Quiz"

Eine Gesamtwiederholung ist am Schuljahresende wünschenswert. Hierfür kann die Arbeitsmethode „Quiz" genutzt werden.

Festlegen der Quizform
↓
Aufstellen von Regeln
↓
Aufstellen des Spielplanes
↓
Durchführen des Spielablaufes
↓
Feststellen des Siegers

Festlegen der Quizform
Als Quizformen eignen sich die Varianten:
a) „Frage – Antwort" mit z. B. vier Antwortvorgaben oder
b) Raster mit unterschiedlichen Schwierigkeitsgraden.

Aufstellen von Regeln
- Regeln zur Wettbewerbssituation (Einzelteilnehmer oder Gruppen festlegen, Zeitvorgabe, Art der Antwortabgabe)
- Regeln zur Strukturierung der Aufgaben (z. B. nach Themengruppen)
- Regeln zum Spielablauf, der Bewertung und zur Feststellung des Siegers

Für unser Beispiel:
- Quiz als Vortest zur Jahrgangsstufenabschlussarbeit
- Einteilen der Klasse in Gruppen
- mehrere Aufgaben unterschiedlicher Schwierigkeitsgrade aus allen vier Themenbereichen zusammenstellen
- Gruppen entwickeln Aufgabenblöcke für den Gegner.
- Lehrer prüft und ordnet.
- Art und Weise der Durchführung festlegen

Aufstellen des Spielplanes
Im Spielplan müssen die Themen gegliedert werden. Die Aufgaben erhalten je nach Schwierigkeitsgrad Punktewerte.

Thema 1	Thema 2	Thema 3	Thema 4
10	10	10	10
25	25	25	25
50	50	50	50
75	75	75	75
100	100	100	100

Thema 1: Private Haushaltsführung	
10	Welcher Haushaltsform wird der Familienhaushalt zugeordnet?
25	In welchem Haushalt werden Güter hauptsächlich käuflich erworben?
50	Nenne drei Betriebsmittel des privaten Haushalts!
75	Was ist ein Dispositionskredit?
100	Welcher Höchstbetrag für die Arbeitnehmersparzulage gilt seit 2004?

Thema 2: Haushaltstechnik	
10	Wie wird eine Waschmaschine bezeichnet, in der die Wäsche von vorn eingelegt wird?
25	Wie heißt der Erfinder des Telefons?
50	Welches Haushaltsgerät besitzt ein Magnetron?
75	Nenne ein kraftschlüssiges Rädergetriebe!
100	Erkläre den Begriff „Übersetzungsverhältnis"!

Thema 3: Information und Kommunikation

Thema 4: Transport und Verkehr

Durchführen des Spielablaufes
Der Quizmaster gibt zuerst die Spielregeln bekannt. Die Reihenfolge der Befragung wird mittels Stichfragen ermittelt. Die beginnende Gruppe wählt ein Fragefeld (z. B. Thema 2, Wert 50). Beim Stellen der Aufgabe werden weitere Informationen durch den Quizmaster genannt. Abwechselnd wird jeweils eine Frage beantwortet. Erzielte Punkte werden fortlaufend addiert. Beantwortete Fragen scheiden aus dem Spiel aus.

Feststellen des Siegers
Die Ergebnisse (Punkte) der Gruppen werden miteinander verglichen, um den Sieger zu ermitteln.

Aufgaben

Kapitel 4.1

1. Sprich in einem Schülervortrag über die Entwicklung des Fahrrades!
   Nutze auch http://www.schuelerlexikon.de!

2. Die Dampfmaschine ist der Vorläufer des Verbrennungsmotors. Löse folgende Aufgaben auch mithilfe des Internets!
   a) Vergleiche Dampfmaschine und Verbrennungsmotor!
   b) Stelle eine Übersicht zur Entwicklung der Lokomotiven bis heute zusammen!

3. Zeige anhand von Beispielen die ständige Verbesserung in Kraftfahrzeugen bezüglich:
   a) Leistungsvermögen,
   b) Fahrkomfort,
   c) Sicherheit.

4. Der Transport auf dem Wasser war für den Menschen stets bedeutend. Stelle anhand des Kapitels 4.1 eine Entwicklungslinie der Transportmittel auf dem Wasser vom Baumstamm bis zum Frachtschiff auf! Gib jeweils charakteristische Merkmale an!

5. a) Nenne mindestens vier Schiffbaustandorte in Deutschland!
   b) In welchen grundlegenden Schritten entsteht ein Schiff auf der Werft?
   c) Beschreibe das Verfahren zur Herstellung eines Schiffspropellers!

6. Öltransporte mit Tankern stellen ein Risiko für die Umwelt dar.
   a) Begründe diese Aussage!
   b) Stelle eine Übersicht zu Tankerunglücken mithilfe des Internets zusammen!

7. Otto Lilienthal legte wesentliche Grundlagen für die Entwicklung des Fliegens.
   a) Worin bestehen seine Verdienste?
   b) Woran scheiterten seine Flugversuche?
   c) Wer nutzte seine Forschungsergebnisse?

8. a) Stelle auf einem Zeitstrahl wesentliche Daten der Weltraumforschung mithilfe der Lehrbuchseite 100 dar!
   b) Ergänze die Darstellung um weitere Weltraumdaten! Nutze dazu das Internet oder andere Quellen!

Kapitel 4.2

9. a) Erkläre am Beispiel eines Fahrradlenkers die Begriffe „Bauelement“, „Baugruppe“ und „Funktionsorgan“!
   b) Nimm die Zuordnung der vorstehenden Begriffe an weiteren selbst gewählten Beispielen vor!

10. Entwickle das Blockschema für
    a) ein Fahrrad,
    b) einen Pkw,
    c) ein Turbinenflugzeug!

11. Verbrennungsmotoren bilden trotz geringen Wirkungsgrades immer noch den dominierenden Antrieb in Kraftfahrzeugen.
    a) Was bedeutet der Begriff „Wirkungsgrad“?
    b) Nenne Gründe für den niedrigen Wirkungsgrad im Verbrennungsmotor!
    c) Recherchiere im Internet nach alternativen Antriebskonzepten! Warum konnten sie den Verbrennungsmotor bisher nicht verdrängen?

12. a) Berechne für das nachstehende abgebildete Schaltgetriebe mit den Zähnezahlen $z_1 = 50$, $z_2 = 70$, $z_3 = 84$ und $z_4 = 36$ das Übersetzungsverhältnis für beide Gänge!
    b) Wie groß ist das an der Abtriebswelle wirkende Drehmoment, wenn auf die Antriebswelle jeweils eine Umfangskraft von 2000 N wirkt?
    c) Werte die Ergebnisse aus a) und b)!

    Hinweis:
    Die Zähnezahlen entsprechen den Durchmessern der Zahnräder in Millimeter. Die Drehmomente der in Eingriff stehenden Zahnräder verhalten sich wie ihre Zähnezahlen.

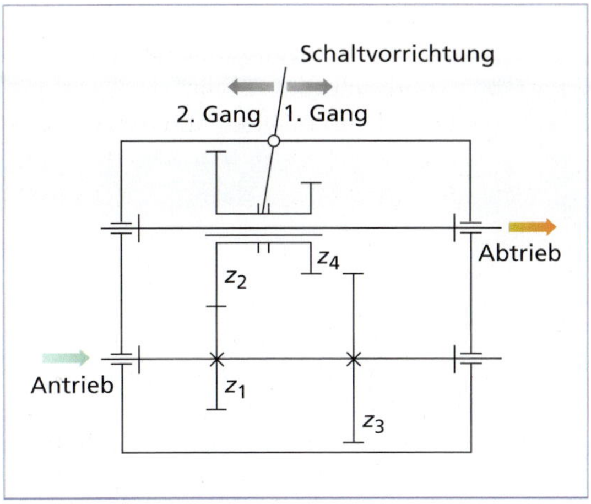

1 2-Gang-Schaltgetriebe

13. a) Erkläre die Funktion einer Reibscheibenkupplung anhand der Abbildung auf Seite 107!
 b) Warum soll das Kupplungspedal beim Kuppeln stets voll durchgedrückt werden?
 c) Nenne weitere Anwendungsbeispiele für Kupplungen!

14. a) Erkläre den Zusammenhang von Profiltiefe und Straßenhaftung!
 b) Welche Folgen kann das Fahren mit alten Reifen haben?

Kapitel 4.3

15. Untersuche den öffentlichen Personenverkehr in deinem Heimatort!
 a) Welche Verkehrsmittel könntest du ständig nutzen?
 b) Welche Endziele lassen sich vom Heimatort aus direkt erreichen?

16. a) Welche Gründe führten dazu, dass der Gütertransport auf der Schiene in den vergangenen Jahren an Bedeutung verlor?
 b) Warum müssen Anstrengungen unternommen werden, um die Bahn wieder attraktiver zu machen?

17. a) Stelle eine Übersicht von jeweils vier in deinem Bundesland vorhandenen Autobahnen und Bundesstraßen zusammen! Gib dabei, soweit möglich, jeweils Anfang und Ende innerhalb der Landesgrenzen an.
 b) Nenne jeweils mindestens zwei Standorte mit Zuordnung des Bundeslandes für: Flughäfen, Häfen und Werften!

18. Die Autobahn A 20 stellt eine bedeutende Verkehrsverbindung für Mecklenburg-Vorpommern dar.
 a) Kennzeichne ihren Verlauf durch Nennung von Orten, welche die Autobahn tangieren!
 b) Wodurch sind die hohen Erschließungs- und Baukosten von über 100 Mrd. Euro gerechtfertigt?

Kapitel 4.4

19. Welche Folgen kann die Aufnahme von Schadstoffen für Menschen, Tiere und Pflanzen haben?

20. Warum stellen die im Schaubild auf Seite 115 genannten Faktoren eine Belastung unserer Umwelt dar? Entwerfe eine geeignete Tabelle und trage jeweils entsprechende Begründungen ein!

21. a) Wie können staatliche Maßnahmen zur Reduzierung der Umweltbelastung durch den Verkehr beitragen?
 b) Warum dient der Ausbau des Verkehrsnetzes ebenfalls diesem Ziel?

22. a) Erläutere die persönlichen Maßnahmen aus dem Schaubild auf Seite 115!
 b) Wie kannst du zur Entlastung des Verkehrs und somit zur Schonung unserer Umwelt beitragen?

Das Wichtigste im Überblick

Straßen

Brücken

Häfen

Bestandteile der Verkehrsnetze

Flugplätze

Schleusen

Pipeline

Schaltgetriebe ermöglichen ...

Drehzahländerung

- Erhöhung der Fahrgeschwindigkeit bei sinkendem Drehmoment
- Verringerung der Fahrgeschwindigkeit bei steigendem Drehmoment

Drehrichtungsänderung

- und damit Rückwärtsfahren durch zusätzliches Zwischenrad

Antriebsmöglichkeiten für Kraftfahrzeuge

Verbrennungsmotor

- Abgasreduzierung
- Verbrauchsreduzierung
- lange Laufzeiten

Elektroantrieb

- Akkumulatoren treiben Elektromotoren an.

Brennstoffzelle

- Wasserstoff-Sauerstoff-Reaktion
- keine Abgase

Hybridantrieb

- wahlweiser Antrieb durch Elektro- oder Verbrennungsmotor

Erdgasantrieb

- im Vergleich zu Benzin um etwa 50% reduzierte Kraftstoffkosten

5

Bewerbungsverfahren um einen Ausbildungsplatz

Personalkaufmann/-frau

Voraussetzungen sind:

- Kontaktfähigkeit,
- Sprachbeherrschung,
- logisches Denken,
- Gewissenhaftigkeit,
- gute Leistungen in Deutsch, Mathematik, Informatik und Sozialkunde.

Hochschulreife ist erforderlich!

Was?

Personalkaufmänner/-frauen sind für die Personalbeschaffung bzw. -auswahl und die Verwaltung von Unterlagen und Statistiken verantwortlich.
Sie bearbeiten Bewerbungen und führen die An- und Abmeldungen bei Versicherungsträgern, Finanzämtern und Gemeinden durch. Weiterhin werden Dienstbezüge, Löhne, Krankengelder und Urlaubsvergütungen berechnet.

Womit?

Personalkaufleute haben mit Bewerbern, Angestellten und Arbeitern zu tun, die sie entsprechend ihrer Eignung auswählen. Bei den vielfältigen Verwaltungsaufgaben nutzen sie modernste Büro- und Kommunikationstechnik.

Wo?

Personalkaufmänner/-frauen werden in Personalabteilungen großer Unternehmen und im Verwaltungswesen eingesetzt.

Berufsberater/in

Voraussetzungen sind:

- Kontaktfähigkeit,
- Sprachbeherrschung,
- Gewissenhaftigkeit,
- logisches Denken und Ideenreichtum,
- gute Leistungen in den naturwissenschaftlichen Fächern, AWT und Sozialkunde.

Hochschulreife ist erforderlich!

Was?

Berufsberater/innen informieren und beraten Jugendliche und deren Eltern über Inhalte, Anforderungen, Berufswahl, Berufbilder und Berufsaussichten.
Aber auch Hochschulabgänger, Arbeitssuchende und Umschüler werden von ihnen betreut. Sie führen Einzel- und Schulbesprechungen sowie Elternabende durch. Berufsberater/innen arbeiten eng mit der Stellenvermittlung zusammen.

Womit?

Berufsberater sind Ansprechpartner für Schüler, Schulabgänger und Umschüler. Bei ihrer Tätigkeit nutzen sie besonders die moderne Computertechnik und das Internet.

Wo?

Berufsberater führen die Sprechstunden im Arbeitsamt durch. Sie organisieren Informationsveranstaltungen in Schulen bzw. Unternehmen.

5.1 Schülerbetriebspraktikum als Informationsquelle

Arbeitsplatzbeschreibung

Entsprechend deines Berufswunsches suchst du dir einen Praktikumsbetrieb aus, der dir hilft, deine Vorstellungen praktisch zu überprüfen. Dazu wirst du nach erfolgter Einweisung an einem oder mehreren Arbeitsplätzen eingesetzt.

Da man sich viele Stunden am Arbeitsplatz aufhält, wirken sich dessen Bedingungen sehr auf das eigene Befinden aus. Deshalb sollte man sich einen genauen Überblick über das Arbeitsumfeld verschaffen.

Arbeitstätigkeiten
- Welche praktischen Tätigkeiten und welche Denkleistungen werden am Arbeitsplatz verlangt?
- Welche Kenntnisse aus dem Unterricht kannst du nutzen?

Arbeitsgegenstände
- Welche Prüf- und Messzeuge werden am Arbeitsplatz eingesetzt?
- Welche Werkzeuge, Vorrichtungen, Maschinen, Anlagen und Transportmittel werden verwendet?
- Mit welchen Materialien hast du Kontakt?

1 Arbeitsumgebung für Kauffrauen im Bäckerhandwerk

Arbeitsort
- Treten am Arbeitsplatz Umwelteinflüsse wie Lärm, Staub, Hitze, Kälte, Zugluft, Geruchsbelästigung oder Stress auf?
- Gestatten die Lichtverhältnisse ein unbeschwertes Arbeiten?
- Wie stehst du während der Arbeit in Kontakt zu den anderen Mitarbeitern?
- Lässt sich der Arbeitsplatz durch geeignete Technik rationalisieren?

Unfallverhütung
- Entspricht die körperliche Belastung dem Jugendarbeitsschutzgesetz?
- Welche Unfallverhütungsvorschriften müssen eingehalten werden?
- Welche Arbeits- bzw. Arbeitsschutzkleidung muss getragen werden?
- Sind Stühle und Tische so angeordnet, dass sie eine gesunde Körperhaltung ermöglichen?

Berufsbilderstellung

Eine sehr große Bedeutung für die Gestaltung deines künftigen Lebensweges besitzt die Wahl des richtigen, zu dir am besten passenden Berufes. Dabei hilft dir das Erstellen eines Berufsbildes. Je mehr du über deinen künftigen Beruf weißt, desto besser wird dir die Bewältigung der Lehr- und Ausbildungszeit und der Beginn deines Berufslebens gelingen.

Schwerpunkte der Berufsbilderstellung

Voraussetzungen	Einkommen
Einordnen des Berufes	Aufstiegsmöglichkeiten
Berufsausbildung	Zukunftsaussichten
Tätigkeiten	Ausbildungsstätten
Arbeitsbedingungen	ähnliche Berufe

Während des Praktikums hast du mit zahlreichen Berufen Kontakt. Durch Gespräche kannst du zeitsparend neue Eindrücke und Informationen gewinnen und mit deinen bisherigen Kenntnissen vergleichen. Nutze die Praktikumszeit, um Fragen zu einem oder mehreren dich interessierenden Berufen zu stellen!

Beschreiben betrieblicher Prozesse

In einem Unternehmen wirken verschiedene sich gegenseitig beeinflussende **Funktionsbereiche** zusammen, um reibungslos betriebliche Abläufe zu ermöglichen, die eine Gewinnerwirtschaftung und damit die Existenzsicherung gestatten.

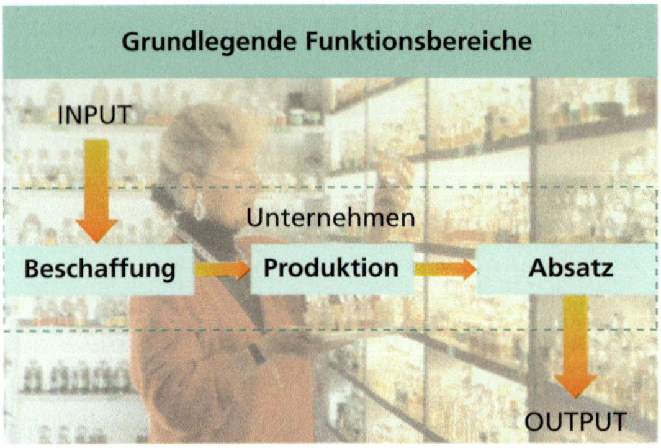

Abhängig vom Wirtschaftsbereich und der Unternehmensgröße wirst du während des Praktikums feststellen, dass es neben den grundlegenden Funktionsbereichen noch weitere gibt, die ihrerseits in betriebliche Prozesse eingreifen. Einer dieser Funktionsbereiche ist z. B. das betriebliche Rechnungswesen.

In größeren Unternehmen wirst du gleichfalls erfahren, dass es **Kooperationsbeziehungen** mit Filialen oder anderen kleinen und großen Unternehmen gibt. Weit verbreitet sind Zulieferer-, Service- und Transportunternehmen, zu denen solche Beziehungen bestehen.

Schwerpunkte der Beschreibung sind:
- Aussagen zu den Funktionsbereichen,
- Zusammenwirken der Funktionsbereiche im Praktikumsbetrieb,
- geordnete Reihenfolge aller Arbeitsschritte zur Herstellung eines typischen Produktes oder dem Erbringen einer Dienstleistung,
- Kooperationsbeziehungen.

Auswertung der Praktikumsergebnisse

Lege für dein Betriebspraktikum ein Tagebuch an. Dort werden täglich alle ausgeführten Arbeiten sowie Fachbezeichnungen und neue Begriffe schriftlich festgehalten und kommentiert. Mit dieser Hilfestellung wirst du dann den geforderten **Praktikumsbericht** problemlos anfertigen können.

Vorschlag für den Aufbau eines Praktikumsberichtes	
Schwerpunkt	**Detailfragen**
Stelle deinen Praktikumsbetrieb vor!	– Was wird produziert bzw. angeboten? – Wie viele Beschäftigte und Auszubildende gibt es im Betrieb? – Welche Berufe sind vertreten?
Beschreibe einen Tag aus deinem Praktikum!	– Wie bist du in die Arbeit eingewiesen worden? – Welche Tätigkeiten hast du ausgeführt? – Welche Maschinen und Werkzeuge hast du benutzt? – Welchen Kontakt hattest du zu den Mitarbeitern?
Schätze dein Praktikum ein!	– Welche positiven und negativen Erfahrungen hast du im Praktikum gewonnen? – Was würdest du bei einem weiteren Praktikum anders machen? – Welche Gründe veranlassen dich, eine Ausbildung im Praktikumsbetrieb aufzunehmen/ nicht aufzunehmen?

5.2 Bewerbungsunterlagen

Allgemeines

Jährlich suchen viele Schulabgänger einen für sie geeigneten Ausbildungsplatz. Dabei sind einige wichtige Regeln zu beachten, wenn man erfolgreich sein will. Der Zeitpunkt der Bewerbung ist besonders wichtig.

Beispiele für den Bewerbungsschluss

Zeitraum	Anbieter
vorletzte Sommerferien	z. B. verschiedene Geldinstitute
Herbstferien	größere Unternehmen
Winterferien	kleinere Unternehmen und weiterführende Schulen
Frühjahr bis letzte Sommerferien	Anbieter, die sich doch noch für die Bereitstellung eines Ausbildungsplatzes entschieden haben

M Die Suche nach einem Ausbildungsplatz sollte möglichst frühzeitig begonnen werden.

Der **Bewerbungsschluss** kann sogar für einen Beruf sehr unterschiedlich sein. Deshalb solltest du unbedingt Informationen einholen, welche Unternehmen, Behörden oder Ämter im kommenden Jahr wann Ausbildungsplätze für welche Berufe anbieten. Dazu kannst du unterschiedliche Quellen nutzen, um Adressen, Ansprechpartner und Telefonnummern zu erfahren. Eine telefonische Nachfrage ist grundsätzlich sinnvoll. Du solltest dich kurz vorstellen und den Anlass deines Anrufes nennen.

„Guten Tag. Mein Name ist Sophie Müller. Ich bin Schülerin der „Bertolt-Brecht-Gesamtschule“ in Schwerin. Ich befinde mich zurzeit im letzten Schuljahr und möchte anfragen, ob ihr Unternehmen ab kommenden Sommer Ausbildungsplätze bereitstellt.“

Antwort des Gesprächpartners

„Für welche Berufe werden Ausbildungsplätze angeboten?“

Antwort des Gesprächpartners

„In welchem Zeitraum kann ich mich bewerben?“

Antwort des Gesprächpartners

„An wen in ihrem Unternehmen kann ich meine Bewerbungsunterlagen zusenden?“

Antwort des Gesprächpartners

„Ich bedanke mich vielmals für ihre freundliche Auskunft. Auf Wiederhören!“

Informationsquellen (Auswahl)

- Bekannte und Verwandte
- Berufsberater/in
- Telefonbuch
- Plakate und Aushänge
- Zeitungsartikel
- Zeitungsinserate
- Zeitschriften
- Internet

Während des Gespräches solltest du dir unbedingt Notizen anfertigen. Wichtig sind nicht nur die Antworten, sondern auch der Name deines Gesprächpartners. Auf ihn beziehst du dich in deinem **Bewerbungsanschreiben.**

Mustertabelle für Gesprächsnotizen

Meine Gesprächsnotizen mit eventuellen Ausbildungsplatzanbietern

Gesprächsdatum	Anbieteradresse	Gesprächspartner	Bewerbungsschluss	Ausbildungsberufe	Ansprechpartner

Damit du geordnete Gesprächsnotizen bekommst, solltest du dir vorab eine Tabelle anlegen. Parallel dazu werden die Bewerbungsschlüsse der Anbieter, bei denen du dich bewerben willst, in einen Kalender eingetragen. So wirst du keinen dieser Termine vergessen.

M Gesprächsnotizen können in Tabellen und im Kalender übersichtlich erfasst werden.

Für die schriftliche Bewerbung sind unbedingt vollständige **Bewerbungsunterlagen** in qualitativ hochwertiger Ausführung erforderlich. Sie sollten bei den Anbietern von Ausbildungsplätzen das Interesse am Absender wecken.

Bestandteile der Bewerbungsunterlagen	
Mindestbestandteile	**Zusatzbestandteile**
• Bewerbungsanschreiben • Lebenslauf • Bewerbungsfoto/ Lichtbild • Zeugniskopien	• Lehrgangs-Zertifikate • Praktikumsbeurteilungen • Führerschein

M Zu den **Bewerbungsunterlagen** gehören Bewerbungsanschreiben, tabellarischer Lebenslauf mit Bewerbungsfoto sowie Kopien der geforderten Zeugnisse und Praktika.

Bewerbungsanschreiben

Ausführung

Das Bewerbungsanschreiben (s. Seite 137) ist das oberste Blatt deiner Bewerbungsunterlagen. Du solltest deshalb die nachfolgenden Empfehlungen unbedingt berücksichtigen.
- Benutze nur weißes, unliniertes Papier im DIN-A4-Format!
- Der rechte und linke Seitenrand beträgt jeweils 25 mm.
- Das Anschreiben sollte nur eine Seite umfassen.
- Verwende einen Computer!
- Beachte die Schreib- und Gestaltungsregeln nach DIN 5008 als die übliche Norm für den Schriftverkehr in Wirtschaft und Verwaltung!
- Stimme jedes Anschreiben auf den angebotenen Ausbildungsplatz und den Anbieter ab!
- Solltest du den Ansprechpartner nicht namentlich kennen, so beginne dein Anschreiben mit: „Sehr geehrte Damen und Herren!“
- Vermeide Korrekturen und Rechtschreibfehler!
- Unterschreibe mit Füller- oder Tintenschreiber!

Lebenslauf

Der Lebenslauf (s. Seite 138) dient dazu, dem Empfänger einen schnellen Überblick zum Entwicklungsgang des Bewerbers zu vermitteln. Deshalb sollten die persönlichen Daten lückenlos, übersichtlich und in knapper Form dargestellt werden. Üblich ist ein mit dem Computer geschriebener tabellarischer Lebenslauf auf weißem Papier im Format DIN A4. Achte darauf, dass die Daten und Zeiträume des tabellarischen Lebenslaufes mit den übrigen Dokumenten übereinstimmen. Der Lebenslauf wird oben rechts mit einem Bewerbungsfoto, das vom Fotografen angefertigt werden sollte, versehen. Trage während der Aufnahme angemessene Kleidung!

Versand der Bewerbungsunterlagen

Nachdem du das Bewerbungsanschreiben und deinen Lebenslauf angefertigt hast, solltest du sie Vertrauenspersonen zeigen und deren Meinung einholen. Anschließend können die Unterlagen versandfertig gemacht werden.
Dazu folgende Tipps:
- Prüfe deine Bewerbungsunterlagen auf Vollständigkeit und Richtigkeit, bevor du sie verschickst!
- Ordne die Bewerbungsunterlagen in einem Plastikordner mit durchsichtiger Vorderseite!
- Lege das Bewerbungsanschreiben lose auf die Unterlagen der Bewerbungsmappe!
- Verpacke alles so, dass mögliche Beschädigungen unwahrscheinlich sind!
- Adressiere den Briefumschlag vollständig und frankiere ihn ausreichend!

5.3 Eignungstest

Allgemeines

Bevor ein Bewerber zum Vorstellungsgespräch eingeladen wird, ist eventuell ein Eignungstest (auch Auswahltest genannt) zu absolvieren. Besonders in Ausbildungsbereichen, in denen die Anzahl der Bewerber sehr hoch ist, werden Tests durchgeführt; so in Großbetrieben, bei Behörden und für so genannte „Traumberufe".

Aufgrund der meist hohen Bewerberzahl steht schon vor Testbeginn fest, dass nur ein geringer Prozentsatz der Prüfungsteilnehmer zu dem anschließenden Vorstellungsgespräch eingeladen wird.

Der Test soll z. B. Auskunft über Arbeitstempo und -genauigkeit, Konzentrationsfähigkeit, technisches Verständnis, Allgemeinwissen sowie das räumliche Vorstellungs- und logische Denkvermögen des Bewerbers geben.

Deshalb sind je nach Berufsbild mehrere Themenbereiche mit unterschiedlichen Aufgabentypen zu lösen. Für technische und gewerbliche Berufe können sich praktische Tests anschließen, bei denen die manuellen Fertigkeiten der Teilnehmer bewertet werden.

1 Eignungstests können in der Schule geübt werden.

Allgemeiner Ablauf

Das Lösen der Aufgaben erfolgt üblicherweise unter Zeitvorgaben. Die Anzahl der Aufgaben übersteigt meistens die Fähigkeit der Bewerber, diese in der vorgegebenen Zeit zu lösen. Daraus kann man u. a. ableiten, wie die Testperson unter Zeitdruck arbeitet. Du solltest alles unternehmen, um besser als die Mitbewerber zu sein.

Zeitvorgaben in Eignungstests	
Für einen gesamten Aufgabenkomplex	**Für eine einzige Aufgabe**
Man kann sich die Zeit selbst einteilen.	Man muss nach Ablauf der Zeit die nächste Aufgabe beginnen.
Schwierige Aufgaben können übersprungen und später gelöst werden.	Frühere Aufgaben können im Nachhinein nicht mehr gelöst werden.

Individuelle Vorbereitung auf den Test

Die Ergebnisse des Eignungstests entscheiden, ob du zum Vorstellungsgespräch eingeladen wirst. Deshalb musst du dich gründlich darauf vorbereiten. Folgende Tipps sollen dir helfen:

- Lies zwei bis drei Wochen vor dem angesetzten Termin die Tageszeitung, besonders gründlich den Politik- und Wirtschaftsteil!
- Schaue noch einmal in deine Geografie-, Geschichts- und Sozialkundebücher! Aufgaben aus Politik, Wirtschaft und Geografie gehören zum Standard eines Eignungstests.
- Führe Rechtschreibübungen durch!
- Löse Mathematikaufgaben!
- Löse dir zugängliche Testaufgaben berufskundlicher Materialien der **Agentur für Arbeit** (z. B. „Mach`s richtig"), verschiedener Versicherungen bzw. Geldinstitute oder entsprechende Tests im Internet!

- Beschaffe dir ein leicht verständliches Fachbuch deines angestrebten Berufes! Präge dir die Bedeutung berufstypischer Grundbegriffe ein!
- Erscheine ausgeschlafen und pünktlich zum Testbeginn!
- Vergiss nicht Stifte, Schreibzeug, Lineal und Armbanduhr mitzunehmen!
- Nimm ausreichend Essen und Trinken mit!

Schriftliche Eignungstests

In der Praxis werden diese Eignungstests meist nach drei verschiedenen Testformen durchgeführt. Damit wird gesichert, dass die Tester aus den Resultaten exakte Schlussfolgerungen über die Leistungsfähigkeit des Bewerbers ziehen können.

Testformen schriftlicher Eignungstests

Testform	**Merkmale**
schulähnliche schriftliche Prüfungen	– Aufbau und Ablauf wie bei Klassenarbeiten – Überprüfung vorhandenen Schulwissens
psychologische Leistungstests	– Zusammenwirken verschiedener Testbausteine (Intelligenz-, Konzentrations-, Belastbarkeits-, Wissens- und Kenntnistest) – Überprüfung geistiger und sozialer Fähigkeiten
„Pseudo"-Tests	– Aufgabensammlungen ähnlich der psychologischen Tests – Überprüfung des Allgemeinwissens und der Rechtschreibkenntnisse

M **Eignungstests** helfen den Anbietern von Ausbildungsplätzen, eine gezielte Auswahl unter den Bewerbern zu treffen.

Testteile

Inhaltlich werden mehrere Wissens- und Könnensgebiete abgefragt. Deshalb bestehen Eignungstests immer aus verschiedenen Testteilen, die ihrerseits in **Testbausteine** gegliedert sind. Nicht jeder Testbaustein muss im jeweiligen Eignungstest vorkommen.

Sprachlicher Teil

Anbieter von Ausbildungsplätzen stellen an den Bewerber bestimmte Grundforderungen, die als Basis für die berufliche Ausbildung dienen. So steht bei den fachlichen Kompetenzen die Beherrschung der deutschen Sprache im Mittelpunkt. Der Auszubildende muss in der Lage sein, einfache Sachverhalte sowohl mündlich als auch schriftlich klar und ausführlich zu formulieren und Rechtschreib- und Grammatikkenntnisse richtig anzuwenden.

Testbausteine im sprachlichen Teil	
Fremdwörter	Abkürzungen
Wortkombinationen	Aufsätze

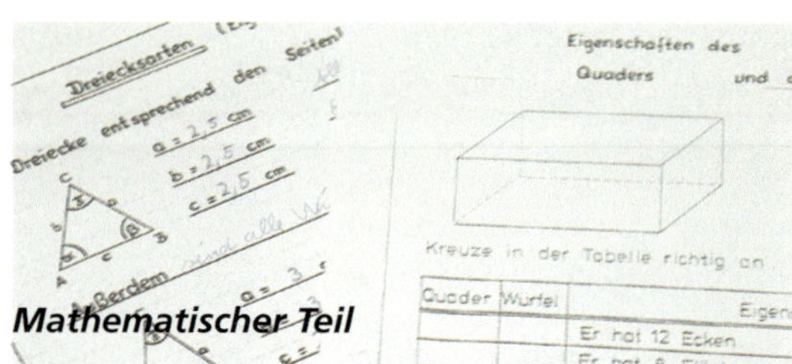

Mathematischer Teil

Im mathematischen Kenntnisbereich müssen die Grundrechenarten, die Bruch- und Potenzrechnung, die Maßeinheiten sowie Flächen-, Volumen- und Masseberechnungen sicher beherrscht werden. Das räumliche Vorstellungsvermögen sollte entwickelt sein. Grundlagen aus den Naturwissenschaften in Physik, Chemie, Biologie, Technik und Informatik müssen verfügbar sein. Es kommt häufig vor, dass ohne Hilfsmittel gerechnet werden muss.

Testbausteine im mathematischen Teil	
Bruchrechnung	Zahlenreihen
Prozentrechnung	Algebra
Flächen- und Körperberechnung	Potenzieren und Wurzelziehen
Text- und Sachaufgaben	Geometrie

Allgemeiner Teil

Eine gute Allgemeinbildung ist für viele Berufe entscheidend. Der Auszubildende muss Grundkenntnisse aus dem Wirtschaftsbereich sowie über das Funktionieren des marktwirtschaftlichen Systems besitzen. Eine sprachliche Verständigung wird aufgrund der zunehmenden internationalen Beziehungen immer bedeutender, wobei Englisch im Vordergrund steht. Der Jugendliche sollte sich auf privater und beruflicher Ebene in dieser Sprache unterhalten können. Auch im kulturellen Bereich sollten die Auszubildenden über ein sicheres Basiswissen verfügen.

Testbausteine im allgemeinen Teil	
Politik	Geschichte
Geografie	Wirtschaft

1 Die internationale Zusammenarbeit erfordert Fremdsprachenkenntnisse.

Tipps zum Verhalten während des Tests

- Lies dir die Testanleitung gründlich durch!
- Stelle Fragen, bevor die Beantwortung der Aufgaben beginnt!
- Arbeite schnell und sorgfältig!
- Beantworte zuerst die leichten Fragen! Überspringe zunächst schwieriger erscheinende Aufgaben! Testaufgaben werden häufig nach ihrem Schwierigkeitsgrad gestaffelt.
- Wähle bei vorgegebenen Antworten diejenigen heraus, die auf keinen Fall als Antwort infrage kommen! Entscheide dich dann zwischen den wenigen verbliebenen Varianten!
- Bewahre während des Tests unbedingt Ruhe!

In jedem Fall hast du mit der Teilnahme im Umgang mit Eignungstests an Erfahrung und Sicherheit gewonnen. Dies ist dir beim nächsten Mal nützlich.

Was wird von einem Auszubildenden noch erwartet?

Neben den fachlichen Voraussetzungen sollten vom Bewerber bestimmte Grundeinstellungen und persönliche Kompetenzen mitgebracht werden. Dazu gehören Eigenschaften wie Zuverlässigkeit und Flexibilität.

So wird gefordert, dass die übertragenen Aufgaben selbstständig und sachgerecht, auch unter veränderten und schwierigen Bedingungen, ausgeführt werden. Verhaltensweisen wie Ausdauer, Konzentration, Verantwortungsbereitschaft sowie Belastbarkeit sollten im Ansatz vorhanden und in der Ausbildung weiter ausgeprägt werden.

Ein weiteres bedeutendes Auswahlkriterium sind die sozialen Kompetenzen, die der Bewerber besitzen muss. So ist es wichtig, dass sich der Jugendliche gut in das Arbeitsteam einfügt. Zusammenarbeit, gegenseitige Hilfe, der Austausch von Informationen und berufliche Erfahrungen sind gefragt. In der Gemeinschaft spielen vernünftige Umgangsformen, Höflichkeit und Freundlichkeit eine bedeutende Rolle.

5.4 Vorstellungsgespräch

Allgemeines

Endlich ist die ersehnte Einladung zu einem Vorstellungsgespräch bei dir eingetroffen. Um das Bewerbungsverfahren im weiteren Verlauf erfolgreich zu gestalten, ist es wichtig, dass du dich richtig und ausführlich auf dieses wichtige Gespräch vorbereitest.

M Das **Vorstellungsgespräch** besitzt eine außerordentlich große Bedeutung für den Erhalt eines Ausbildungsplatzes.

Der Anbieter des Ausbildungsplatzes möchte im Vorstellungsgespräch deine Persönlichkeit näher kennen lernen und ergründen, welche Verhaltenseigenschaften und Einstellungen zum Beruf du besitzt. Du musst deinerseits durch ein überzeugendes persönliches Auftreten beweisen, dass du der geeignetste Bewerber für den zu besetzenden Ausbildungsplatz bist.

Vorbereitung auf das Vorstellungsgespräch

1. Nach dem Erhalt der Einladung zum Vorstellungsgespräch ist es ratsam, sich dafür telefonisch im Personalbüro zu bedanken und den festgesetzten Termin zu bestätigen.

2. Um pünktlich zum Gespräch zu erscheinen, ist es wichtig, eine geeignete Anreiseverbindung per Bus, Bahn oder privaten PKW zu suchen. Dabei können Informationen des öffentlichen Personenverkehrs eingeholt und entsprechendes Kartenmaterial genutzt werden.

3. Verschaffe dir Informationen über den Anbieter des Ausbildungsplatzes. Nutze Prospektmaterial und das Internet, so dass du z. B. bei Betrieben über die Größe des Unternehmens, Tochterfirmen und Niederlassungen sowie das Produktionssortiment Bescheid weißt.

4. Die zum Gespräch benötigten schriftlichen Unterlagen solltest du vollständig mit dir führen. Das sind:
   - eine Kopie der von dir versandten Bewerbungsunterlagen,
   - eine Checkliste mit Fragen, die du im Gespräch stellen möchtest,
   - Schreibmaterial und -geräte.

5. Neben deiner fachlichen und persönlichen Eignung solltest du auch einen positiven optischen Eindruck hinterlassen. Das äußere Erscheinungsbild, die Frisur und Kleidung sollten nicht dem Zufall überlassen werden. Ziehe dich passend an – nicht zu lässig und nicht zu schick. Auch beim Schmuck solltest du nicht deine auffallendsten Stücke anlegen, sondern dich auf dezente Schmuckteile beschränken. Achte auf angemessenes und sauberes Schuhwerk sowie eine ordentliche, natürlich wirkende Frisur. Das Make up sollte nicht zu aufwändig sein.

6. Schreibe Fragen, die dir im Gespräch gestellt werden könnten, und deine möglichen Antworten auf. Benutze diesen Stichpunktzettel im Rollenspiel mit Freunden oder Verwandten, so dass du dadurch vorab für das Vorstellungsgespräch übst.

1 Turnschuhe sollte man zum Bewerbungsgespräch besser meiden.

Allgemeiner Ablauf

Ein Vorstellungsgespräch läuft in der Regel nach folgendem Schema ab:

Begrüßen und Vorstellen der anwesenden Personen

Einleitende Worte des Personal- oder Ausbildungsleiters

Anfragen zu:

Bewerbungsunterlagen	Firmenwahl
Begründung der Berufswahl	Familie
Zeugnisnoten	Freizeitgestaltung
Stärken und Schwächen	Hobbys

Informationen zu Betrieb, Ausbildungsplatz und Anforderungen

Fragen des Bewerbers

Fazit und Verabschiedung

Tipps

- Achte auf deine Sitzhaltung!
  Du solltest nicht die Beine übereinander schlagen, mit dem Stuhl kippeln und dich auf die Stuhlkante setzen (wirkt unsicher). Erfahrene Gesprächspartner nehmen es den Bewerbern nicht übel, wenn sie nervös wirken.
- Überlasse dem Personalleiter zunächst die Gesprächsführung!
- Schaue deinem Gegenüber offen ins Gesicht und höre seinen Ausführungen aufmerksam und genau zu!
- Lass den Gesprächspartner ausreden, falle ihm nicht ins Wort!
- Sprich frei und zusammenhängend!
  Wer immer nur mit einem kurzen „Ja“ oder „Nein“ antwortet, hat genauso wenig Erfolg, wie der Bewerber mit einem zügellosen Redeschwall.
- Tritt locker, natürlich und selbstbewusst auf!
- Sei freundlich und höflich!

Fragen im Vorstellungsgespräch

Das Vorstellungsgespräch wird meistens vom **Personalleiter** mit einigen einführenden Sätzen eröffnet. Dadurch wird dem Bewerber die Möglichkeit gegeben, Ruhe zu finden und sich auf die neue Situation einzustellen.

Der Gesprächspartner wird aber bald zum eigentlichen Anliegen kommen. Dabei können folgende Themen angesprochen werden:

Zum Berufswunsch

- Wie und wann kam der Kontakt zu unserer Firma zustande?
- Warum haben Sie sich gerade bei unserem Unternehmen beworben?
- Was wissen Sie bereits über unsere Firma?
- Wo haben Sie diese Informationen erhalten?
- Warum wollen Sie diesen Beruf erlernen?
- Wie sind Sie zu dieser Berufsentscheidung gekommen?
- Wer hat Sie dabei beeinflusst?
- Wie lange haben Sie diesen Berufswunsch schon?
- Warum sollten gerade Sie für diesen Beruf die geeignete Person sein? Begründen Sie!
- Welche Ihrer persönlichen Eigenschaften bestärken Ihren Berufswunsch?
- Haben Sie bereits praktische Erfahrungen in diesem Berufsfeld gewonnen?
- Welche Tätigkeiten werden Sie in Ihrem künftigen Beruf ausüben?
- Wo sehen Sie die Vor- und Nachteile des von Ihnen gewählten Berufes?
- Für welche anderen Berufe interessieren Sie sich noch?
- Wie oft haben Sie sich schon beworben?

Zur Schule

- Gehen Sie gern zur Schule?
- Welches sind Ihre Lieblingsfächer und welche Unterrichtsfächer mögen Sie nicht? Warum?
- Sind Sie mit Ihrem Leistungsstand zufrieden?
- Welche Fächer sind Ihrer Meinung nach für den angestrebten Beruf besonders wichtig?
- Welche Kurse haben Sie im Wahlpflichtunterricht belegt?
- Welche Ferientätigkeit haben Sie wo und wann ausgeführt?
- Welche persönlichen Stärken, aber auch Schwächen haben Sie?

Zu Familie, Freizeit, Hobbys

- Wie kommen Sie mit Ihren Eltern und Geschwistern aus?
- Unternehmen Sie oft etwas gemeinsam?
- Haben Sie innerhalb der Familie bestimmte Aufgaben zu erfüllen?
- Wie verbringen Sie Ihre Freizeit nach dem Unterricht und am Wochenende?
- Sind Sie in einem Sportverein oder einer Organisation tätig?
- Lesen Sie gern? Welches Buch haben Sie zuletzt gelesen?
- Welche Fernsehsendung sehen Sie besonders oft und gern?
- Welche Hobbys haben Sie? Wie viel Zeit nehmen Sie sich dafür?
- Welche Zukunftspläne haben Sie nach der Ausbildung?
- Würden Sie einen Wohnortwechsel aus beruflichen Gründen vornehmen?

1 Fragen zum Ausbildungsbetrieb sind wichtig.

Fragen, auf die du nicht antworten musst!

Die meisten Firmen möchten möglichst viele Informationen über ihre Bewerber erhalten. Deshalb schreckt man oft auch vor „intimen Fragen“ nicht zurück. Andererseits werden solche Fragen absichtlich gestellt, um die Reaktion des Bewerbers zu testen. Unzulässig sind alle Fragen, die die Privatsphäre und die Persönlichkeit verletzen. Entscheide situationsbedingt, ob du die gestellte Frage beantworten möchtest.

Der Einwurf:
„Auf diese Frage muss ich nicht antworten!“
macht keinen guten Eindruck und hinterlässt die Vermutung, man hätte etwas zu verbergen.

Nicht zulässig sind:
- Fragen zur Partei-, Gewerkschafts- oder Religionszugehörigkeit, solange der zukünftige Ausbildungsbetrieb keine parteiliche bzw. gewerkschaftliche Einrichtung oder Religionsgemeinschaft ist.
- Fragen nach Vorstrafen oder noch offenen Verfahren, solange sie für den betreffenden Ausbildungsplatz nicht von Bedeutung sind.
- Fragen nach einer möglichen Schwangerschaft, wenn es sich bei den Bewerbern um geschlechtlich gemischte Bewerbergruppen handelt.

1 Fragen zur Berufsschule sind wichtig.

- Fragen nach geplanter Eheschließung, Kinderwunsch und Verhütung.
- Fragen nach dem Umfang des persönlichen Genussmittelverbrauchs.

M Überlege dir Fragen, die gestellt werden könnten, und die geeigneten Antworten.

Fragen an den Personalleiter

Im Verlauf des Vorstellungsgespräches wirst du vom **Personalleiter** aufgefordert, Fragen zu stellen. Nutze diese Möglichkeit unbedingt, um so dein Interesse zu dokumentieren.

Den Satz:
„Ich habe keine Fragen."
solltest du möglichst vermeiden.

Überlege dir deshalb schon vor dem Gespräch sinnvolle Fragen, z. B.:
- Wie ist die Ausbildung organisiert?
- Welche Bereiche werde ich während der Ausbildung kennen lernen?
- Wie lange dauert der Aufenthalt in den einzelnen Bereichen?
- Wie viele Auszubildende nehmen Sie in diesem Jahr auf?
- Wo befindet sich die für diesen Betrieb zuständige Berufsschule?
- Wie erfolgt der Berufsschulunterricht?
- Besteht am Ende der Ausbildung, gute Ausbildungsergebnisse vorausgesetzt, die Möglichkeit einer Übernahme in ein festes Arbeitsverhältnis?
- Welche Möglichkeit einer beruflichen Weiterbildung gibt es bei Ihnen?
- Wie ist die Arbeitszeit geregelt?
- Wie lange dauert bei Ihnen die Probezeit?
- Wie hoch ist die Ausbildungsvergütung in den einzelnen Lehrjahren? (Diese Frage sollte möglichst am Gesprächsende gestellt werden.)
- Wann kann ich mit einer Information zum Gesprächsergebnis rechnen?

Nachbereitung eines Vorstellungsgespräches

Werde nicht nachlässig, wenn du glaubst, dass dein Vorstellungsgespräch gut gelaufen ist. Verfolge deine anderen noch ausstehenden Bewerbungen mit gleichem Interesse und der nötigen Aufmerksamkeit. Erst wenn du eine schriftliche Zusage erhalten hast, kannst du den Kontakt zu den anderen Betrieben abbrechen. Informiere auch unbedingt deinen zuständigen Berufsberater über den erfolgreichen Abschluss des **Berufsausbildungsvertrages.**

Im Falle einer Absage solltest du das Gespräch analysieren. Dazu müssten folgende persönlichen Fragen beantwortet werden:
- Warum brachte das **Vorstellungsgespräch** für mich kein positives Ergebnis?
- Wobei habe ich falsch gehandelt?
- Welche meiner Antworten und Reaktionen waren unüberlegt?
- Habe ich dies durch mein Auftreten irgendwie herausgefordert?
- Wie hätte ich mich besser verhalten können?
- Welche Lehren ziehe ich für das kommende Vorstellungsgespräch?

Arbeitsmethode „Rollenspiel“

Entwickeln der Rahmenbedingungen für eine Situation

↓

Besetzen der beteiligten Rollen mit Schülern

↓

Mitspieler	**Publikum**
Notiere Fragen bzw. Antworten	Formuliere Beobachtungskriterien bzw. -aufgaben

↓

Durchführen der Handlungen des Rollenspiels

↓

Auswerten des Rollenspiels in einer Gesprächsrunde

↓

Sichern der Ergebnisse

Das Rollenspiel gibt künftigen Bewerbern eine Möglichkeit, sich unter wirklichkeitsnahen Bedingungen auf ein Vorstellungsgespräch einzustellen.

Entwickeln der Rahmenbedingungen für eine Situation
In der Klasse sollten alle Rahmenbedingungen für die darzustellende Situation formuliert werden. Für ein Vorstellungsgespräch werden ein Bewerber und ein oder zwei Vertreter des Ausbildungsplatzanbieters benötigt. Weiterhin müssen allgemeine Informationen zum Anbieter (Sitz, Branche, Größe, angebotener Ausbildungsplatz usw.) formuliert werden.

Besetzen der beteiligten Rollen mit Schülern
Entsprechend der Anzahl der Rollen müssen Schüler dafür ausgewählt werden. Empfehlenswert ist eine doppelte Besetzung für zwei Durchgänge mit jeweils anderen Schülern.

Mitspieler: Notiere Fragen bzw. Antworten
Die Besetzungen der Rollen müssen sich jeweils separat auf das Rollenspiel vorbereiten. Dazu sind mögliche Fragen und Antworten der beteiligten Rollenspieler zu berücksichtigen. Jeder Teilnehmer hat einen individuellen Frage-Antwort-Spiegel schriftlich zu verfassen.

1 Das Notieren von Fragen und Antworten erfolgt individuell oder in Gruppen.

Publikum: Formuliere Beobachtungskriterien bzw. -aufgaben
Die übrigen Mitschüler formulieren gezielt Beobachtungskriterien, die bei der anschließenden Auswertung mit herangezogen werden. Diese sind z. B.: Körper- und Sitzhaltung, Höflichkeit, Blickkontakt sowie Sprech- und Ausdrucksweise. Daraus können konkrete Beobachtungsaufgaben für einzelne Schüler abgeleitet und gestellt werden.

Durchführung der Handlungen des Rollenspiels
Die Spielgruppe betritt den Raum und beginnt mit dem vorab entworfenen Ablauf ihres Rollenspiels. Die Aufzeichnungen können mitgeführt werden.

Auswerten des Rollenspiels in einer Gesprächsrunde
Die gebildete Gesprächsrunde wählt einen Gesprächsleiter. Anschließend sollte die Spielgruppe ihre Leistungen einschätzen. Danach können Fragen vom Publikum gestellt werden. Zum Schluss erfolgt eine Zusammenfassung. Dabei sollten zunächst die positiven Handlungs- und Auftretensweisen genannt werden. Kritiken kommen abschließend zur Sprache.

Sichern der Ergebnisse
Das Rollenspiel kann anschließend mit den gleichen (z. B. im Rollentausch) oder neuen Spielern wiederholt werden. Dabei sollten die Ergebnisse der Auswertung unbedingt berücksichtigt werden. Eine schriftliche Hausaufgabe, die z. B. eine persönliche Zusammenfassung beinhaltet, könnte erteilt werden.

5.5 Vertragsunterzeichnung

Nun hast du es endlich geschafft! Nach dem erfolgreichen Vorstellungsgespräch wirst du zur Unterzeichnung des **Berufsausbildungsvertrages** eingeladen. Dieser sollte im Vorfeld aufmerksam durchgelesen und auf inhaltliche Vollständigkeit geprüft werden. Die Hilfe der Eltern ist dabei unverzichtbar.

Folgende Vertragsbestandteile müssen enthalten sein:

1. Name und Anschrift des Auszubildenden und dessen gesetzliche Vertreter; Name und Anschrift des Ausbildungsbetriebes; Name des verantwortlichen Ausbilders,
2. Berufsbezeichnung des Ausbildungsberufes,
3. Ausbildungsdauer mit Datumsangaben,
4. Bedingungen, unter denen sich die Ausbildungszeit verkürzt,
5. Dauer der betrieblichen Probezeit,
6. Höhe der jährlichen Ausbildungsvergütung,
7. Dauer der täglichen Arbeitszeit,
8. Länge des zustehenden Urlaubs,
9. Pflichten und Rechte des Auszubildenden,
10. Pflichten des ausbildenden Betriebes,
11. Unterschriften der Vertragspartner.

Damit die Verträge sachlich richtig sind, müssen Betriebe diese der Industrie- und Handels- bzw. Handwerkskammer zur Prüfung vorlegen. Beispielsweise darf die **Probezeit** bis zu drei Monaten betragen. Während dieser Zeit sind Kündigungen ohne Angabe von Gründen möglich. Das kann eintreten, wenn der Auszubildende feststellt, dass er nicht die richtige Berufswahl getroffen hat, oder wenn seinerseits grobe Ausbildungsverstöße vorliegen.

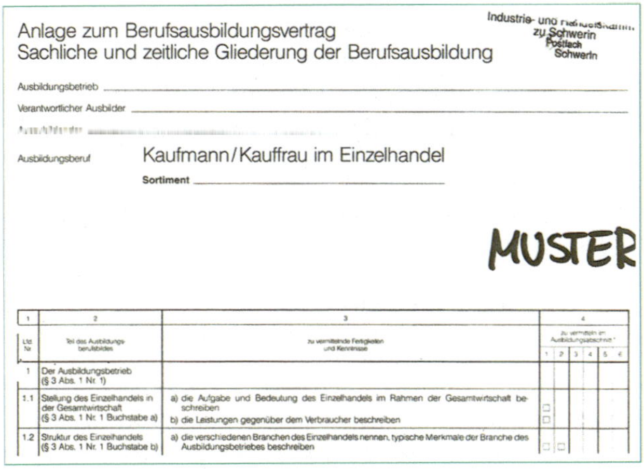

Anlage zum Berufsausbildungsvertrag
Sachliche und zeitliche Gliederung der Berufsausbildung

Industrie- und Handelskammer zu Schwerin Postfach Schwerin

Ausbildungsbetrieb

Verantwortlicher Ausbilder

Ausbildungsberuf Kaufmann/Kauffrau im Einzelhandel

Sortiment

MUSTER

1	2	3	4					
Lfd. Nr.	Teil des Ausbildungsberufsbildes	zu vermittelnde Fertigkeiten und Kenntnisse	zu vermitteln im Ausbildungsabschnitt*					
			1	2	3	4	5	6
1	Der Ausbildungsbetrieb (§ 3 Abs. 1 Nr. 1)							
1.1	Stellung des Einzelhandels in der Gesamtwirtschaft (§ 3 Abs. 1 Nr. 1 Buchstabe a)	a) die Aufgabe und Bedeutung des Einzelhandels im Rahmen der Gesamtwirtschaft beschreiben b) die Leistungen gegenüber dem Verbraucher beschreiben	☐ ☐					
1.2	Struktur des Einzelhandels (§ 3 Abs. 1 Nr. 1 Buchstabe b)	a) die verschiedenen Branchen des Einzelhandels nennen, typische Merkmale der Branche des Ausbildungsbetriebes beschreiben	☐	☐				

1 Als Anlage dient die sachliche und zeitliche Gliederung der Berufsausbildung.

2 Die Kasse ist ein wichtiger Arbeitsplatz für eine Einzelhandelskauffrau.

Pflichten des Auszubildenden

Zur Durchsetzung einer reibungslosen Ausbildung müssen Regeln aufgestellt werden. Diese umfassen die für alle Mitarbeiter geltenden Unfallverhütungsvorschriften und die betriebseigene **Hausordnung** sowie die für **Auszubildende** geltenden **Pflichten** und **Rechte.**

Der Ausbildungsbetrieb hat sich für dich entschieden. Um dieses entgegengebrachte Vertrauen nicht zu enttäuschen, solltest du dich von Anfang an in die bestehenden Strukturen einfügen. Die Mitarbeiter werden dir viele Kenntnisse vermitteln, die dich befähigen, eine gute Fachkraft zu werden. Du bist der Lernende und musst demzufolge grundsätzliche Pflichten befolgen. Dazu gehören:

Lernpflicht
Du hast alle im Rahmen der Ausbildung anfallenden Aufgaben und erteilten Arbeitsaufträge mit großer Sorgfalt auszuführen.

Teilnahmepflicht
Du musst regelmäßig am Berufsschulunterricht, den angesetzten Prüfungen und an der praktischen Ausbildung teilnehmen.

Weisungsgebundenheit
Alle Anweisungen des Ausbilders und anderer weisungsberechtigter Personen müssen von dir befolgt werden. Die bestehende Hausordnung und geltende Unfallverhütungsvorschriften hast du unbedingt zu beachten.

Sorgfaltspflicht
Mit den von dir benutzten Maschinen und Werkzeugen gehe sorgfältig und schonend um. Das Arbeitsmaterial und die benutzten Hilfsstoffe musst du sparsam und umsichtig einsetzen.

Verschwiegenheitspflicht
Du darfst über betriebliche Angelegenheiten in der Öffentlichkeit nicht sprechen.

Berichtsheftführung
Während der Ausbildung musst du ein Berichtsheft führen, das alle von dir in der Berufsschule und im Betrieb ausgeführten Tätigkeiten enthält. Es ist eine Voraussetzung zur Prüfungszulassung. Deshalb werden Ausbilder und Lehrer regelmäßige Kontrollen durchführen und deine Eintragungen unterzeichnen.

Benachrichtigungspflicht
Beim Fernbleiben von der betrieblichen Ausbildung oder vom Berufsschulbesuch muss unbedingt eine Benachrichtigung erfolgen. Bei Unfall oder Krankheit ist spätestens am dritten Fehltag eine ärztliche Bescheinigung vorzulegen.

Untersuchungspflicht
Vor Ausbildungsbeginn und nach Ablauf des ersten Lehrjahres wirst du ärztlich untersucht. Die Untersuchungsbescheinigung ist dem Arbeitgeber vorzulegen.

Einhaltungspflicht
Die festgelegten Arbeits- und Pausenzeiten sind genau einzuhalten. Für Auszubildende gilt:

- Arbeitszeit pro Tag maximal acht Stunden,
- Pausenzeit mindestens 30 Minuten (viereinhalb bis sechs Stunden Arbeitszeit) bzw. 60 Minuten (über sechs Stunden Arbeitszeit).

Rechte des Auszubildenden

Einen wichtigen Schwerpunkt der Ausbildung bildet die umfassende Vermittlung von Fachkenntnissen. Nur diese führen letztlich zum erfolgreichen Abschluss. Damit dies in der Praxis auch umgesetzt wird, gibt es vom Gesetzgeber garantierte Rechte. Diese sollen verhindern, dass Auszubildende als billige Arbeitskräfte ausgenutzt werden.

Gesetzlich garantierte Rechte auf:	
Ausbildungsvergütung	Einhaltung der Probezeit
Einhaltung der Arbeitszeit	Freistellung zum Berufsschulbesuch
Gewährung von Urlaub	Arbeit im Sinne des Ausbildungsvertrages

M **Die Einhaltung der Rechte und Pflichten eines Auszubildenden soll einen reibungslosen Ausbildungsverlauf sicherstellen.**

Unterzeichnung des Berufsausbildungsvertrages

Ein **Berufsausbildungsvertrag** muss rechtswirksam sein. Dadurch wird sichergestellt, dass sich beide Vertragsseiten während der Vertragsdauer an die Vertragsinhalte gebunden fühlen. Bei Verstößen kann das Ausbildungsverhältnis gelöst bzw. das Arbeitsgericht angerufen werden. Deshalb kann der Vertrag auch nur von geschäftsfähigen Personen unterzeichnet werden. Eine Bedingung dafür ist das Mindestalter von 18 Jahren. Deshalb müssen die gesetzlichen Vertreter eines minderjährigen Auszubildenden den Berufsausbildungsvertrag mit unterzeichnen.

Petra Lauber
Schilfallee 12
17192 Waren
Tel.: 03991 167211

Waren, 16.11.2006

Ferienhotel Seeblick
Geschäftsleitung
Herrn Klaus Müller
Strandweg 36

17192 Klink

Bewerbung um einen Ausbildungsplatz zur Restaurantfachfrau

Sehr geehrter Herr Müller,

vom Berufsberater der Agentur für Arbeit, Herrn Schröder, erfuhr ich, dass Sie auch im kommenden Lehr- und Ausbildungsjahr Restaurantfachmänner/frauen ausbilden. Hiermit bewerbe ich mich um einen solchen Ausbildungsplatz.

Zurzeit besuche ich die zehnte Klasse der Diesterweg-Realschule in Waren, die ich mit dem Abschluss der Mittleren Reife im Juni 2007 beenden werde.

Bei einem Praktikum in einer Gaststätte und durch Ferienarbeit in einem Hotel sammelte ich bereits erste Erfahrungen in diesem Berufsfeld. Damit hat sich für mich mehrfach bestätigt, dass mir diese Arbeit richtig liegt. Besonders gefällt mir der Umgang mit den Gästen. Ich freue mich, wenn ich zu einem angenehmen Aufenthalt beitragen kann.

Selbstverständlich habe ich mich bereits mit dem Berufsbild einer Restaurantfachfrau durch Gespräche mit Fachleuten aus der Praxis und dem Berufsberater sowie durch angebotene Informationsveranstaltungen vertraut gemacht.

Über Ihre Einladung zu einem persönlichen Gespräch würde ich mich freuen.

Mit freundlichen Grüßen

(Unterschrift)
Petra Lauber

Anlagen:
Lebenslauf mit Lichtbild
letztes Schulzeugnis
Praktikumsbeurteilung

Tabellarischer Lebenslauf

Persönliche Daten:

Name:	Lauber
Vorname:	Petra
Anschrift:	Schilfallee 12 17192 Waren Tel.: 03991 167211
Geburtsdatum:	25. Oktober 1990
Geburtsort:	Magdeburg
Eltern:	Bernd Lauber, Mechatroniker Manuela Lauber, geb. Beck, Bürokauffrau
Geschwister:	Martin, 13 Jahre

Schulischer Werdegang:

Grundschule:	1997 – 2000, Goetheschule in Magdeburg
Realschule:	seit 2001, Diesterweg-Realschule in Waren
Voraussichtlicher Schulabschluss:	Mittlere Reife, Juni 2007
Lieblingsfächer:	Englisch, Sport
Berufserfahrung:	2006, dreiwöchiges Praktikum im „Ferienhotel" in Klink
Persönliche Interessen und Hobbys:	Schwimmen, Lesen

Waren, 16. 11. 2006

(Unterschrift)
Petra Lauber

Aufgaben

Kapitel 5.1

1. Stelle mindestens 15 Adressen und Telefonnummern möglicher Praktikumsbetriebe eines Wirtschaftsbereiches in einer Tabelle zusammen!

2. Beschreibe die Aufgaben der betrieblichen Funktionsbereiche „Beschaffung“, „Produktion“ und „Absatz“!

3. Konkretisiere das Schaubild „Grundlegende Funktionsbereiche“ auf Seite 124 für jeweils ein Unternehmen der Urproduktion, Produktion und Dienstleistung!

4. Stelle deinen im Praktikum ausgeübten Beruf in einem Kurzvortrag anschaulich den Mitschülern vor! Benutze als Hilfsmittel die im BIZ erhältlichen Berufsbilder!

Kapitel 5.2

5. Welche Unterlagen muss eine schriftliche Bewerbung enthalten? Wähle aus!
Bewerbungsanschreiben, Zeugniskopie, Passbild, tabellarischer Lebenslauf, Kopie der Praktikumsbeurteilungen, Führerschein, polizeiliches Führungszeugnis, Einverständniserklärung der Erziehungsberechtigten, Gesundheitspass, Kopie des Personalausweises.

6. a) Fertige ein Bewerbungsanschreiben und einen tabellarischen Lebenslauf an, die jeweils sechs Rechtschreib- bzw. Gestaltungsfehler enthalten!
   b) Übergib einem Mitschüler im Austausch beide Dokumente!
   Kennzeichne die Fehler und berichtige!

Kapitel 5.3

7. Gib die Bezeichnung eines Ausbildungsberufes an! Notiere fünf berufstypische Grundbegriffe und erkläre sie!

8. Notiere jeweils mindestens drei Themenbereiche, die du dir in deinen Geografie-, Geschichts- und Sozialkundebüchern in Vorbereitung auf den Eignungstest näher ansehen möchtest!

9. Suche oder formuliere mindestens sieben Testaufgaben für einen Testteil und bereite ein entsprechendes Arbeitsblatt für deine Mitschüler vor!

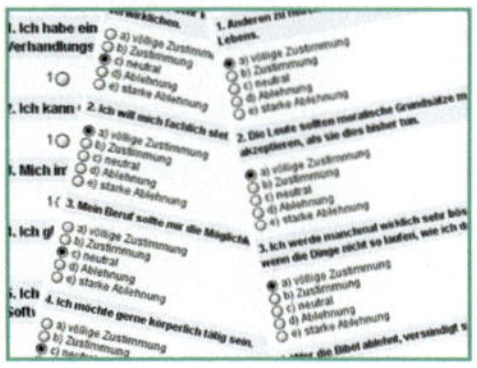

Kapitel 5.4

10. Beantworte schriftlich die Fragen:
    a) zum Berufswunsch auf Seite 131,
    b) zur Schule auf Seite 132 und
    c) zu Familie, Freizeit und Hobby wahrheitsgemäß!

11. Suche dir einen Mitschüler für ein Vorstellungsgespräch! Übt mit festgelegten Rollen! Führt das Rollenspiel vor euren Klassenkameraden auf und wertet es gemeinsam aus!

Kapitel 5.5

12. Du bist Anbieter eines Ausbildungsplatzes. Gestalte und formuliere einen eigenen Berufsausbildungsvertrag, der die angegebenen Vertragsbestandteile von Seite 135 enthält!

13. a) Entwirf einen Tabellenkopf, der die Pflichten eines Auszubildenden und deren Begründung enthält!
    b) Vervollständige deine Tabelle für alle auf den Seiten 135 und 136 angegebenen Pflichten eines Auszubildenden!

14. Erläutere jedes der sechs gesetzlich garantierten Rechte (vgl. Seite 136)!
Beziehe dich dabei möglichst auf einen konkreten Ausbildungsberuf. Verwende z. B. Materialien der Agentur für Arbeit und Informationen aus dem Internet.

Das Wichtigste im Überblick

Bewerbungsverfahren

Bewerbungsunterlagen

- Bewerbungsanschreiben
- tabellarischer Lebenslauf mit Bewerbungsfoto
- Zeugniskopie
- Referenzen und Praktikumsbeurteilungen
- Zusammenstellung und Versand der Unterlagen

Beachte die Hinweise zu den Schreib- und Gestaltungsregeln nach DIN 5008!

Vorstellungsgespräch

- Gesprächsvorbereitung
- allgemeiner Ablauf
- Verhaltenstipps
- mögliche Fragen im Vorstellungsgespräch
- nicht zulässige Fragen
- Gesprächsnachbereitung
- Rollenspiele

Eignungstests

- Testvorbereitung
- Testablauf
- Verhalten während des Tests
- Testformen und Testteile
- Anforderungen an einen Auszubildenden

Vertragsunterzeichnung

- inhaltliche Schwerpunkte eines Ausbildungsvertrages
- Rechte und Pflichte des Auszubildenden

Umsetzung des beruflichen Selbstkonzepts

- **Hauptinteressen ermitteln**
- **Hauptfähigkeiten ermitteln**

→ Bestimmen und Bewerten eigener Interessen und Fähigkeiten

- **Tätigkeitsbereich(e) auswählen**
- **Berufsauswahl-Test durchführen**
- **zutreffende(r) Berufsbereich(e) festlegen**

→ Einteilen der Ausbildungsberufe

- **Ableiten infrage kommender Berufe**
- **Informationen über die Berufe sammeln**

→ Nutzen wichtiger Informationsquellen

- **Entscheidungen gegen oder für Berufe treffen**

→ Erstellen von Berufsbildern

2–3 Wunschberufe

Wichtige Schreib- und Gestaltungsregeln nach DIN 5008

Wörter

Abkürzungen
Sie werden mit Punkt und nachfolgendem Leerzeichen versehen, wenn man den vollen Wortlaut des ungekürzten Wortes ausspricht.

z. B. d. h. i. A. evtl. bzw. usw.

Sie werden ohne Punkt versehen, wenn man sie buchstäblich oder wie ein Wort ausspricht.

DGB AG GmbH

Kopplung
Wortkopplungen werden durch Mittestrich ohne Leerzeichen innerhalb der Kopplung gesetzt.

Mecklenburg-Vorpommern 3-zeilig

Wortergänzungen
Sie werden mit einem Mittestrich direkt am Wort ausgeführt.

Hin- und Rückfahrt Gästezimmer und -bad

Schriftzeichen

Satzzeichen , . : ; ? !
Sie stehen unmittelbar hinter dem letzten Buchstaben des Wortes, danach folgt ein Leerzeichen.

Mittestrich –
Für die Wortbedeutung „bis“ erfolgt eine Trennung mit je einem Leerzeichen.

09:00 – 15:30 Uhr

Schrägstrich /
Vor und nach einem Schrägstrich wird grundsätzlich kein Leerzeichen gesetzt.

Schuljahr 2006/2007 80 km/h

Anführungszeichen „“ und Klammer ( )
Sie werden ohne Leerzeichen vor und nach dem eingeschlossenen Wort oder Textteil gesetzt.

Zurzeit nehme ich am Unterricht der 10. Jahrgangsstufe an der „Bertold-Brecht-Gesamtschule“ (Schwerin) teil.

Ziffern und Zahlen

Uhrzeit
Die Anzahl der Stunden, Minuten und Sekunden wird mit je zwei Ziffern angegeben.

18:00 Uhr 03:25 Uhr 00:06 Uhr 11:22:41 Uhr

Kalenderdaten
a) numerisch mit Mittestrich: 2007–01–22

b) numerisch mit Punkt: 22.01.2007 22.01.07

c) alphanumerisch: 22. Januar 2007

Gliederung von Texten

Absätze
Zwischen dem vorhergehenden und dem nachfolgenden Text wird eine Leerzeile gesetzt.

Aufzählungen
Vor und nach der Aufzählung wird eine Leerzeile gesetzt.

Zahlengliederungen

Telefonnummern
Die Ziffernfolge wird mit einem Leerzeichen getrennt, wenn sich deren Bedeutung ändert.

03851 226732

Postfachnummern
Die Trennung erfolgt in Zweierblöcken. Bei ungeraden Zifferanzahlen steht die erste Ziffer allein.

Postfach 78 44 PF 5 39

Register

Verzeichnis der Arbeitsmethoden